权威·前沿·原创

皮书系列为
"十二五""十三五""十四五"时期国家重点出版物出版专项规划项目

BLUE BOOK

智库成果出版与传播平台

中国PPP蓝皮书

BLUE BOOK OF PPP IN CHINA

中国PPP行业发展报告（2022）

CHINA'S PPP INDUSTRY DEVELOPMENT REPORT (2022)

主　　编／马海涛　杨剑敏
执行主编／安秀梅　孟祥明
副 主 编／吴昊达　李建宏　宋映忠　任　兵　李　静

社会科学文献出版社
SOCIAL SCIENCES ACADEMIC PRESS (CHINA)

图书在版编目（CIP）数据

中国PPP行业发展报告.2022/马海涛，杨剑敏主编.--北京：社会科学文献出版社，2023.1
（中国PPP蓝皮书）
ISBN 978-7-5228-0948-9

Ⅰ.①中… Ⅱ.①马… ②杨… Ⅲ.①政府投资-合作-社会资本-研究报告-中国-2022 Ⅳ.①F832.48 ②F124.7

中国版本图书馆CIP数据核字（2022）第198456号

中国PPP蓝皮书
中国PPP行业发展报告（2022）

| 主　　编 / 马海涛　杨剑敏 |
| 执行主编 / 安秀梅　孟祥明 |
| 副 主 编 / 吴昊达　李建宏　宋映忠　任　兵　李　静 |

出 版 人 / 王利民
组稿编辑 / 恽　薇
责任编辑 / 颜林柯
文稿编辑 / 刘　燕
责任印制 / 王京美

出　　版 / 社会科学文献出版社·经济与管理分社（010）59367226
　　　　　 地址：北京市北三环中路甲29号院华龙大厦　邮编：100029
　　　　　 网址：www.ssap.com.cn

发　　行 / 社会科学文献出版社（010）59367028
印　　装 / 天津千鹤文化传播有限公司

规　　格 / 开　本：787mm×1092mm　1/16
　　　　　 印　张：22.25　字　数：332千字
版　　次 / 2023年1月第1版　2023年1月第1次印刷
书　　号 / ISBN 978-7-5228-0948-9
定　　价 / 158.00元

读者服务电话：4008918866

▲ 版权所有 翻印必究

《中国PPP行业发展报告（2022）》
编委会

主　　编　马海涛　杨剑敏

执行主编　安秀梅　孟祥明

副 主 编　吴昊达　李建宏　宋映忠　任　兵　李　静

组稿编辑　武玲玲

撰 稿 人　（按姓氏拼音排序）
　　　　　安秀梅　蔡佳迎　冯立松　傅庆阳　傅　晓
　　　　　耿卫新　贵嵩林　何朋朋　侯继尧　焦　军
　　　　　焦树春　李　飞　李贵修　李　坤　李　乐
　　　　　李士宗　李　妍　李　妍　连国栋　梁　舰
　　　　　刘宝全　马军营　马　圆　满　莉　任　兵
　　　　　石世英　宋映忠　孙佳欣　孙丕伟　汪耿超
　　　　　王　娟　王铭磊　王小清　王　政　王重润
　　　　　武玲玲　肖光睿　薛起堂　杨　茗　伊　杰
　　　　　应文杰　曾　璐　张晓彬　张蠢超　赵仕坤
　　　　　周　岩　周朝选　朱红梅　朱立莉　朱　玲
　　　　　祝诣茗

研创单位简介

中央财经大学政信研究院（以下简称"研究院"）是国内第一家以国家治理和政信领域学术研究、决策咨询、学科培育、人才培养、社会服务、文化传承为主要职能的高校智库，是国家治理和政信领域学术研究、战略咨询、评估培训的开放性公共研究机构。

研究院秉持诚信、合作、包容、共赢的宗旨，致力于国家治理和政信发展创新相关的学术研究和政策咨询，为政信知识积累、行业发展、制度建设、国家治理提供智力支持。

研究院的目标是通过学术研究、学科培育、制度创新、战略合作等，将研究院建成具有鲜明学科特色的专业型智库，成为国家治理和政信领域发展创新的学术研究"基地"、决策咨询"思想库"、开放式交流"平台"、人才孵化"制高点"和社会服务"催化剂"，全力服务于我国国家治理体系和政信体系的理论研究、实践探索与制度创新。

赞助单位简介

中元国际投资咨询中心有限公司业务范围涵盖工程咨询、投融资咨询、工程造价、工程招投标等领域，拥有工程咨询综合甲级、PPP专项甲级和12项专业甲级资信。公司通过了ISO9001质量管理体系认证，是"国家高新技术企业"。

北京中设泛华工程咨询有限公司成都分公司以项目投融资为咨询切入点，从政府、企业、银行的"三维"视角出发，打通政策与项目落地的"最后一公里"，破解项目融资疑难问题，多次荣获国家级、省（市）级优秀工程咨询成果奖。

北京圣华安教育咨询有限公司成立于2008年，是圣华安集团的咨询培训板块。圣华安集团是以"教育培训—工程咨询—项目投资"为产业链的咨询集团，下属北京圣华安咨询有限公司是北京、甘肃等多个省级发改、财政入库机构。

中财五角枫（北京）管理咨询有限公司是一家专注于为政府部门、国央企、中小微企业、平台公司、科研机构等提供政信服务解决方案的机构，主要开展政信领域的课题研究、咨询服务、评估培训等业务。

摘 要

《中国PPP行业发展报告》是在财政部政府和社会资本合作（PPP）中心的直接指导下，由中央财经大学政信研究院组织编纂，专注于研究中国PPP领域行业应用、热点问题研讨、创新实践交流的年度研究报告，是国内PPP领域理论研究和实践探索的综合研究成果。

《中国PPP行业发展报告（2022）》分为总报告、应用研究报告和专题研究报告3个部分。

总报告回顾了2021年中国PPP行业发展的宏观运行形势，系统梳理和总结了PPP行业政策法规和投融资发展概况，进而从市场环境角度对2021年PPP项目的总体运行、分布、落地情况等进行了分析，阐述了其在推动国家经济社会发展中的重要作用以及在立法体系、创新应用、绩效管理等方面存在的不足，在此基础上，展望了2022年中国PPP领域面临的新机遇和新挑战。

应用研究报告由9个子报告组成。重点对PPP模式在推进乡村振兴战略、重大工程建设、健康中国战略、科技创新战略和"双碳"战略中的创新应用以及新基建中的"ROD+PPP"模式融合应用、生态环境领域"EOD+PPP"模式融合应用、城市更新中"TOD+PPP"模式融合应用等进行了深入研究，彰显了PPP模式在服务国家重大战略、推动经济社会高质量发展方面的积极作用。

专题研究报告由7个子报告组成。分别对加快我国PPP立法、PPP项目争议解决机制、PPP项目税收配套政策优化路径、存量PPP项目资产转

让与特许经营权转让、基础设施领域REITs创新路径、PPP项目绩效管理与财政预算绩效管理深度融合的路径和机制以及ESG理念下PPP项目可持续发展路径等进行了研究，提出了具有理论性、前瞻性、务实性和可操作性的解决方案。

本报告的数据来源主要包括财政部全国PPP综合信息平台、国家发改委全国PPP项目信息监测服务平台、财政部政府和社会资本合作中心、北京明树数据科技有限公司等国内权威部门和地方平台数据库，是PPP领域最具权威性的数据和案例集合。

关键词： PPP模式　PPP立法　绩效管理　创新融合　可持续发展

目　录

Ⅰ　总报告

B.1 2021年中国PPP行业发展：格局与挑战
　　……………………………………… 中央财经大学政信研究院、
　　　　　　　　　　　　　　　北京明树数据科技有限公司联合课题组 / 001
B.2 2021中国PPP重要政策解读……………………………… 王　政 / 042
B.3 2021年中国PPP行业投融资发展报告
　　…………………………………… 傅庆阳　张晓彬　张鬲超 / 056

Ⅱ　应用研究报告

B.4 PPP模式在推进乡村振兴战略中的创新应用研究
　　……………………………………………… 赵仕坤　伊　杰 / 066
B.5 新型基础设施建设领域PPP模式创新应用研究
　　……………………………………………… 李　妍　王重润 / 080
B.6 PPP模式在重大工程建设领域的创新应用研究
　　………………………… 朱红梅　曾　璐　朱　玲　焦树春 / 099

B.7 健康中国建设中 PPP 模式创新应用研究
　　………………………… 周朝选　王　娟　马军营　刘宝全 / 116
B.8 PPP 模式在推动科技创新战略中的创新应用研究 …… 任　兵 / 137
B.9 "双碳"目标下的 PPP 模式创新应用研究 …………… 孙丕伟 / 154
B.10 新基建中的"ROD+PPP"模式融合应用研究 ……… 宋映忠 / 167
B.11 生态环境领域"EOD+PPP"模式融合应用研究
　　………………… 梁　舰　何朋朋　贵嵩林　李　乐　孙佳欣 / 188
B.12 城市更新中"TOD+PPP"模式融合应用研究 ……… 连国栋 / 199

Ⅲ　专题研究报告

B.13 加快我国 PPP 立法问题研究 ………………… 薛起堂　冯立松 / 217
B.14 PPP 项目争议解决机制研究
　　………………………… 傅　晓　周　岩　王小清　石世英 / 230
B.15 PPP 项目税收配套政策优化路径研究
　　……………………………………… 应文杰　耿卫新　马　圆 / 243
B.16 存量 PPP 项目资产转让与特许经营权转让问题研究
　　……………………………………… 李贵修　安秀梅　汪耿超 / 267
B.17 基础设施领域 REITs 发展现状及创新路径研究 ……… 王铭磊 / 278
B.18 PPP 项目绩效管理与财政预算绩效管理深度融合的路径
　　和机制研究 …………………………………… 满　莉　祝谐著 / 293
B.19 ESG 理念下 PPP 项目可持续发展路径研究 ………… 李士宗 / 308

Abstract ………………………………………………………………… / 321
Contents ………………………………………………………………… / 323

总 报 告
General Reports

B.1
2021年中国PPP行业发展：格局与挑战

中央财经大学政信研究院、北京明树数据科技有限公司联合课题组＊

摘　要： 本报告论述了2021年中国PPP行业发展的宏观运行形势，基建投资作为拉动经济增长的重要工具，继续发挥着稳经济、防风险的作用。从市场环境角度对2021年PPP项目的总体运行、分布、落地情况等进行分析，并阐述了其在落实"两新一重"、乡村振兴等重大国家战略方面的重要作用。2021年PPP行业实现了高质量发展，但在立法体系、创新应用、绩效管理等方面仍有不足。2022年PPP行业将面临新的投资机遇和挑战，

＊ 课题组成员：安秀梅，中央财经大学政信研究院院长，教授，博士生导师，研究方向为财税理论与政策、政府投融资管理等；肖光睿，北京明树数据科技有限公司，研究方向为投融资数字化管理；李飞，北京明树数据科技有限公司，研究方向为交通投融资；焦军，北京明树数据科技有限公司，研究方向为政府采购与投融资规划；侯继尧，北京明树数据科技有限公司，研究方向为PPP项目管理；朱立莉，北京明树数据科技有限公司，研究方向为基建投融资数据规划与挖掘；蔡佳迎，北京明树数据科技有限公司，研究方向为政府债务管理；李妍，研究方向为PPP项目市场与政策；杨茗，北京明树数据科技有限公司，研究方向为基建投融资市场与政策；李坤，北京明树数据科技有限公司，研究方向为PPP项目市场与政策；武玲玲，中央财经大学政信研究院助理研究员兼办公室主任，研究方向为公共管理。

积极探索 PPP 与 REITs 创新融合活力，建立更加完善的信用体系，将进一步发挥 PPP 行业在转变政府职能、推动投融资体制改革、激发社会资本活力等方面的重要作用，促进我国基建领域的快速发展。

关键词： PPP　宏观市场环境　项目入库运营

一　2021年中国PPP行业发展宏观形势

2021 年，在新冠肺炎疫情形势依然严峻、外部环境复杂多变等情况下，我国经济延续恢复态势，实现较快增长，"十四五"实现良好开局。在传统基建投资增速减缓的背景下，"双碳"战略目标的提出、"两新一重"战略的实施、REITs 的正式挂牌都为基建行业发展提供了新的动力和引擎，政府和社会资本合作（PPP）行业发展迎来新的转机。2021 年，虽然 PPP 项目成交数量、成交规模仍呈现下降趋势，但是随着 PPP 行业的规范发展以及全国营商环境的普遍优化，PPP 项目的发起和落地效率均得到持续提升。

（一）2021年GDP逆势增长，经济基础更稳固

2021 年，在疫情反复、洪涝灾害频发、全球贸易保护主义升温以及产业链供应链受阻的国内外背景下，我国采取各类积极措施，稳增长、促改革、调结构、惠民生、防风险，加大改革力度，推进经济结构调整，取得了发展成效。在"十四五"开局之年，我国顶住多重压力，2021 年 GDP 同比增长 8.1%，完成 6% 的预期目标。在全球经济缓慢复苏的形势下，这一增速位于世界主要经济体的前列。整体而言，2021 年我国经济呈现复苏态势，第一、第二、第三产业增加值相较 2020 年均有不同程度的增长，其中第三产业的贡献最大，

增加值增长 8.2%，拉动 GDP 增长 4.5 个百分点，[①] 信息传输、软件和信息技术服务业全年始终保持较快增长，同时消费的复苏也对经济增长做出了贡献。这主要得益于压抑性消费的释放。

全国经济的恢复基础有待进一步稳固。2021 年中央经济工作会议明确指出，我国面临需求收缩、供给冲击、预期转弱的三重压力。一方面，我国经济仍有下行压力，四个季度 GDP 分别增长 18.3%、7.9%、7.9% 和 4.0%；另一方面，居民的消费意愿不强，现阶段服务性消费仍显不足，必需品的消费是主力，消费动能恢复到较高水平尚需时间，同时 2021 年房地产行业疲软态势明显，固定资产投资处于低位运行状态，服务业受疫情影响发展后劲略显不足，旅游业、交通运输业等不断受到冲击，其恢复时间延缓。[②] PPP 有望在"十四五"时期对经济稳固发展发挥重大作用。

（二）基建投资增速下滑，新基建成为新引擎

2021 年，在国际形势复杂和国内疫情反复的大背景下，国内消费需求降低，出口也面临困境，因此拉动投资是经济恢复的重要手段。而我国固定资产投资在 2021 年呈现高开低走的趋势（见图 1），尤其下半年持续低位运行，这与房地产投资疲软、基建投资增速明显减缓有较大关系。根据国家统计局发布的数据，2021 年全国基建投资低位运行，同比增速仅为 0.4%。

但是，基建投资作为逆周期调节的重要工具，对上下游产业有较强的带动作用，是经济增长的重要抓手，同时基建投资具有较强的可控性，可在短期内稳定市场、拉动经济，发挥着"压舱石"的作用。2021 年 12 月召开的中央经济工作会议指出，要适度超前进行基础设施建设，在减污、降碳、新能源、新技术、新产业集群等领域加大投入，来扩大内需、增强动能。2022 年基建投资增速有望提升。

---

① 许宪春、唐雅、靖骐亦：《2021 年中国经济形势分析与 2022 年展望》，《经济学动态》2022 年第 2 期。
② 中国国际经济交流中心宏观形势课题组：《稳增长压力加大　宏观政策亟待发力提效——2021 年经济形势分析与 2022 年展望》，《全球化》2022 年第 2 期。

在2021年疲软的基建投资背景下，新基建建设却有新的发展。当前，数字产业化和产业数字化加快发展，"东数西算"等重大工程正在积极布局。部分地区的新基建投资还成为新的投资亮点。北京市2021年5G、车联网、工业互联网等新型基础设施加速建设，新基建投资增长26.4%；重庆市基础设施投资继续保持较快增长，完成投资额比上年增长7.4%，高出整体投资1.3个百分点，基础设施投资两年平均增速达到8.5%，这主要得益于"两新一重"项目建设加快推进。同时，新基建投资带动了下游产业的发展，我国新能源汽车爆发式增长，自2015年以来我国新能源乘用车产销量连续7年排名世界第一，2021年创历史新高，达到352.1万辆，增长1.6倍。

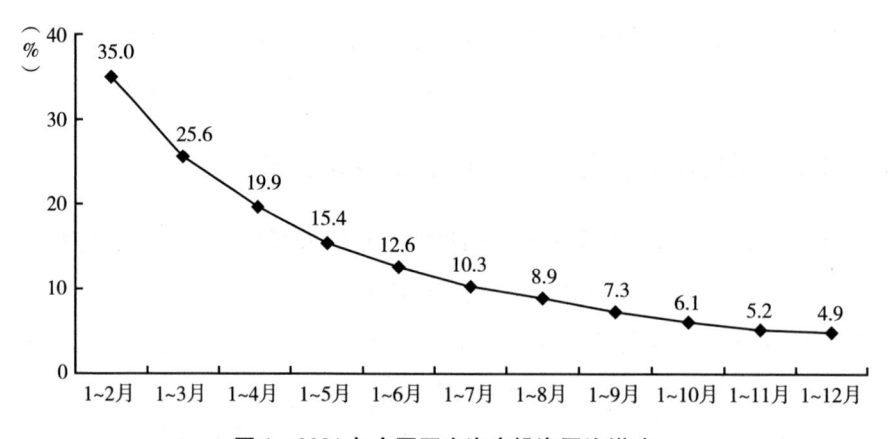

图1 2021年全国固定资产投资同比增速

资料来源：国家统计局。

（三）"双碳"行动强势开局，机遇与挑战并存

2020年9月22日，国家主席习近平在第七十五届联合国大会一般性辩论上发表重要讲话："中国将提高国家自主贡献力度，采取更加有力的政策和措施，二氧化碳排放力争于2030年前达到峰值，努力争取2060年前实现碳中和。"

"双碳"目标的实现作为一项长期、复杂的任务，是一个系统工程，深刻影响着自上而下各方的政策制定。随着顶层设计文件《关于完整准确全面贯彻新发展理念做好碳达峰碳中和工作的意见》和《2030年前碳达峰行动方案》的出台，碳达峰碳中和的"1+N"政策体系初步成形，形成多层次推进框架，时间表、路线图和实施路径也逐渐明晰，将着力解决优化能源结构、推动产业升级、构建绿色交通运输体系、发展循环经济和提高能源利用效率、低碳技术发展、完善碳市场和碳定价机制以及配套经济改革政策等多方面的问题。实现碳达峰碳中和将会促进经济社会系统性变革，影响经济社会发展。

基础设施建设是碳排放的大户，根据2018年世界银行和二氧化碳信息分析中心（CDIAC）中全球碳项目（GCP）公布的数据，1997~2016年，我国基础设施累计隐含碳排放量占全国累计排放总量的24.5%。[1] 这一数据表明，基础设施建设承担的减排目标任重道远。同时，基建产业链各个环节碳中和投入的技术研发、能效提升和电能替代等"绿色成本"导致整个行业的短期成本大幅增加，利润降低。"双碳"战略目标的实现也离不开碳捕捉、储能蓄能等关键技术的突破。这些都为产业发展带来挑战。当然，"双碳"战略带来的不仅有挑战，还有机遇，其目标实现可驱动生态环保、装配式建筑发展，推进新基建建设，还可推动传统基建产业升级。

（四）REITs助力基建发展，碳金融体系搭建进行中

2021年，基础设施REITs在我国取得关键性进展。6月21日，首批基础设施公募REITs产品9个项目在深交所挂牌上市，发行总规模达到314亿元，共64亿份。截至2021年12月，总共发行上市11个项目，基建发售规模达364亿元，可带动超1900亿元的新项目投资，这对存量资产盘活、优质资产形成具有良好的示范带动作用。12月31日，国家发改委办公厅发布的《关于加快推进基础设施领域不动产投资信托基金（REITs）有关工作的通知》提出，要加强与证监、行业管理、城乡规划、自然资源、生态环境、住房城乡建设、国资监管等部门的沟通协调，[2] 共同解决项目推进过程中存

---

[1] 白静：《中国基础设施隐含碳时空变化特征及驱动因素研究》，博士学位论文，兰州大学，2019。
[2] 严婷婷、庞靖鹏、罗琳等：《加快推进水利领域不动产投资信托基金（REITs）试点对策及建议》，《中国水利》2022年第6期。

在的问题，尽可能压缩项目准备周期。在依法合规的前提下，重点围绕项目手续完善、产权证书办理、土地使用、PPP和特许经营协议签订、国有资产转让等，协调有关方面对项目发行基础设施REITs予以支持，加快无异议函等相关手续办理，落实各项发行条件。

2021年，我国围绕"双碳"目标制定政策、划拨资金并鼓励市场参与，通过金融支持"双碳"目标。一是"碳"金融政策体系布局。1月4日，中国人民银行工作会议明确2021年重点任务之一为"落实碳达峰碳中和重大决策部署，完善绿色金融政策框架和激励机制"。9月22日，中共中央、国务院印发《关于完整准确全面贯彻新发展理念做好碳达峰碳中和工作的意见》，提出了构建绿色低碳循环发展经济体系、提升能源利用效率、提高非化石能源消费比重、降低二氧化碳排放水平、提升生态系统碳汇能力等五个方面的主要目标。二是碳权交易体系搭建。7月16日上午，全国碳市场启动仪式以视频连线形式举行，这标志着历经10年试点筹划的全国碳排放权交易市场正式启动上线交易。2021年是我国碳市场的第一个履约周期，2162家发电行业的重点排放单位为主要参与主体，共覆盖约45亿吨CO_2排放量。自7月16日启动上线交易到2021年12月31日累计运行114个工作日，碳排放配额累计成交量1.79亿吨，累计成交额76.61亿元。三是"碳"金融产品创新。2月9日，中国银行间市场交易商协会创新推出碳中和债券，首批发行人包括南方电网、三峡集团、华能国际、国家电投集团、四川机场集团和雅砻江水电，合计发行规模64亿元，这是全球范围内首次以"碳中和"命名的贴标绿色债券。4月14日，上海股交中心正式上线碳中和指数。

（五）智慧经济发展正加速，数字融合能力是关键

2021年3月13日，《中华人民共和国国民经济和社会发展第十四个五年规划和2035年远景目标纲要》发布，指出数字经济已经成为中国构建新发展格局的重要抓手。数字化已经成为大部分国家及城市发展经济的重要抓手。尤其是疫情发生以来，疫情给实体经济带来了不小的冲击，数字产业快速发展。智慧政务、云视频、线上办公、远程协同等应用场景不断涌现，消

费互联网新业务蓬勃发展的同时，产业互联网新的需求逐步释放，数字产业已成为各国发展经济的主要发力点。大数据、云计算和 AR/VR/MR 等数字技术的广泛应用，帮助城市运行数据实现实时感知，增强城市管理韧性；数字化技术加身的智能控制系统，助力企事业单位实现节能减排；5G 网络不断普及，农产品电商直播、网络拍卖等新业态新模式应运而生，为乡村振兴贡献一份力量。

发展数字经济是促进科技革命和产业变革的战略选择，借助国家数字经济规划提出的数字化基建，来赋能基建领域的数字产业化、智慧化，不仅能通过数字化与基建的融合创新，全面加快产业结构的升级，还可以实现基建领域的数字化治理，提升效能，全面体现新时代高质量发展的新优势，实现数字对经济发展的放大、叠加、倍增作用。国家"十四五"规划明确提出要"加快建设数字经济、数字社会、数字政府，以数字化转型整体驱动生产方式、生活方式和治理方式变革"。"数字政府"建设是落实网络强国战略、加快建设"数字中国"的时代需要和必然要求，是推进政府治理体系建设和市域社会治理能力现代化的主要途径和重要举措。对于发展数字经济的城市及想实现产业转型升级的城市而言，未来产业数字化和数字产业化带来的新一轮科技革命和产业革命将是实现实体经济与数字经济深度融合、推动经济实现高质量发展的重要发力点。

（六）传统基建竞争愈加激烈，央企纷纷布局新基建

2021 年，基建投资增速下滑、市场增量缩减，各基建企业传统业务增量逐渐变小，因此企业都在积极寻找新的市场，向外扩张成为必然趋势，基建企业开始进入对方的市场版图。另外，由于国外疫情的反复，海外市场占较高份额的建筑业央企，纷纷瞄准国内市场，为了维持企业业务规模，市场开拓成为 2021 年建筑业企业的重要任务，因此市场竞争愈演愈烈。

除此之外，受"房住不炒"政策以及融资难度加大的影响，房地产企业开始转型，基础设施领域也成为转型方向。2021 年 11 月 12 日，绿地控股发布公告称，鉴于公司基建产业的收入占比已超过 50%，公司所属行业分类已

由"房地产业"变更为"土木工程建筑业"。1~9月,基建业务新增项目5616个,总金额5457.27亿元,比上年同期增长36.73%,据此绿地控股成为一个名副其实的基建企业。当然,房地产业的基建转型也让本就竞争激烈的市场"雪上加霜"。

为此,基建企业在守住自身传统业务的同时,正在积极扩张新的版图,乘着"双碳"以及"两新一重"等的东风,在新基建等领域发力,开始布局。2020年3月4日,中央政治局常务委员会提出"加快推进国家规划已明确的重大工程和基础设施建设……加快5G网络、数据中心等新型基础设施建设进度"。央企早已开始行动,依靠自身优势,早着手、早规划、早投入、早研发、早建设,充分发挥新基建产业链主力军作用,通过投资驱动和硬核科技来领跑新基建赛道,成为新基建产业链的投资者、研发者和建设者。

二 2021年中国PPP市场环境分析[①]

(一)财政部PPP项目库情况

1. 财政部PPP项目总体分析

2021年是"十四五"开局之年,PPP发展趋势较为稳定,完成更多在库项目的签约落地、开工建设并进入运营期。作为促进基建发展的重要主力,PPP模式通过激发民间投资参与的积极性来引导社会资本投入基础设施建设,为助力落实国家重大战略奠定了强有力的基础。

截至2021年底,财政部PPP在库项目达到13810个,总投资突破20万

---

① 本报告中PPP项目数据分析,划分为以下三个口径。(1)财政部全国PPP综合信息平台项目库(包括项目管理库和项目储备清单)公开发布数据(以下简称"财政部PPP项目")。(2)国家发改委全国PPP项目信息监测服务平台公开发布数据(以下简称"发改委PPP项目")。(3)明树数据观测的全国所有公开采购的PPP项目(以下简称"全口径PPP项目"),包含财政部、国家发改委入库项目中的成交和落地项目,以及未入财政部、国家发改委项目库的成交和落地项目。报告数据统计时间截至2021年12月31日。

亿元（20.56万亿元），其中包括：管理库项目10204个，投资规模达到16.39万亿元；储备清单项目3606个，投资规模为4.17万亿元。通过对2019~2021年在库项目情况的对比分析发现，财政部PPP在库项目数量逐年增加（见图2）。由此可见，经过多年践行，PPP模式的采购和实施流程日益规范，信息也更加公开透明，各地营商环境得到持续优化，PPP项目的发起和落地效率得到持续提升。

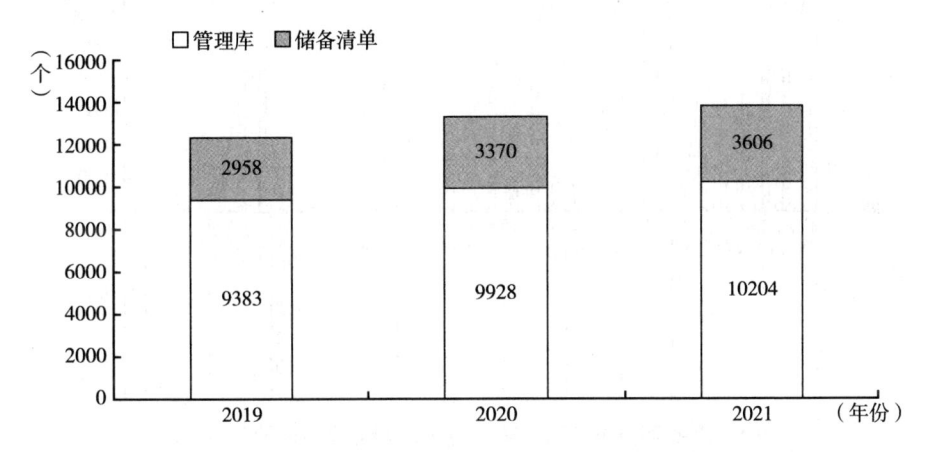

图2 2019~2021年财政部PPP在库项目数量统计

资料来源：财政部全国PPP综合信息平台。

2. 2021年财政部PPP项目分区域分析

分区域来看，华东和西南地区的财政部PPP项目总体规模较大，排名较为靠前的分别是贵州、河南、山东等省份。

截至2021年12月31日，财政部PPP项目表现较为明显的特征主要是区域间和区域内分布不均衡。除去中央本级项目（共计12个，总投资额达到124.77亿元），我国七大区域的财政部PPP项目数量和投资规模分布情况如图3所示。从项目数量来看，华东地区的项目数量占比最大，为26.60%，西南地区的项目数量占比为19.61%，位居第二。华中地区项目数量占比为17.36%，华北地区项目数量占比为11.79%，华南地区项目数量占比为9.52%，西北地区项目数量占比为9.47%。此外，东北地区项目数量占比最小，仅为5.56%，主要是因为其对PPP模式的应用相对较少，因此，应大力推进PPP模式的进一步发展，提高资金注入水平。观察得知，项目投资规模的分布特征与项目数量的分布特征基本保持一致。

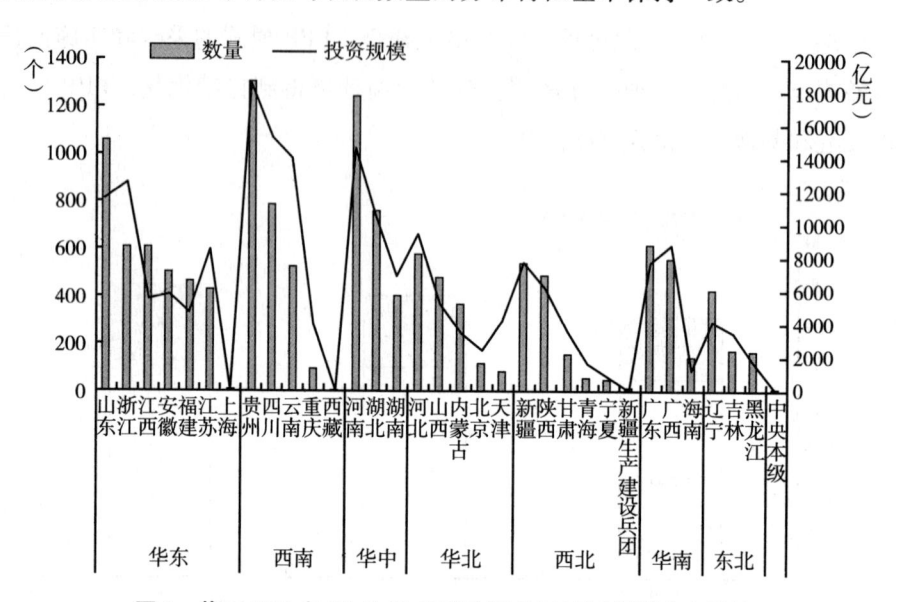

图3 截至2021年12月31日财政部PPP项目区域分布统计

注：不包括港澳台。
资料来源：财政部全国PPP综合信息平台。

PPP项目发展的快慢与当下各个区域对基础设施和公共服务的需求、区域政府的态度以及各区域的经济实力等因素密切相关。华东地区的经济社会发展水平相对较高，因此PPP模式可以借助实力强大的社会资本力量，提供更多优质的基础设施和公共服务。西南地区城市化发展较慢，工业基础相对薄弱，传统的投融资模式已无法满足日益增长的城市建设需求，亟须将PPP等市场化机制作为抓手。

3. 2021年财政部PPP项目分行业分析

分行业来看，财政部PPP项目库中交通运输领域的投资规模排名第一，紧随其后的是市政工程领域，两者相差不大。其余较为领先的领域有城镇综合开发与生态建设和环境保护。

本报告根据项目数量将行业领域划分为三个梯度：第一梯度分别是市政工程、交通运输、生态建设和环境保护，三大行业的项目数量均突破1000个，其中市政工程的项目数量遥遥领先，高达5319个；第二梯度项目数量为500~1000个，分别是城镇综合开发、教育、水利建设、旅游；第三梯度的项目数量较少，均在500个以下，包括医疗卫生、文化等其他行业（见图4）。

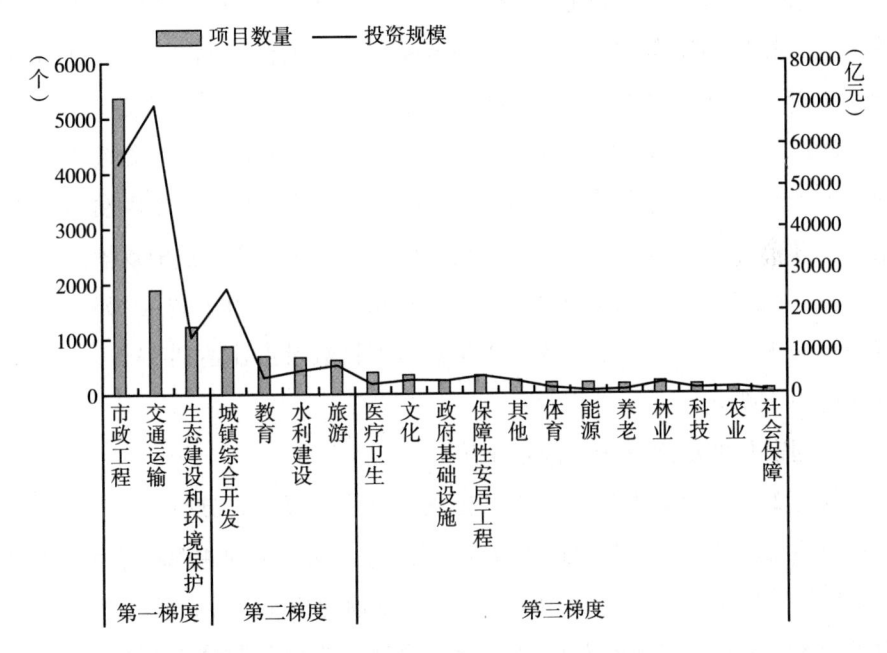

图4　截至2021年12月31日财政部PPP项目行业分布统计

资料来源：财政部全国PPP综合信息平台。

（二）国家发改委PPP项目库情况

国家发改委PPP项目来源于国家发改委全国PPP项目信息监测服务平台。为进一步加强PPP项目信息监测，2019年国家发改委在原有PPP项目库的基础上，指导各地依托全国投资项目在线审批监管平台，建立了全国PPP项目信息监测服务平台（以下简称"PPP监测服务平台"）。2019年下半年，全国及各地PPP监测服务平台陆续正式启用，该平台基于一个项

目一个代码，不仅实现了项目前期手续办理情况实时更新，而且利用PPP大数据为政府方、社会资本方、金融机构、中介服务机构等提供了更好、更方便的服务。

1. 国家发改委PPP项目区域分析

截至2021年12月31日，PPP监测服务平台显示，各地录入PPP项目达到7810个，总投资金额超过10万亿元（10.98万亿元），建立了庞大的资金池。截至2020年12月31日，各地入库PPP项目共7473个，总投资金额为9.85万亿元，2021年的项目数量及投资规模均呈现增长趋势。

2021年项目数量排名第一的是贵州省，为606个，投资规模达到9429亿元。项目数量排名第二的是江西省，为549个，投资规模为5246亿元。其余排名较为靠前的省份分别是广东省（530个，投资规模为4995亿元）、安徽省（497个，投资规模为4726亿元）、山东省（468个，投资规模为3714亿元）。上述5个省份总体项目数量占比达到34%，投资规模占比为26%。

2. 国家发改委PPP项目行业分析

截至2021年12月31日，PPP监测服务平台显示，分行业看，城市基础设施项目数量和投资规模遥遥领先，分别为3039个和45564亿元；农林水利项目数量紧随其后，为1058个，投资规模为9685亿元；社会事业项目数量为899个，投资规模为6671亿元；交通运输项目数量为875个，但其投资规模达到29329亿元，远超农林水利和社会事业的投资规模；环保项目数量为808个，投资规模为4348亿元（见图5）。上述5个行业项目数量和投资规模占总体项目数量和投资规模的比例均超过八成，分别为86%和87%。

3. 国家发改委PPP项目进程分析

截至2021年12月31日，PPP监测服务平台中，按项目所处阶段划分，社会资本方遴选阶段共3191个，占比最多，达到40.86%，投资规模为44577亿元；项目建设与运营阶段1826个，占比次之，为23.38%，投资规模为27537亿元；必要性和可行性论证阶段1646个，占比为21.08%，投资规模为 26007 亿元；实施方案审查阶段 1147 个，占比最少，为 14.69%，投资规模为 11695 亿元（见图 6）。

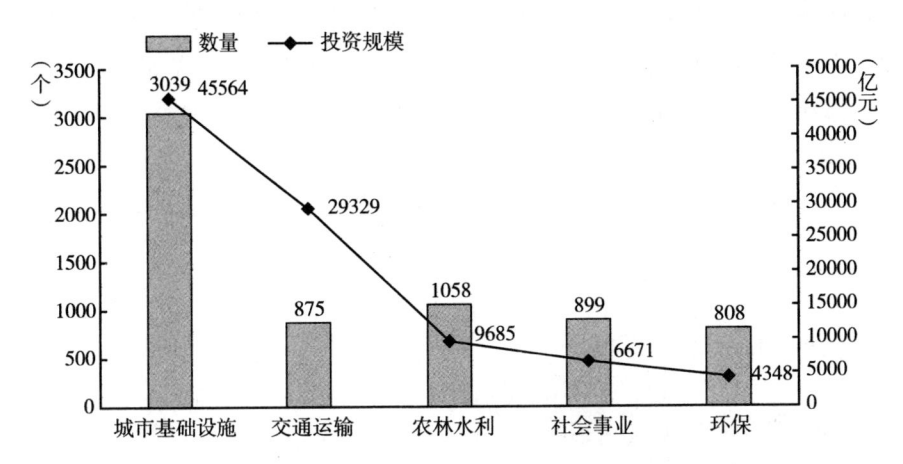

图 5　2021 年国家发改委 PPP 项目排名前五的行业分布统计

资料来源：国家发改委全国 PPP 项目信息监测服务平台。

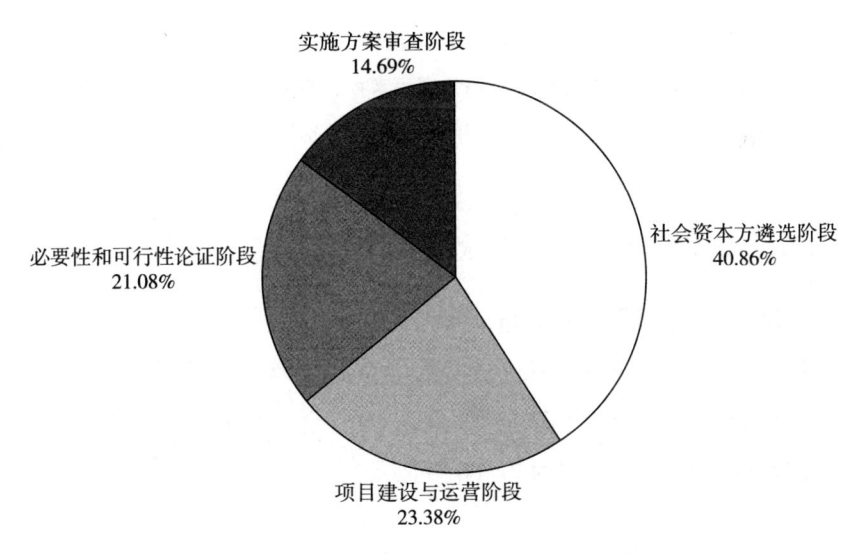

图 6　2021 年国家发改委 PPP 项目进程分布统计

资料来源：国家发改委全国 PPP 项目信息监测服务平台。

013

4. 国家发改委 PPP 项目审批、核准、备案情况分析

截至 2021 年 12 月 31 日，PPP 监测服务平台中，审批类项目 6974 个，占比高达 89%，绝大部分 PPP 项目处于审批阶段，投资规模为 93932 亿元；核准类项目 442 个，占比为 6%，投资规模为 11563 亿元；备案类项目 394 个，占比为 5%，投资规模为 4320 亿元（见图 7）。

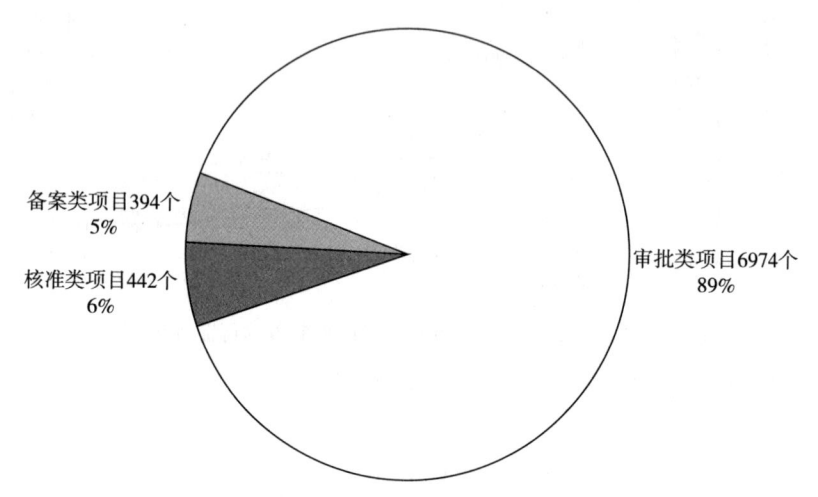

图 7　2021 年国家发改委 PPP 项目审批、核准、备案分布统计

资料来源：国家发改委全国 PPP 项目信息监测服务平台。

（三）全口径 PPP 项目中标情况分析

1. 2021 年中标项目总体分析

2021 年，全口径 PPP 项目①成交数量为 1019 个，成交规模超过 2 万亿元（2.32 万亿元）。截至 2021 年 12 月 31 日，全口径 PPP 项目累计成交数量达到 13784 个，成交规模为 21.68 万亿元。

---

① 全国 PPP 中标项目情况（以下简称"全口径 PPP 项目"）是指：明树数据通过公开途径汇总收集的已确定中标人的 PPP 项目，包括但不限于全国 PPP 综合信息平台及 PPP 监测服务平台中的已中标项目。已纳入全国 PPP 综合信息平台及 PPP 监测服务平台，在平台中仍处于未成交状态的项目，但经明树数据追踪，已公开中标信息的，则纳入全国 PPP 中标项目范畴。

从项目成交情况来看，全口径PPP项目的成交数量和成交规模在2014～2017年均实现逐年快速增长，并在2017年达到成交数量和成交规模的顶峰。但2018～2021年，不管是成交规模还是成交数量均呈现下降趋势（见图8）。

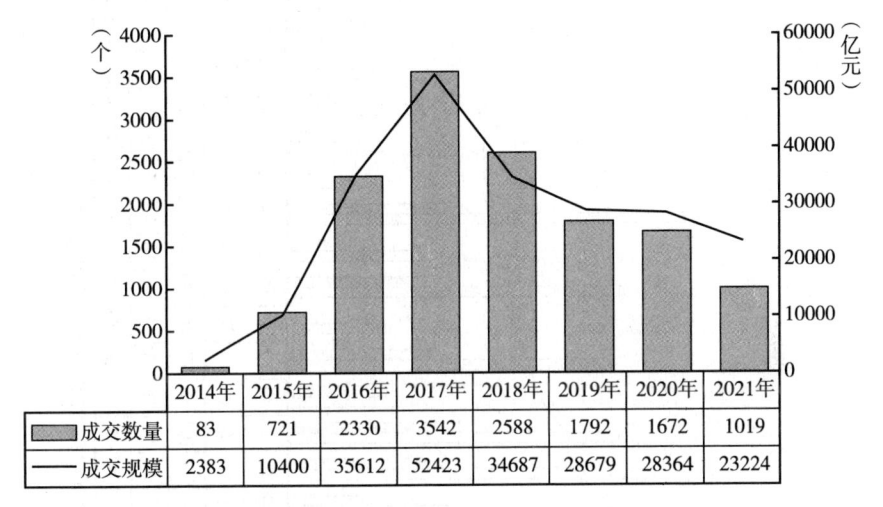

	2014年	2015年	2016年	2017年	2018年	2019年	2020年	2021年
成交数量	83	721	2330	3542	2588	1792	1672	1019
成交规模	2383	10400	35612	52423	34687	28679	28364	23224

图8 2014～2021年全口径PPP项目年度成交情况统计

资料来源：明树数据。

2. 2021年中标项目分区域分析

2021年，河南省不管是成交数量还是成交规模，均处于领先地位。相比于2020年，2021年大部分地区成交数量和成交规模出现了不同程度的下降（见图9、图10）。

从成交数量来看，河南省全口径PPP项目成交数量位居第一，为134个，是唯一一个成交数量超过100个的省份。同时，成交数量达到80个的还有两个省份，分别是云南省和贵州省。江西省和广西壮族自治区等地成交数量也较多。与2020年相比，成交数量同比增长为正数的省区市有2个，分别是黑龙江省和广西壮族自治区，增长率分别为9%和4%。青海省无任何变化，其余省区市均出现不同程度的下降。

从成交规模来看，依然是河南省成交规模最大，全口径成交规模达到3269亿元，另一个成交规模超过3000亿元的是云南省，广西壮族自治区、

015

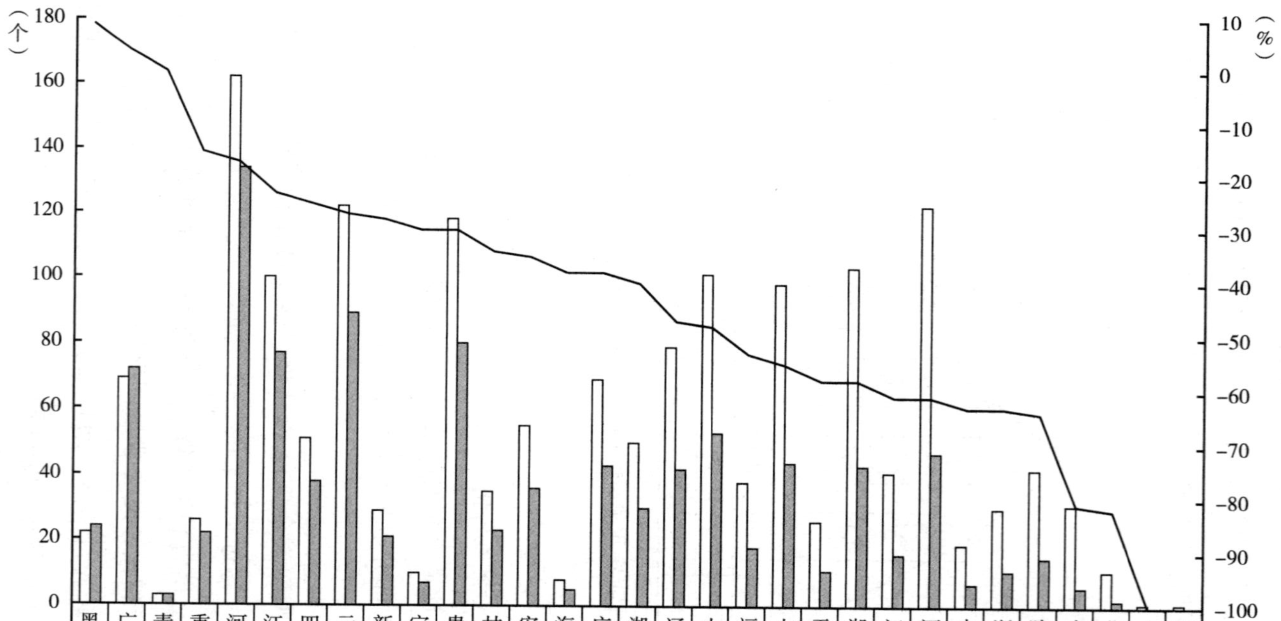

中国 PPP 蓝皮书

图 9 2020~2021 年全国 31 个省区市全口径 PPP 项目成交数量对比

	黑龙江	广西	青海	重庆	河南	江西	四川	云南	新疆	宁夏	贵州	甘肃	安徽	海南	广东	湖北	辽宁	山东	福建	山西	天津	湖南	江苏	河北	吉林	浙江	陕西	内蒙古	北京	上海	西藏
2020年	22	69	3	26	162	100	51	122	29	10	118	35	55	8	69	50	79	101	38	98	26	103	41	122	19	30	42	31	11	1	1
2021年	24	72	3	22	134	77	38	89	21	7	80	23	36	5	43	30	42	53	18	44	11	43	16	47	7	11	15	6	2	0	0
增长率	9	4	0	-15	-17	-23	-25	-27	-28	-30	-32	-34	-35	-38	-40	-47	-48	-53	-55	-58	-58	-61	-61	-63	-63	-64	-81	-82	-100	-100

资料来源：明树数据。

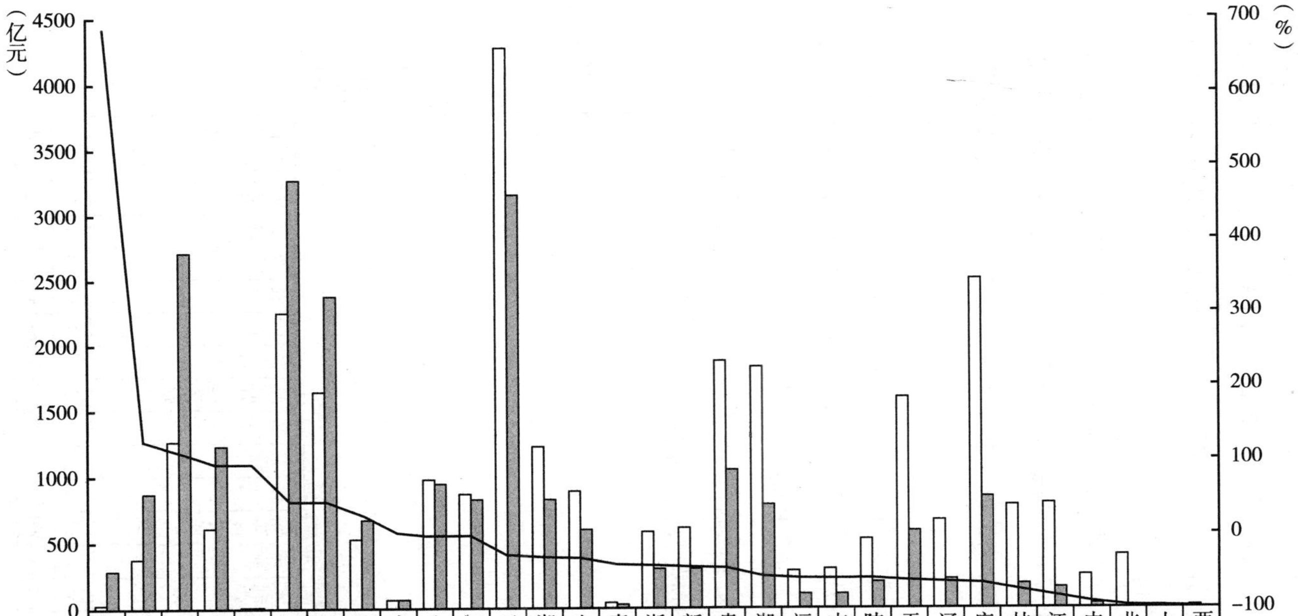

图 10　2020~2021 年全国 31 个省区市全口径 PPP 项目成交规模对比

资料来源：明树数据。

四川省和重庆市等地成交规模也较大。与2020年相比,黑龙江省、安徽省、广西壮族自治区、重庆市、海南省、河南省、四川省、河北省和宁夏回族自治区成交规模呈现增长趋势,其中,黑龙江省同比增长高达684%,其余省区市均出现不同程度的下降。

总体来看,2021年PPP项目成交数量和成交规模较少的地区主要包括西藏自治区、上海市、北京市、内蒙古自治区、海南省、青海省和宁夏回族自治区,项目成交数量仅为个位数,其中上海市、西藏自治区两地2021年无PPP项目成交。

3. 2021年中标项目分行业分析

2021年市政工程类PPP项目成交数量最多,而交通运输类PPP项目成交规模最大,高达1.43万亿元,远超其他行业(见图11)。与2020年相比,仅水利建设、保障性安居工程和交通运输三大行业的成交数量呈现增长趋势;成交规模方面,大部分行业成交规模呈现下降趋势。

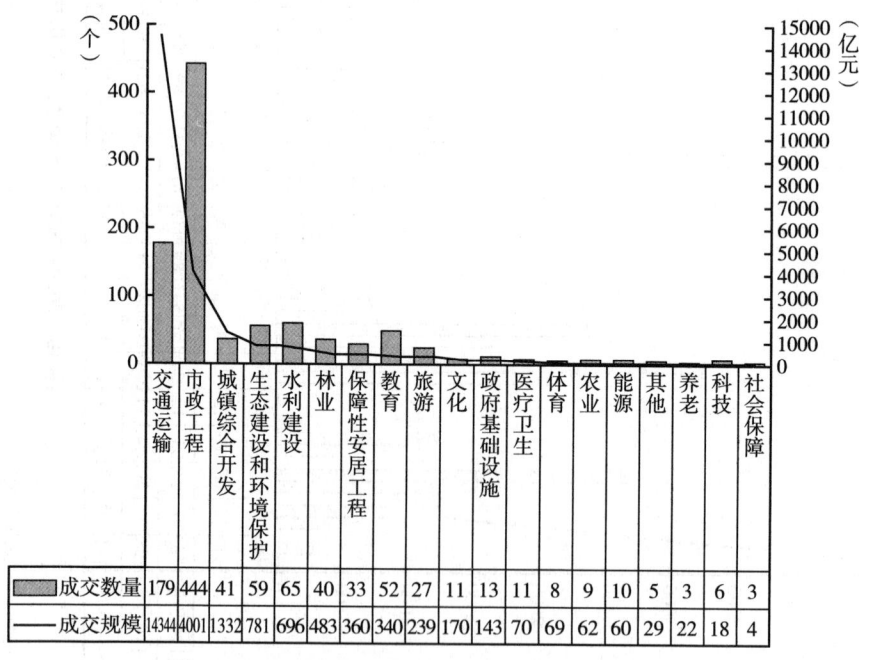

行业	成交数量(个)	成交规模(亿元)
交通运输	179	14344
市政工程	444	4001
城镇综合开发	41	1332
生态建设和环境保护	59	781
水利建设	65	696
林业	40	483
保障性安居工程	33	360
教育	52	340
旅游	27	239
文化	11	170
政府基础设施	13	143
医疗卫生	11	70
体育	8	69
农业	9	62
能源	10	60
其他	5	29
养老	3	22
科技	6	18
社会保障	3	4

图11 2021年各行业全口径PPP项目成交情况统计

资料来源:明树数据。

2021年，从成交数量来看，市政工程类PPP项目成交数量最多，达到444个；其次是交通运输行业，为179个；此外，水利建设、生态建设和环境保护、教育等行业的成交数量也较为突出，均超过50个（见图12）。从成交规模来看，2021年交通运输类PPP项目以1.43万亿元成交规模占据首位，占比高达61.76%。其次，市政工程和城镇综合开发在各行业中表现相对突出，分别成交了0.40万亿元和0.13万亿元（见图13）。按各行业的细分领域项目成交规模统计，交通运输类项目主要集中在高速公路、一级公路等项目规模大的细分领域。

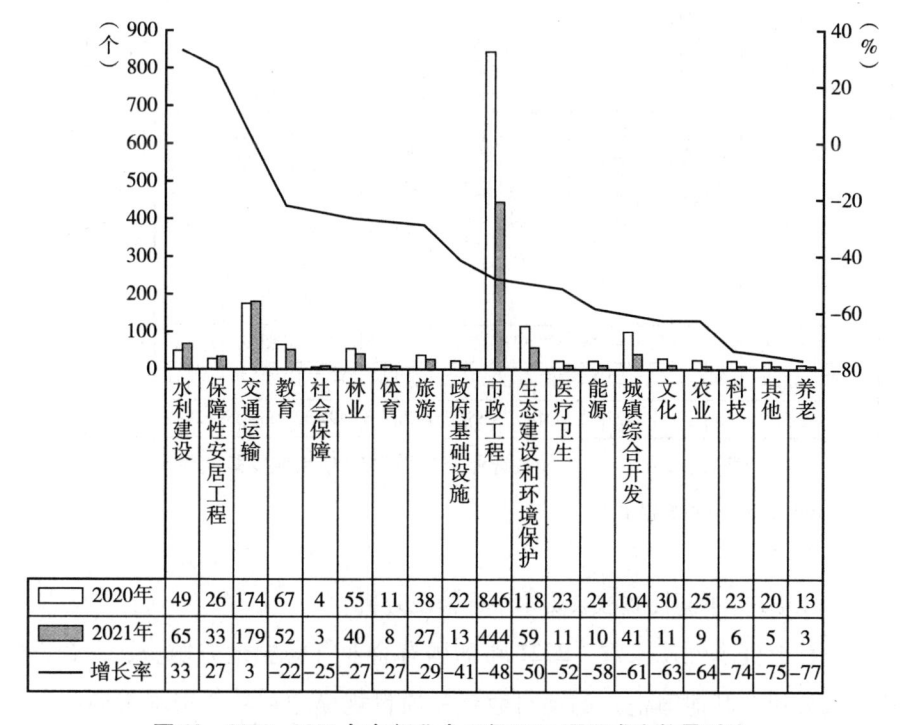

	水利建设	保障性安居工程	交通运输	教育	社会保障	林业	体育	旅游	政府基础设施	市政工程	生态建设和环境保护	医疗卫生	能源	城镇综合开发	文化	农业	科技	其他	养老
2020年	49	26	174	67	4	55	11	38	22	846	118	23	24	104	30	25	23	20	13
2021年	65	33	179	52	3	40	8	27	13	444	59	11	10	41	11	9	6	5	3
增长率	33	27	3	-22	-25	-27	-27	-29	-41	-48	-50	-52	-58	-61	-63	-64	-74	-75	-77

图12　2020~2021年各行业全口径PPP项目成交数量对比

资料来源：明树数据。

与2020年相比，仅水利建设、保障性安居工程和交通运输三大行业的成交数量呈增长趋势，其余行业成交数量均呈下降趋势。其中，养老行业

（例如养老业、医养结合、老年公寓）的成交数量降幅达到了77%。成交规模方面，大部分行业成交规模呈现下降趋势，仅水利建设、交通运输行业呈现增长趋势，增长幅度分别为13%、1%。

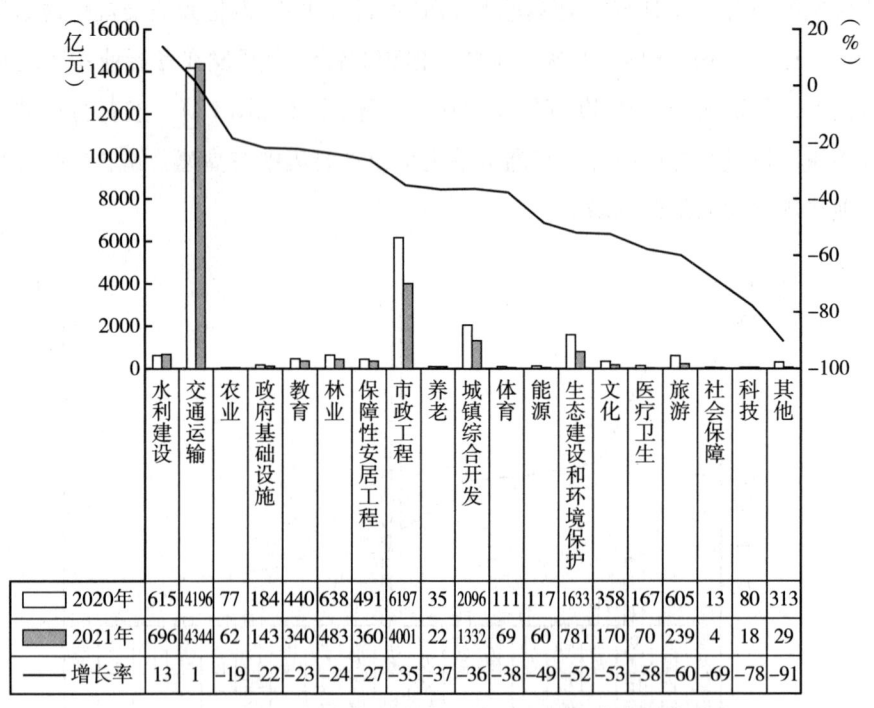

	水利建设	交通运输	农业	政府基础设施	教育	林业	保障性安居工程	市政工程	养老	城镇综合开发	体育	能源	生态建设和环境保护	文化	医疗卫生	旅游	社会保障	科技	其他
2020年	615	14196	77	184	440	638	491	6197	35	2096	111	117	1633	358	167	605	13	80	313
2021年	696	14344	62	143	340	483	360	4001	22	1332	69	60	781	170	70	239	4	18	29
增长率	13	1	-19	-22	-23	-24	-27	-35	-37	-36	-38	-49	-52	-53	-58	-60	-69	-78	-91

图13　2020~2021年各行业全口径PPP项目成交规模对比

资料来源：明树数据。

4.2021年不同性质社会资本中标情况分析

从社会资本性质来看，2021年的国有企业（包括地方国企、央企、央企下属公司、其他国企）的项目数量和项目规模均在社会资本市场中占据较大的份额。其中，全口径中标项目数量为832个，占比为81.65%，项目规模达到2.22万亿元，占比高达95.65%（见图14）。在国有企业当中，地方国企占据份额最大。自2014年来，民企项目数量和项目规模在PPP成交市场中所占的份额，总体呈下降趋势（见图15）。

2014年以来，从民企项目数量和项目规模占比来看，2015年，民企在

PPP 市场中的占有率达到顶峰，项目数量和项目规模占比分别为 52.57% 和 28.57%，2016~2021 年总体呈下降趋势，2017~2018 年项目规模占比出现反弹上升，而后继续下降。PPP 项目投资规模大，回收周期长，在去杠杆的大背景下，民企的资金流动性风险容易处于高位状态。

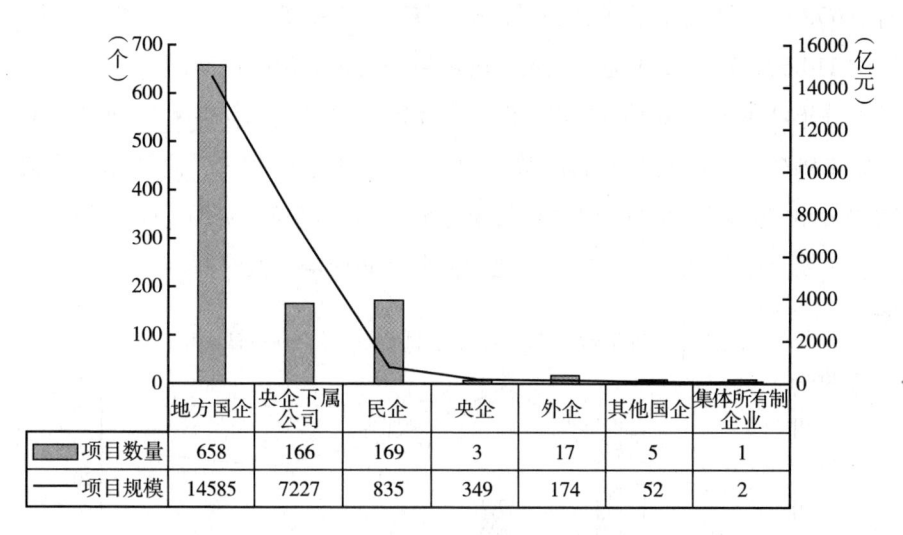

	地方国企	央企下属公司	民企	央企	外企	其他国企	集体所有制企业
项目数量	658	166	169	3	17	5	1
项目规模	14585	7227	835	349	174	52	2

图 14　2021 年全口径中标项目社会资本性质统计

资料来源：明树数据。

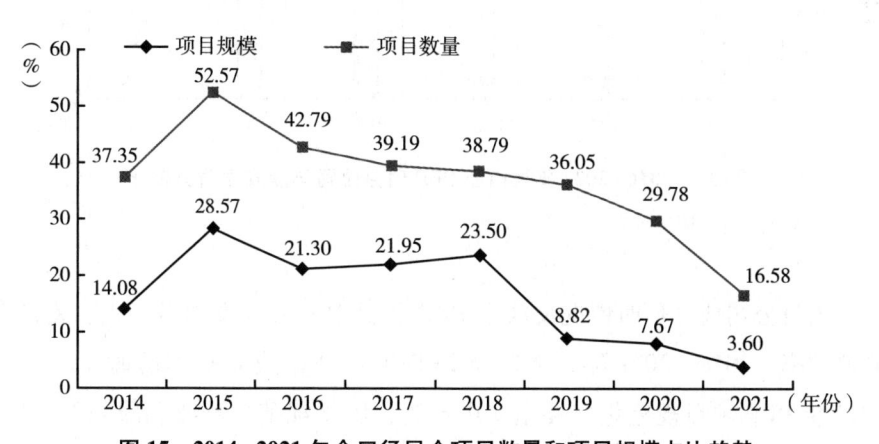

图 15　2014~2021 年全口径民企项目数量和项目规模占比趋势

资料来源：明树数据。

（四）全国PPP项目公司成立情况分析

1. 项目公司成立总体分析

整体来看，截至2021年底，全口径PPP项目共成交13784个，其中共有10772个已经成立了项目公司，落地率[①]为78.15%。项目公司成立平均历时114天，22~32天为占比最大的项目公司成立历时区间。

分年度来看，2016~2018年，全口径PPP项目落地率分别是63%、78%和98%，呈现逐年增高趋势，并在2018年达到顶峰，之后出现下降。2020年和2021年全口径PPP项目落地率均低于80%（见图16），该现象的产生主要是因为从项目成交、落地到信息公开尚需一段时间。

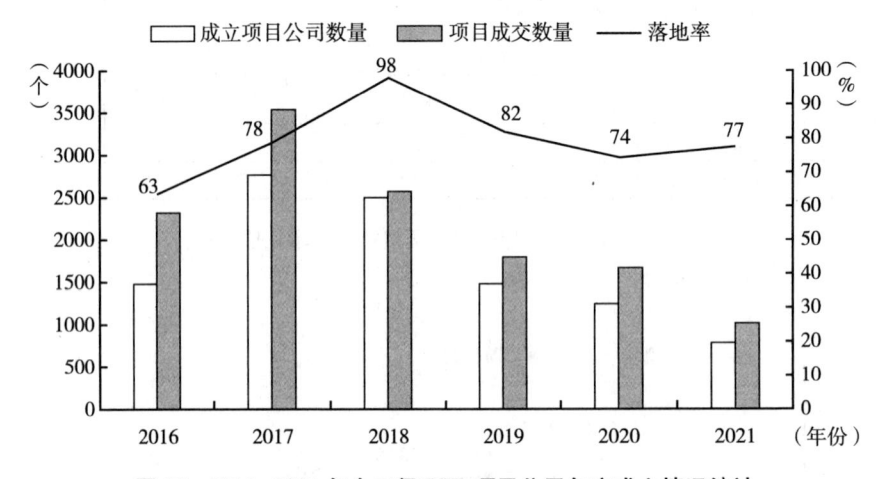

图16 2016~2021年全口径PPP项目公司年度成立情况统计

资料来源：明树数据。

项目公司成立历时情况反映了PPP项目中各参与方沟通谈判、签订合同的效率。2016~2021年，全口径PPP项目公司成立平均历时114天。[②] 2017年PPP项目规范化文件相继出台后，由于规范性整改和限制要求等，

[①] 落地率为统计区间内已成立项目公司项目数占已成交项目数的比例。
[②] 公开数据显示项目公司成立历时为负（即项目公司成立早于项目中标）的未纳入统计。

2018年及2019年PPP项目公司成立平均历时明显较长；2020年，经过两年的规范性转型，PPP项目公司成立平均历时有所缩短（见图17）。按项目公司成立历时分类来看，项目公司成立历时集中在11~65天，22~32天为占比最大的项目公司成立历时区间，整体历时分布主要集中在100天以下（见图18）。

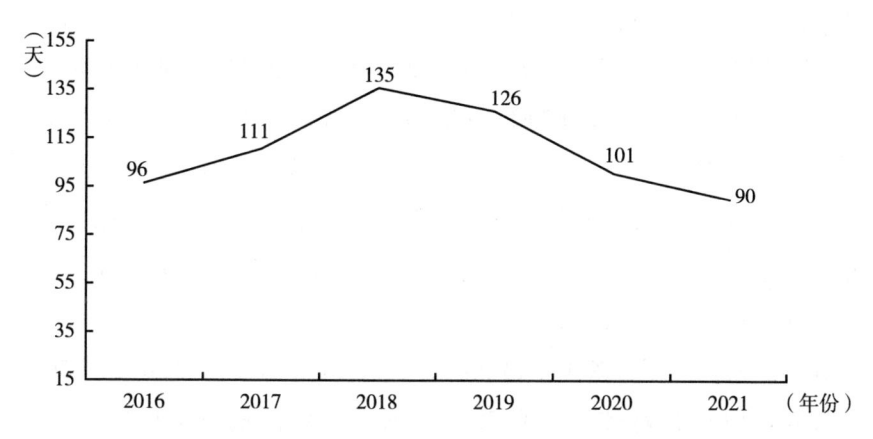

图17 2016~2021年全口径PPP项目公司成立平均历时分年度统计

资料来源：明树数据。

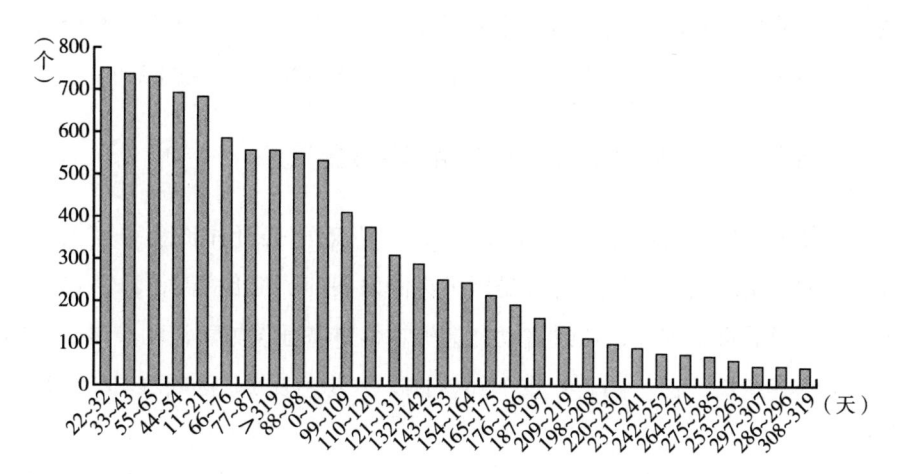

图18 2016~2021年全口径PPP项目公司成立历时情况统计

资料来源：明树数据。

2.项目公司成立地区分析

分区域来看，除中央本级和上海①外，各区域中全口径PPP项目落地率最高的为浙江省，为93%。此外，落地率达到85%的地区，包括江苏、福建、山东、安徽、四川。项目落地率较低的地区包括青海、新疆生产建设兵团、新疆，这些地区的项目落地率均不高于70%，其中落地率最低的地区为新疆，仅为52%（见图19）。②

全国范围内，项目公司成立历时最短的地区为新疆生产建设兵团，平均历时63天，但项目落地率为70%，相对偏低。此外，项目公司成立历时较短的地区还包括吉林、贵州、天津、浙江和辽宁，成立历时均少于100天，分别为96天、93天、93天、90天和89天；除中央本级外，历时较长的地区为西藏和上海，成立历时均多于150天，分别为186天和180天（见图20）。

3.项目公司成立行业分析

分行业来看，项目落地率最高的行业为林业，落地率为87%，其项目公司成立历时也相对较短，为56天。农业领域落地率明显较低，仅为64%。其余行业的落地率总体而言差别不大，均集中在80%左右（见图21）。

项目公司成立历时最长的行业为医疗卫生，平均历时136天。其余行业的项目公司成立历时基本相似，主要集中在110~120天（见图22）。

（五）PPP模式为落实国家战略提供重要支撑

在经济高质量发展和疫情影响下，PPP在效率提升和资金筹措上仍发挥着巨大作用。而基础设施建设是国民经济发展的"压舱石"，PPP作为基础设施建设的重要支撑，通过撬动社会资本促进基础设施建设的发展，有助于稳定经济增长，在"两新一重"、乡村振兴、绿色发展、区域协调、民生

---

① 中央本级仅有一项中标项目且已成立项目公司，上海仅有10项中标项目并且10项已成立项目公司，虽项目公司成立占比较高，但项目数量较少，不具有代表性。
② 罗昊昱：《去杠杆对参与PPP项目民企的融资影响研究——以东方园林为例》，硕士学位论文，广东外语外贸大学，2020。

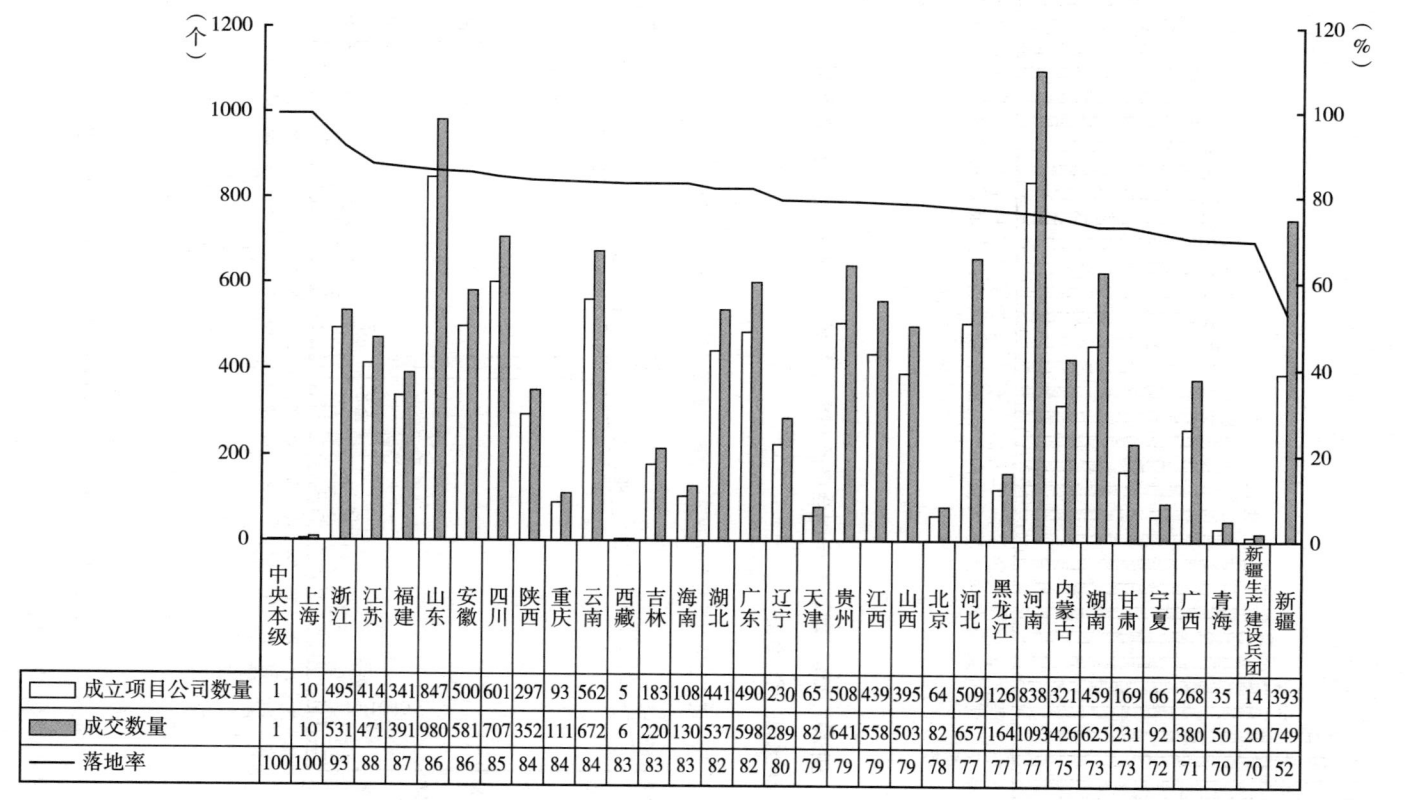

2021年中国PPP行业发展：格局与挑战

图19 2016~2021年全国全口径PPP项目公司成立情况统计

资料来源：明树数据。

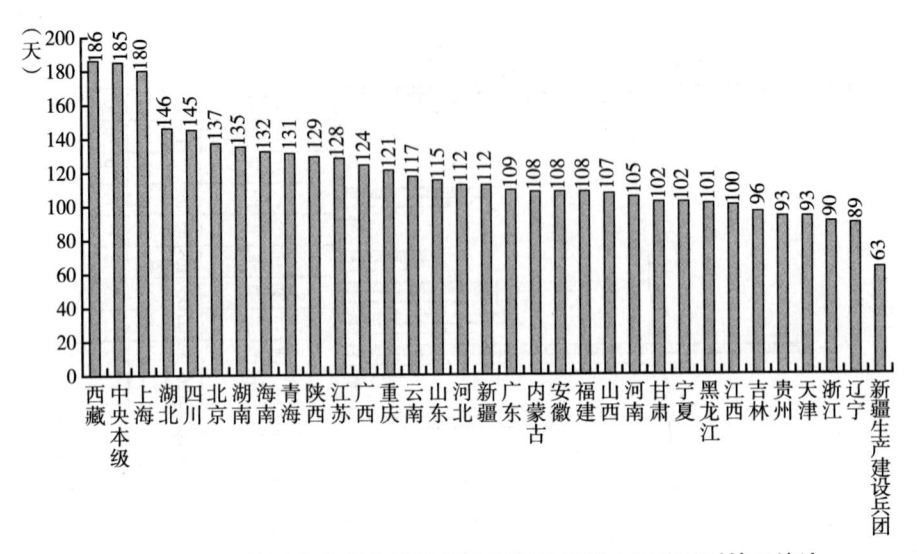

图20 2016~2021年全国全口径PPP项目公司成立平均历时情况统计

资料来源：明树数据。

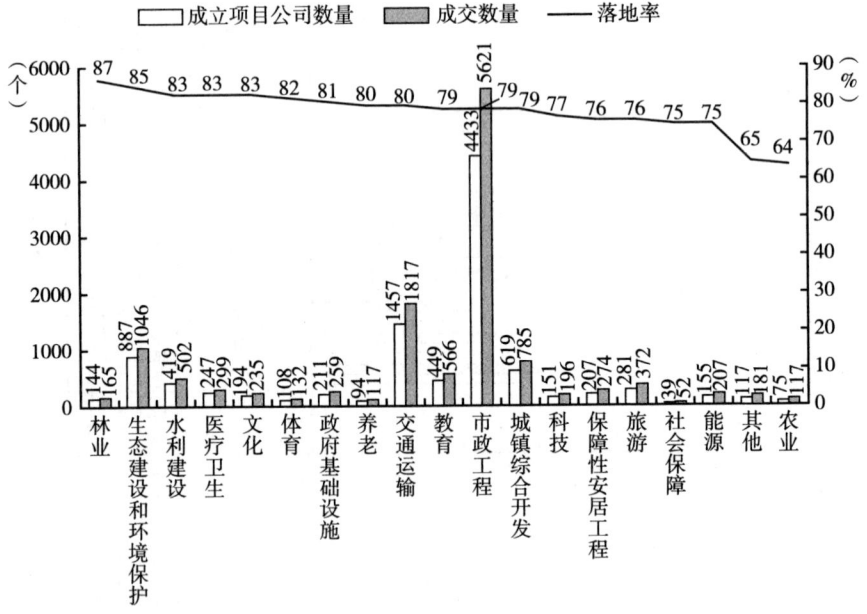

图21 2016~2021年全口径各行业PPP项目公司成立情况统计

资料来源：明树数据。

服务以及稳增长、惠民生、补短板中发挥重要作用。全国PPP呈现规范高效增长趋势。截至2021年12月31日，财政部PPP在库项目总计13810个，同比增加3.85%；总投资额为20.56万亿元，同比增加7.25%。各地录入国家发改委全国PPP项目信息监测服务平台PPP项目共7810个，同比增加4.51%；总投资10.98万亿元，同比增加11.47%。

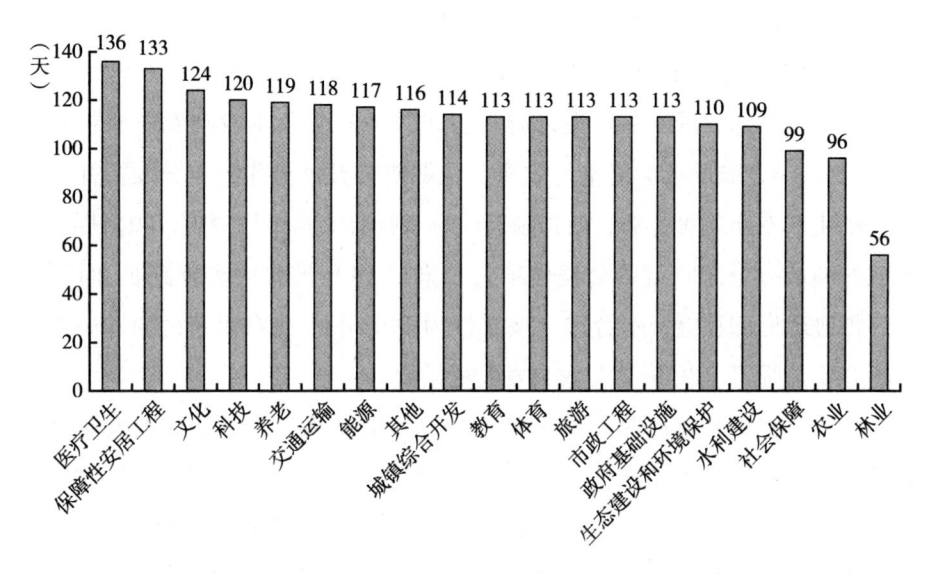

图22 2016~2021年全口径各行业PPP项目公司成立历时情况统计

资料来源：明树数据。

1. PPP助力"两新一重"建设提质增效

2020年国务院《政府工作报告》提出重点支持既促消费、惠民生又调结构、增后劲的"两新一重"建设。"两新一重"即新型基础设施、新型城镇化和交通、水利等重大工程，项目通常具有投资规模大且投资周期长的特点，需要采用多种融资渠道满足巨大的项目资金需求。PPP模式的运营，既能支持民间资本参与，又能精准满足项目融资需要并能将投资效益发挥到最大。

2021年投资规模在20亿元以上的全口径PPP重大项目共计200个，总计达18347.39亿元；投资规模在20亿元以上的财政部PPP重大项目共计

109个，总计达8668.16亿元。资金充足为稳定社会经济发展贡献了更多资源和力量。此外，PPP助力"两新一重"规范运行管理机制，通过引入打破垄断、放宽准入、鼓励竞争、透明公开、风险分担、按效付费、全生命周期管理等理念、机制和工具，为有效推动"两新一重"建设提供新动力。① 确保"两新一重"PPP项目质量，为民众提供公共产品和服务，对促进国内国际双循环和推动高质量发展具有重要意义。

2. PPP模式助力乡村振兴功效显著

农业农村部、国家乡村振兴局联合印发《社会资本投资农业农村指引（2022年）》，鼓励社会资本与政府、金融机构开展合作，充分发挥社会资本市场化、专业化等优势，鼓励创新政府和社会资本合作模式，积极探索农业农村领域有稳定收益的公益性项目，推广PPP模式的实施路径和机制，有序推进政府和社会资本合作。该文件为PPP模式在农业农村的发展指明了道路，加强了PPP模式与农村发展的结合。

广大乡村地区蕴藏着大量的潜在PPP项目资源，例如，涉及农业生产领域的生态农田、农场建设，保障人民基本生活水平的乡村基础设施供电、供水、公路建设，以及动植物保护、农业污染治理、山水林田湖综合治理等生态领域和农业旅游项目等。2021年，全口径PPP水利工程项目达到65个，规模达到696.40亿元。此外，政府相关部门可以充分利用PPP项目的跨界关联性和产业带动性，筛选并培育优质的乡村振兴项目，并形成一批具有一定收益的公益性项目，为乡村振兴注入可持续的产业集群动能，提升农村公共服务水平，改善农村人居环境。

3. PPP模式促进绿色低碳行业稳步发展进入上升期

气候变化已经从一个学科问题日渐成为全球化的社会问题，我国作为当下最大的发展中国家以及最大的碳排放国，面临巨大的减排压力。2020年9月，习近平主席在第七十五届联合国大会一般性辩论上提出"二氧化碳排放力争于2030年前达到峰值，努力争取2060年前实现碳中和"的双碳目

---

① 胡婧琛:《PPP为"两新一重"建设引来活水》,《建筑时报》2020年10月22日,第A2版。

标。2021年9月，中共中央、国务院出台《关于完整准确全面贯彻新发展理念做好碳达峰碳中和工作的意见》，提出推广绿色建材及低碳技术应用、提升绿色建造水平、倡导绿色生活方式及扩大绿色低碳产品供给等，实现将绿色低碳全面融入生态保护和高质量发展战略实施中。该意见在提升生态系统质量和稳定性、推动持续改善环境质量、加快发展方式绿色转型等方面发挥了重要作用。

2021年，全口径PPP生态建设和环境保护项目共计59个，规模达到781亿元；财政部PPP生态建设和环境保护项目共计56个，规模达到686.27亿元。PPP模式作为以少量资金撬动大资本的项目，已成为绿色项目实施的重要方式之一。2020年3月16日发布的《关于印发〈政府和社会资本合作（PPP）项目绩效管理操作指引〉的通知》（财金〔2020〕13号）首次引入"环境—社会—公司治理责任"（ESG）等先进理念，要求"PPP项目绩效目标编制应指向明确，体现ESG理念"。另外，以生态环境为导向的城市发展模式（EOD模式），统筹经济发展、城市建设与生态环境，已成为当前探索城市可持续发展的重要模式和路径。[①] EOD的理念应用到PPP模式之中，即"PPP+EOD"模式，以区域性整体开发为平台，以"自我造血，增值效益"为盈利机制，将生态理念贯穿PPP项目全生命周期过程（包括规划设计、投资建设、运营管理的每一个环节和全过程），使生态理念产生实际效益，达到区域可持续发展的目标。

4. PPP推动落实国家重大区域发展战略

PPP作为一种市场化、社会化的公共服务供给管理方式，推动公共服务供给质量变革、效率变革和动力变革，为各地经济高质量发展注入新活力。2021年，京津冀地区全年新入库项目44个，投资额达到572.96亿元；长江经济带11个省市全年新入库项目317个，投资额达到5549.02亿元；全国全年新入库项目917个，投资额达到1.52万亿元。

聚焦关键领域，鼓励和引导社会资本精准投入生态环保等重点领域，

---

① 杨茗：《基于多案例分析的污水处理PPP项目绩效管理研究》，硕士学位论文，东南大学，2021。

助力地方经济高质量发展，创造高品质生活，实现高效能治理。PPP模式投资建设有效缓解了当期地方财政压力，提升了资金使用效率，显著改善了城市面貌，提升了基础设施水平，对当地经济社会发展起到了积极促进作用。

5. PPP模式有效发挥稳增长、惠民生、补短板作用

PPP模式比其他融资模式具有更多优势，在实现社会资本投资可预期、有回报、能持续、依法合规等方面，发挥了重要功效。

此外，PPP持续发挥乘数效应，带动社会资本扩大有效投资，主要集中在市政工程、交通运输、城镇综合开发、生态建设和环境保护、水利建设等领域。2021年财政部PPP项目库中以上五大行业规模位居行业前五；国家发改委PPP项目数量排前五位的城市基础设施、农林水利、社会事业、交通运输和环保行业项目数量占项目总数的86%，投资规模占总投资规模的87%。全口径下2021年水利建设、保障性安居工程和交通运输三大行业的成交数量与2020年相比呈现增长趋势。切实发挥了补短板、惠民生作用，提高了公共服务供给质量和效率。

三 2021年中国PPP行业现状及2022年发展展望

（一）2021年中国PPP行业现状与挑战

2021年，由于国内外环境的复杂多变和"十四五"发展的要求，PPP的规范化运作受到社会各界的广泛关注和重视，PPP也在规范和创新中砥砺前行。

1. PPP模式进入高质量发展阶段，成绩稳定

（1）PPP在补短板、强弱项方面发挥重要作用

受疫情影响，2021年国内外经济下行压力加大，做好"稳投资、稳经济、补短板"工作仍是贯穿全年的重要任务之一。2021年，全国基础设施投资比上年增长0.4%，两年平均增长0.3%，实现结构持续优化。而PPP

作为基础设施建设的重要支撑，通过撬动社会资本促进基础设施建设的发展，在乡村振兴、公共服务等短板领域的项目建设中具有较高活跃度，进一步发挥重要的带头作用，有助于稳定经济增长。

（2）PPP绩效管理进入高质量推进阶段

据不完全统计，2021年全国PPP绩效管理咨询服务项目为144个，招标控制价总额为14078.97万元，平均单项招标项目控制价为97.77万元；中标合同总额约为12600.76万元，平均单项项目中标金额约为87.50万元，平均咨询服务周期约为2.4年，年咨询服务金额约为36.46万元，相比于传统财政支出绩效评价项目仍有较高的咨询服务价值。因此，2021年财政部从四个层面对PPP项目绩效管理提出更为明确的指导。第一，落实中共中央、国务院全面预算绩效管理要求，延续财金〔2020〕13号文的政策指导，积极推进分行业指标体系建设。第二，推广应用线上系统，加快推进监管智能化试点运行。实现绩效数据可分析，绩效结果可记录，按效付费可追踪，财政支出风险可把控。第三，加强培训指导。为贯彻落实2021年全国财政系统PPP项目绩效管理工作会议精神，财政部PPP中心先后组织福建、安徽、天津、江西、河南等省市开展了《政府和社会资本合作（PPP）项目绩效管理操作指引》政策解读与综合信息平台实操线上视频培训。第四，加强对第三方机构的绩效评价业务监督管理。财政部2021年研究起草《第三方机构绩效评价业务监督管理办法（试行）》征求意见稿，对监管绩效评价的第三方机构进行专门规范，同时对监管第三方机构的执业质量提出明确要求，提升绩效评价的科学性、公正性和可信度，促使其迈入高质量推进阶段。

（3）民营企业资本获得更大发展空间

国家统计局数据显示，2021年全国民间投资比上年增长7.0%，两年平均增长3.8%。其中，基础设施民间投资增长12.0%，为民间投资带来新的机遇。2021年8月9日，黑龙江省政府提出："积极推广政府和社会资本合作（PPP）模式，吸引各类市场主体特别是民营企业和外资企业依法平等参与通用航空基础设施建设，鼓励社会资本投资运营通航产业和相关服务业。"2021年1月6日，广西壮族自治区人民政府提出："鼓励各市县依法合规采用PPP等模式，探索利用国际金融组织贷款资金，撬动社会资本特别是民间资本投入补短板重大项目。"当前市场公认的央企、国企是参与PPP项目的主力军，民企参与PPP项目的机会相对较少。一方面是因为央企、国企的实力强大；另一方面是人们将更多的目光停留在项目的建设或融资方面，对项目后期的运营管理缺少足够的重视。随着PPP项目的建成竣工，其运营管理将会是一个漫长的过程，而民企在这方面具有天然优势，有更多机会参与后续的运营管理。

2. PPP模式日趋健全规范，但仍存改革潜力

PPP行业在推动我国基础设施建设、引导社会投资、防范隐性债务风险等方面发挥了巨大作用，且在制度和流程上不断自我完善，但是PPP行业在发展中仍存在不足。

（1）PPP管理体制及法律规范亟须完善

由于PPP项目涉及的领域具有特殊性，其管理体制及法律规范不健全的问题也较为凸显。有效的法律体制不仅能化解PPP项目运营风险，还能提高PPP项目的运作效率。现阶段，PPP模式作为地方政府投融资的重要手段之一，在各地方基础设施投资及公共服务领域发挥着重大作用。然而，在各级政府大力倡导PPP模式的情况下，PPP配套体制建设不完善的问题也随之凸显，尤其是缺乏有针对性的PPP法律体制。当前的相关政策法规仅停留在各部委出台的一系列规章制度及地方行政法规层面，尚未形成效力较高的法律，加大了PPP项目的运营风险，同时为PPP全生命周期的有效运行埋下了隐患。因此，当前在大力推进PPP模式的同时，仍需加快建立清晰、完整的政策制度和法律法规，保障PPP模式有效运作，为化解PPP项目风险、促使更多的民营资本进入公共领域提供制度保障。

（2）PPP仍需切实关注地方政府投资需求

2021年6月29日，《财政部对十三届全国人大四次会议第9528号建议

的答复》中提到采用"授权—建设—运营"（ABO）[①]、"融资+工程总承包"（"F+EPC"）等尚无制度规范的模式实施项目，存在一定的地方政府隐性债务风险隐患，还明确了PPP的合法、合规地位。此答复的公布，在业内引起重大反响，业界普遍认为其将会对ABO、"F+EPC"等模式的实施产生重要影响，但从2021年9月之后的市场成交量来看，"不降反升"的异常情况反映了"F+EPC"在当前阶段尚无更好的替代模式。PPP项目的实施受财政承受能力10%红线的限制，2021年41个行政区超过10%红线，新项目入库已被停止。同时受PPP模式操作复杂、前期工作周期长、监管趋严等多重因素影响，地方政府不得不使用"尚无制度规范的"且可能增加隐性债务的ABO、"F+EPC"等模式，挤占了PPP投资空间，致使2021年PPP项目投资规模进一步萎缩。

因此，为了引导地方政府更加合法、合规地开展项目投资建设，同时为了规避隐性债务风险，PPP应在程序流畅性、前期手续简化、PPP与其他非传统投融资模式的边界等问题上下功夫，切实提高PPP模式的可利用性。同时，随着各地PPP项目日益增多，越来越多行政区的财政承受能力逼近10%红线，一旦达到或超过，该行政区开展项目建设就少了一条正规途径。针对该问题，在省级、地级范围内进行财政承受能力的平衡方面，抑或是充分利用财承空间，在不过度加大地方政府债务的基础上调整财承政策方面，都存在一定的施政空间。

（3）存量PPP资产盘活仍存困境

自2014年我国在基础设施和公共服务领域推行PPP模式以来，大量项目广泛应用该模式并逐步进入运营阶段，形成了数量可观的存量基础设施项目。通过有效盘活存量资产，形成投资良性循环，具有非常重要的现实意义。

"PPP+REITs（不动产投资信托基金）"模式能够有效盘活资产已成为共识，专家普遍认为其对解决PPP项目融资难、提高PPP项目的流动性、

[①] 段树明、李海博、罗柳：《ABO模式片区综合开发项目探析——以湔江美谷项目为例》，《交通企业管理》2022年第1期。

拓宽社会资本交易和退出机制、激发社会资本参与PPP项目的热情等具有积极意义。但是，在操作层面仍有较多难题需要克服。如基础设施REITs要求项目具有市场化的稳定的现金流及收益，但现阶段PPP项目仍以政府付费和可行性缺口补助为主，收入的纯市场化程度不高，且部分项目的投资收益率较低，对市场投资者的吸引力较低；税收政策同样会影响投资者购买基金的积极性，急需税收优惠政策。① 同时，交易机制设置、资本结构配比、经营权转让等问题也给"PPP+REITs"模式盘活资产带来挑战。② 整体来看，REITs的出现，有利于盘活存量资产，使社会资本更快回收资金，把资金用于新的基础设施建设，有利于促进形成投资良性循环，但是通过REITs盘活PPP存量资产仍有不少问题亟待解决。除REITs之外，PPP存量资产的盘活方式还应进一步拓展。资产盘活能够释放PPP项目沉淀资本金，将回收资金继续用于新的基础设施和公用事业建设，从而有效降低实体经济的经济杠杆，实现良性循环，对促进PPP行业发展极具意义。

(4) PPP项目运作还需防范隐性债务风险

关于PPP模式产生隐性债务问题的讨论从未间断，尤其是《关于进一步规范地方政府举债融资行为的通知》（财预〔2017〕50号）、《关于规范政府和社会资本合作（PPP）综合信息平台项目库管理的通知》（财办金〔2017〕92号）出台后，PPP模式更多地与"防范隐性债务"六个字同时出现。随着PPP从高速发展到规范发展，地方政府的不规范操作产生的超出自身财力、固化政府支出责任、泛化运用范围等问题得到有效解决。

但是，由于在PPP项目的推进过程中依然存在隐性债务风险，隐性债务风险防范在PPP的推进中仍是需要关注的重要问题。在PPP项目的建设阶段，信息不透明、不公开，项目经营者为隐瞒实际债务而未按照合同规定来披露项目中的信息，导致利益相关者得到的信息较片面，做出不够科学合

---

① 《探索以"PPP+REITs"方式盘活存量资产》，财政部网站，2021年9月22日，http://sd.mof.gov.cn/zt/dcyj/202109/t20210922_3754397.htm。
② 《城市基础设施投融资新兴模式：PPP+REITs》，"仁略企业管理"百家号，2020年8月19日，https://baijiahao.baidu.com/s?id=1675450425464343851&wfr=spider&for=pc。

理的决策，造成隐性债务风险隐患；在运营阶段，需要面对包括汇率、价格、通胀、资本金时间价值等方面的调整或变化所带来的影响，而这些因素的调整，在PPP立项规划之时是无法预测的，同时地方政府有低估成本、高估收益的意愿，一旦在实际运营中收益低于预期，就会加剧地方政府隐性债务风险。例如，某些高速公路建成后长期亏损运营，就是由于立项前成本、收益估算不充分，特别是对车流量的估算。同时，如果项目过于强调社会效益而全然不顾经济效益，过于超前建设，也将形成地方政府隐性债务。[1]

隐性债务风险防范在不少省份2021年新发布的政策中仍被反复提及。宁夏回族自治区在《自治区人民政府关于进一步深化预算管理制度改革的实施意见》中提出"决不允许通过政府投资基金、政府和社会资本合作（PPP）、政府购买服务等方式举借隐性债务上新项目、铺新摊子"；江西省提出"在不新增政府隐性债务的前提下，依法依规利用政府和社会资本合作（PPP）、特许经营等模式，通过市场化方式积极吸引中央企业、民营企业、外资企业等参与我省高速公路、水运项目建设"；广东省也提出"在不增加地方政府隐性债务前提下，依法依规探索采用政府和社会资本合作（PPP）等模式，推动固体废物收集、利用与处置工程项目设施建设运行"。这同样说明，隐性债务风险在PPP项目推进中具有不容忽视的重要性。

（5）PPP模式融合创新之路尚远

自2014年我国在基础设施和公共服务领域推行PPP模式以来，对PPP融资模式创新的探讨一直不断。债券作为地方政府为数不多的合法融资渠道，其资金是否可以作为项目资本金被反复提及但并无定论，2019年《关于做好地方政府专项债券发行及项目配套融资工作的通知》（厅字〔2019〕33号）提出"允许将专项债券作为符合条件的重大项目资本金"。这为在PPP项目中使用专项债券作为项目资本金提供了可能性，但是2020年10月《财政部关于政协十三届全国委员会第三次会议第3856号（财政金融类287

---

[1] 李雪灵、王尧：《PPP模式下地方政府隐性债务风险防范研究》，《求是学刊》2021年第5期。

号）提案答复意见的函》中对这一可能性进行了否定，指出专项债券不得作为PPP项目的资本金。2021年，我国经济仍在缓慢爬坡中，地方政府财政收入增速减缓，在无其他资金来源的前提下，其持续使用预算资金作为项目资本金的能力被削弱，这无疑进一步压缩了PPP项目的开展空间。

（6）全流程风险控制不能松懈

PPP项目具有建设周期较长、投资巨大、融资结构复杂、参与方多等特点，且经历准备、签约、建设、运营到移交等多个阶段，是一项系统工程。各个阶段具有不同的风险，且风险因素之间相互联系，应重视全流程的风险控制。

在项目前期阶段，地方政府决策程序不规范、前期准备不充分、土地成本过高、土地获取困难以及审批流程复杂等问题依然存在，直接导致项目推进缓慢，为后续阶段埋下风险隐患。同时，前期"两评一案"确定的基本核心机制出现问题，预测的运营收入、运营成本不够准确，可能导致实际运营期成本和收入与之偏离太大，从而引发政府方与项目公司之间的问题。

在合同签约阶段，合同条款模糊不清、文件之间不一致甚至出现错误，导致风险分担不合理、权责不清等问题。随着运营阶段项目的不断增多，签约问题已逐渐显现，项目实施主体不注重合同中的运营条款内容，合同执行阶段对此类条款的落实度较低，加上大部分项目的运营期履约保函签约较少，PPP合同在运营阶段无法真正发挥约束效力，只停留在纸面上。

在项目建设阶段，工程变更、技术风险、原材料供应风险以及不可控风险因素都影响项目实施，可能造成项目成本超支、工期延误，进而导致项目进入运营期的时间延后。

在项目运营阶段，很多PPP项目的运营主要靠施工单位且为外包形式，缺少专业服务运营团队的支撑，导致运营质量较低，无法满足实际需求；同时，运营期绩效评价不规范、中期评估不及时、政府地位强势等问题依然存在。

因此，应从加强专业队伍培养、规范流程、强化监督、提高履约信誉等多方入手，确保PPP项目全生命周期的高质量管理，为PPP模式营造规范的良性环境，使其持续健康发展。

（7）加强 PPP 项目绩效管理

上文提到，我国 PPP 绩效管理进入高质量推进阶段。PPP 项目一般由社会资本方运营 20~30 年或更长时间，PPP 绩效评价是对其进行监督管理的重要环节，一旦出现问题将会涉及公众利益，因此需重视。

目前，PPP 项目涉及项目实施机构、项目公司、行业主管部门等众多干系人，相关干系人需求各异、难以达到平衡，导致绩效管理等方面形成了难以统一的多个绩效考核需求。同时，目前许多项目的实施方案对绩效考核的指标设定存在具有不确定性、定量指标少、定性指标过多等问题，限制了绩效考核的客观性。此外，在实际的工作过程中会存在信息不对称等问题，沟通效果也不尽如人意，外加 PPP 第三方绩效评估专业水平参差不齐，影响绩效评价的质量和效率，加强对 PPP 项目全过程的绩效管理势在必行。

（二）2022年中国 PPP 市场发展展望

1. PPP 推动"双碳"战略目标实现

"双碳"政策约束下，绿色 PPP 将成为值得关注和探索的新赛道。"十四五"时期，我国进入以降碳为重点战略方向，推动减污降碳协同增效，促进经济社会发展实现绿色转型，实现生态环境质量改善由量变到质变的关键阶段。2021 年 9 月 22 日，中共中央、国务院发布《关于完整准确全面贯彻新发展理念做好碳达峰碳中和工作的意见》，同年 10 月 24 日，国务院发布《2030 年前碳达峰行动方案》，为推动实现碳达峰碳中和做出重要指示。除此之外，还出台多项重点领域和重点行业的实施方案，外加各种金融保障措施，共同形成我国碳达峰碳中和的"1+N"政策体系，彰显我国推动绿色转型高质量发展的决心。因此，在碳达峰碳中和的热潮下，PPP 也将把绿色低碳作为提高发展的核心追求，具体体现在绿色设施、绿色技术、绿色政府、绿色企业、绿色机制等方面。碳达峰碳中和下的 PPP 项目，将在推动改善环境质量以及加快发展方式绿色转型等方面进一步发挥重要支撑作用。

2. PPP 与 REITs 有望融合创新

积极探索 PPP 与 REITs 创新融合路径。REITs 不仅是一种设计标准化、投资门槛低、流动性较高、收益风险中等、分红相对稳定、主动管理型的权益型投资工具，而且兼具金融属性和不动产属性，因此备受资本市场的青睐。而作为稳定经济增长的"压舱石"的基建投资领域更是注意到自身的价值。2021年5月28日，《交通运输部关于巩固拓展交通运输脱贫攻坚成果全面推进乡村振兴的实施意见》，明确"创新筹融资模式，积极探索通过不动产投资信托基金（REITs），与交通沿线土地、资源、产业等一体化开发，以及建设养护总承包、PPP、设计施工总承包等模式吸引社会资本投入"；2021年12月21日，《文化和旅游部关于推动国家级文化产业园区高质量发展的意见》提出"支持园区运用基础设施领域不动产投资信托基金（REITs）、政府和社会资本合作（PPP）模式等，改造完善基础设施和服务设施"。政府从各个方面激励社会各方积极探索"PPP+REITs"模式，切实做到PPP与REITs发展相结合，并发挥实质性示范效应，填补政府投资或PPP项目资金缺口。

其中，高速公路及园区基础设施建设项目体现了较强的适用性。究其原因：一是交通基础设施及园区基础设施项目成功实施的案例相对较多，具有很强的参考性；二是交通基础设施项目的业态、模式和运营体系都较为清晰，同时园区基础设施项目的不动产属性更强；三是交通基础设施及园区基础设施类资产的产权持有者，具有较强的资产盘活需求。此外，我国的基础设施发展经验显示，国内基础设施类资产建设需大量资金投入，而大量资金的来源更多是依靠政府及所属投融资平台，且多以间接融资为主，给地方政府及所属国有企业带来风险的同时带来了较大的经济压力。因此促使PPP与REITs高效结合，贯彻PPP项目走规范化发展道路，重视运营以确保项目产生更多稳定的现金流来缓解政府压力，必将是一大发展趋势。

3. 基础设施常态化投融资工具

在2022年4月26日召开的中央财经委员会第十一次会议上，习总书记提出要全面加强基础设施建设，发挥其对经济社会发展的重要支撑作用。无论是传统基础设施建设，还是新型基础设施建设，皆有很强的经济拉动作用，能够带来相较于项目投资额数倍的社会需求和国民收入。在我国，政府承担大多数基础设施的建设、运营和维护，这种以政府为主的支出模式给地方政府财政支出带来较大压力。而 PPP 通过撬动社会资本来减少政府巨大的资金投入，同时通过社会投资人的加入，提高基础设施建设的效率和质量。

因此，PPP 自 2014 年以来快速发展，做到了行业全覆盖，管理库项目数量逐年增长，已成为一种地方政府推进项目的常态化投融资模式。在市场扩张的同时，其规范性也在不断提升。2019 年，财政部印发《关于推进政府和社会资本合作规范发展的实施意见》，为规范隐性债务以及避免扩大债务风险，限制财政支出责任占比超过 5% 的地区新上政府付费项目，新签约项目不得从政府性基金预算中安排 PPP 项目运营补贴支出，促进了 PPP 的健康发展。2020 年 3 月，财政部发布《关于印发〈政府和社会资本合作（PPP）项目绩效管理操作指引〉的通知》，规定绩效管理贯穿 PPP 项目全生命周期，鼓励社会资本参与项目前期绩效目标和指标的设定与完善；同时明确各部门相关职责，对绩效管理全过程各环节工作内容和程序进行了全面规定。该通知对我国未来 PPP 项目的高质量发展具有重要意义，有利于解决当前部分 PPP 项目存在的"绩效评价流于形式"问题。2021 年，财政部修订印发《政府和社会资本合作（PPP）综合信息平台信息公开管理办法》，对 PPP 信息录入与公开方式、信息公开内容等进行了调整，对 PPP 信息公开工作进行进一步规范和加强，以推动 PPP 行业高质量发展。2022 年，PPP 模式在全面加强基础设施建设的背景下，将进一步发挥转变政府职能、推动投融资体制改革、激发社会资本活力等方面的重要作用。

4. 加强融资监管，控隐债，防风险

2021 年地方政府债务进入"控隐债、防风险下的分类监管"，加强对城投平台融资的分类监管。《银行保险机构进一步做好地方政府隐性债务风险防范化解工作的指导意见》主要针对政府融资平台公司的隐性债务新增与化解方面做出了明确规定。该意见强调，要打消财政兜底幻觉，严禁新增或虚假化解地方政府隐性债务，切实把控好金融闸门。《上海证券交易所公司债券发行上市审核规则适用指引》强调，地方融资平台发行的公司债券不得新增政府债务，应当用于偿还公司债券以外的存量债务，尤其明确不得用于偿还地方隐性债务。2021年4月13日，《国务院关于进一步深化预算管理制度改革的意见》指出，要坚决遏制隐性债务增量、化解隐性债务存量，决不用隐性债务上新项目、铺新摊子，同时建议地方政府合理计划发行债券，通过债务率等风险评估指标评估政府举债能力，并发挥预警作用，对失去清偿能力的要依法实施破产重整或清算。

在一系列政策的规范约束下，PPP的运作空间受到压缩，汲取PPP先进运作理念的ABO、"F+EPC"等投融资模式越来受到地方政府的青睐。但是，2021年8月《财政部对十三届全国人大四次会议第9528号建议的答复》中表示，ABO、"F+EPC"等投融资模式具有隐性债务风险，将配合相关部门推进PPP条例出台，从法律层面保障、规范PPP项目实施，厘清PPP的内涵与外延、职责分工等问题，同时指出在推进PPP工作的过程中仍存在程序衔接不畅、管理职责不明、政策预期不稳等问题。而PPP条例的出台是当前破除制约PPP行业发展中存在的体制机制障碍的关键举措，可从根本上厘清PPP与ABO、"F+EPC"等非传统投融资模式的边界，有效规避非传统投融资模式带来的隐性债务风险。

5. PPP发展的信用环境建设更加完善

PPP行业逐渐进入理性阶段，将越来越重视参与各方的信用水平建设，这需要社会资本、金融机构、咨询机构和专家的通力合作，明确各方责任和义务，强化各方契约精神与诚信理念；建立和完善信用约束与激励机制，形成完善的社会监督体系，同时通过完善信用信息平台建设，提高信用基础设施的支撑力，从而保障PPP行业的可持续发展。[1] 随着PPP行业的发展，相关政策监管的稳定性、法律法规的针对性、金融工具的适应性、信用体系的保障性和市场发育的成熟性，都会越来越明显地表现出来。2021年，PPP信用环境建设已经迈出了关键一步，财政部修订印发《政府和社会资本合作（PPP）综合信息平台信息公开管理办法》，及时的信息公开能够让

---

[1] 曾金华：《PPP项目回暖带动区域建设》，《建筑时报》2020年12月14日。

社会公众、其他地方政府以及社会资本方对项目信息有所了解和掌握，这对参与项目实施的地方政府、社会资本方等各主要参与主体依法合规、诚实守信进行了有效督促。2022年，要继续加强法律体系建设，推进PPP条例出台，充实我国现有PPP法律体系，完善我国现有信用法律体系；要建立健全失信惩戒机制，通过行政手段、市场手段、司法手段、社会手段等对失信者进行惩戒；要建立PPP监督机制，在政府政务诚信监督方面，建立PPP诚信专项督导制度，成立独立的第三方PPP监管机构并建立完善的社会监督体系。

B.2
2021中国PPP重要政策解读

王 政[*]

摘　要： 当前我国经济发展面临需求紧缩、供给冲击、预期转弱三重压力。2021年12月中央经济工作会议提出2022年经济工作要稳字当头，稳中求进。2022年4月26日中央财经委员会第十一次会议研究全面加强基础设施建设问题，提出要统筹发展和安全两件大事，要立足长远、适度超前、科学规划、多轮驱动、注重效益。2022年5月25日国务院召开全国稳住经济大盘电视电话会议，提出经济工作的总体目标是力保市场主体，从而实现保就业、保民生。政府后续部署6方面33条稳经济的政策，在财政方面加大盘活存量力度，加快地方政府专项债券发行使用并扩大支持范围，优先考虑将新型基础设施、新能源项目等纳入支持范围。以上一系列利好政策不仅释放积极信号，而且有助于稳定市场信心和提振经济增长的信心。政府将全面加强基础设施和公共服务设施建设，为社会资本参与新型基础设施建设提供机遇。未来PPP可以在水利建设、乡村振兴、生态环境、养老托育、交通物流等板块挖掘潜在机会。用好基础设施REITs有助于解决PPP项目融资难题，而基础设施REITs也对PPP项目的运营管理、退出机制等衔接提出了更高要求，从而倒逼PPP的规范化与市场化。

关键词： PPP　城镇化建设　乡村振兴　"三农"领域　碳达峰碳中和

---

[*] 王政，北京市惠诚（苏州）律师事务所主任，中央财经大学政信研究院PPP研究中心副主任，中国矿业大学PPP绩效评估研究中心兼职研究员，西交利物浦大学校外导师。

一 中央政策

(一)《国务院办公厅关于进一步盘活存量资产扩大有效投资的意见》

2022年5月,《国务院办公厅关于进一步盘活存量资产扩大有效投资的意见》(国办发〔2022〕19号)印发。

该意见确定盘活存量规模大、收益好或有增长潜力的项目范围,此外还确定盘活存量资产的重点区域和重点企业。

该意见明确指出推动基础设施领域不动产投资信托资金(REITs)健康发展。这对维护生产供应的稳定、保障民生都具有重要意义。落实支持基础设施REITs有关税收政策,推动其基金管理人与相应机构健全运营机制,从而更好地发挥原始权益人在项目中的作用,保障整个项目持续运营。

该意见提出政府和社会资本合作(PPP)应当有序进行,鼓励长久可持续地采用PPP模式盘活存量资产,提升模式运营效率。该意见推动PPP在综合交通和物流枢纽、大型清洁能源基地、环境基础设施、"一老一小"等重点领域进行项目建设,政策重点支持"十四五"规划102项重大工程,后续积极探索以资产证券化等市场化方式盘活存量资产,既要遵循反垄断等相关法律规定,又要鼓励企业通过资产重组和安全转让等方式加强存量资产进行优化整合,提升资产质量和规模效益。

(二)《关于推进以县城为重要载体的城镇化建设的意见》

2022年5月6日,中共中央办公厅、国务院办公厅印发了《关于推进以县城为重要载体的城镇化建设的意见》。

该意见明确了指导思想、工作要求、发展目标等。提出充分发挥市场在资源配置中的决定性作用,以此引导市场中各类主体参与县城的建设,对县城发展进行科学规划、分类指导,扩大县城就业范围,发展特色产业,完善

城市运行所需要的基础设施，保障公共服务的供给，保护生态环境和历史遗留的珍贵文化，驱动县城带动乡村发展，深化和保障体制发展等方面的要求。

该意见强调，为推进以县城为载体的城镇化建设提供根本保证，应当始终坚持党对工作的全面领导，还应落实各阶级的工作机制，使其均参与城镇化建设，强化主体责任，切切实实推进目标任务的贯彻落实，在此过程中推动试点先行，在试点区域县城补短板、强弱项，将建设任务逐步细化，稳中有序地进行以县城为重要载体的城镇化建设的伟大工程。

不少县城的公共服务供给总量不足、质量不高，基础教育、养老托育、文化体育等公共服务难以满足人民群众需要。该意见对新型城镇化建设进行了详细的分类，涉及市政配套、公共服务、生态保障、政策保障、组织实施等全方位的要求，引导PPP推进县城公共服务设施建设领域提标扩面，保障居民获得普惠共享的基本公共服务。

二 规范、支持类政策

（一）《政府和社会资本合作（PPP）综合信息平台信息公开管理办法》

2021年12月16日，财政部修订发布《政府和社会资本合作（PPP）综合信息平台信息公开管理办法》。

政务公开向来都是法治政府建设中一项极为重要的制度，政务公开贯穿政务运行的全过程。想要贯彻落实新发展理念、提升国家治理能力以及全面深化改革，必须始终坚定不移加强对PPP信息的公开。我国早在2015年就已经开始着手搭建全国PPP综合信息平台，制定了信息公开管理相关制度，这为加强PPP信息公开与信息管理提供了保障和制度依据。

同之前的《政府和社会资本合作（PPP）综合信息平台信息公开管理办法》相比，此次修订进行了更大的创新，其中包括对信息录入主体的范围进行了适当拓展，应当公开的内容适当增加了金融机构等项目参与方面的信息，明确了信息公开程序，明确建立公开信息调整体系，这些都有利于推动PPP信息的公开，从而为其营造一个公平竞争和规范发展的环境。此外，信息公开有利于保障群众知情和监督权利。

（二）《关于全面推动长江经济带发展财税支持政策的方案》

中央明确长江经济带不搞大开发，重在生态保护。出台必要的财税支持政策，有利于解决长江经济带发展面临的一些体制机制障碍和突出问题，全面推动长江经济带发展。为此，财政部会同沿江有关省市、各有关部门形成了《关于全面推动长江经济带发展财税支持政策的方案》。继续加大中央财政投入力度，是此方案的一大亮点，这首先体现为中央财政转移支付资金向长江经济带倾斜。中央财政通过明显提高转移支付系数等方式，加大对重点生态功能区的资金投入。

该方案从5个方面提出17项具体政策措施。这5个方面分别指的是完善财政投入和生态补偿机制，支持综合交通等基础设施建设，支持沿海沿江沿边和内陆开放，支持加快破除旧动能和培育新动能。

中央财政将持续加大投入力度，强化绩效管理，引导地方提高资金使用效益，进一步推动长江经济带生态保护修复和污染防治，助力长江经济带高质量发展。除了中央财政对地方的纵向转移支付外，省际省内流域横向生态保护补偿机制也很重要，这项制度创新可以协调和平衡生态保护地区和生态受益地区之间的利益关系。

该方案的一大要点是引导地方建立横向生态保护补偿机制，先后建立5条跨省的流域横向生态保护补偿机制，有力地调动了上下游地区之间开展长江生态保护修复工作的积极性。

中央不仅大力支持长江经济带生态修复，还支持长江这一"黄金水道"建设，构建长江经济带综合立体交通网络，以降低物流成本，促进经济高质量发展。中央财政通过一般公共预算、政府性基金预算等多种渠道安排资金，支持推进长江干线航道建设治理工作，支持构建长江经济带综合立体交通走廊和综合交通枢纽体系建设。财政部正在会同交通运输部等相关部门研

究创新支持方式，以城市为实施主体推进综合货运枢纽体系建设，促进长江经济带加快发展步伐。

三 乡村振兴类政策

（一）《中共中央 国务院关于做好2022年全面推进乡村振兴重点工作的意见》

2022年2月22日，中共中央、国务院发布《中共中央 国务院关于做好2022年全面推进乡村振兴重点工作的意见》。

该意见指出，受新冠肺炎疫情影响，我国经济发展面临艰巨挑战，对此应当首先保障粮食生产和农产品供给，这是解决民生问题的关键。此外还强调对现代农业基础的支撑，坚守不发生规模性返贫底线，聚焦以产业带动乡村发展的战略，稳扎稳打进行乡村建设，高效推动乡村治理，深化对乡村发展的政策保障和体制创新，牢牢把握党对"三农"工作的领导。

（二）《关于扩大农业农村有效投资 加快补上"三农"领域突出短板的意见》

7个部门联合支持扩大农业农村有效投资，明确提出实施一批PPP项目。2020年7月，中央农办、农业农村部、国家发改委、财政部、中国人民银行、银保监会、证监会等7个部门联合印发《关于扩大农业农村有效投资 加快补上"三农"领域突出短板的意见》。

该意见先是明确了指导思想是习近平新时代中国特色社会主义思想，再结合加快补足农业农村短板工程，加大对农业农村的投资建设力度，以及对农业农村项目建设的保障力度，对高标准农田、农产品物流、农业园区、动植物保护、渔港、环境治理、供水保障、污水处理、智慧农业和数字乡村、农村公路、农村电网等11个项目进行重点建设。

农业农村建设是解决民生问题的一项重大工程，实施乡村振兴战略，驱动农村牵引性强、促进生产消费的现代农业农村优先发展，对标乡村振兴战略，为乡村发展提供源源不断的动力，将"三农"短板补得更加牢实。

（三）《关于推动农村客运高质量发展的指导意见》

2021年8月9日，交通运输部会同公安部、财政部、自然资源部、农业农村部、文化和旅游部、国家乡村振兴局、国家邮政局、中华全国供销合作总社印发《关于推动农村客运高质量发展的指导意见》。

该意见提出，推动农村客运高质量发展的主要任务包括提升农村公路档次，不断完善农村运输各路段的服务站点，形成一个基本完善且便捷的服务系统；完善服务供给，提升农村运输服务水平，不断提升城市乡村客运服务水平；推进客货邮融合发展，这样既能够拓宽城乡客运服务范围，又能够带动客运货运和邮运之间的联系，彼此带动，共同发展；落实客运主体责任，加强对运输服务的监督，做好对客运服务事前、事中、事后的监督落实工作；提升对农村客运信息的分享效率，推广绿色客运服务工作；鼓励农村客运进行公司化集中经营，以此方便对农村客运进行统一管理，提升对农村客运管控的效率；提升农村客运服务水平，带动发挥县级政府主体责任，当地政府对客运进行相应投入，推动农村客运发展投融资机制创新；以示范县为载体，不断对农村客运运营模式进行探索，积累必要经验，深化示范县的带动作用等八个方面。

（四）《社会资本投资农业农村指引（2022年）》

2022年4月2日，农业农村部办公厅、国家乡村振兴局综合司联合发布《社会资本投资农业农村指引（2022年）》。

2022年是实施"十四五"规划的承上启下之年，也是乡村振兴全面展开的关键之年，做好农业农村工作特殊而重要。社会资本是全面推进乡村振兴、加快农业农村现代化的重要支撑力量，需要加大政策引导撬动力度，扩大农业农村有效投资。农业农村部办公厅、国家乡村振兴局综合司根据党的十九大和十九届历次全会精神，按照《中华人民共和国国民经济和社会发

展第十四个五年规划和 2035 年远景目标纲要》《中共中央 国务院关于做好 2022 年全面推进乡村振兴重点工作的意见》《"十四五"推进农业农村现代化规划》等明确的农业农村发展目标和重大任务，修订形成了《社会资本投资农业农村指引（2022 年）》。

四 生态环境类

（一）《财政支持做好碳达峰碳中和工作的意见》

2022 年 5 月 25 日，财政部印发《财政支持做好碳达峰碳中和工作的意见》。该意见坚持以习近平新时代中国特色社会主义思想为指导，明确以现阶段国情为基础，着手布局未来，结合中国各地工作基础和实际做到因地制宜，坚持强化预算和绩效管理，坚持共同但有别的责任原则。以制定各个时间阶段绿色财税政策框架为主要目标。

该意见明确指出发展的重点方向和领域，始终坚持建立高效低碳的能源体系，加强重点行业绿色低碳转型，支持科技创新朝着绿色低碳方向发展，创新绿色低碳科技的发展。同时倡导绿色低碳生活工作，做到节约资源，提升碳汇能力，致力于打造完善的绿色低碳市场体系。

2021 年 9 月 22 日出台的《关于完整准确全面贯彻新发展理念做好碳达峰碳中和工作的意见》始终坚持把节约资源放在整个工作的首位，从源头对碳排放进行控制。《2030 年前碳达峰行动方案》也着重强调贯彻党中央、国务院关于碳达峰碳中和工作的决策，要求将经济建设贯穿到社会经济发展的各方面和全过程，做到低碳、循环、可持续。

财政部提出规范地方政府对 PPP 项目的履约行为，这将解决生态环境 PPP 最艰难的问题，同时会吸引更多社会投资投入生态环境 PPP 之中。

（二）《生态环保金融支持项目储备库入库指南（试行）》

2022 年 3 月 4 日，生态环境部制定了《生态环保金融支持项目储备库入库指南（试行）》。该指南提出，入库项目应适宜金融资金支持，包括治理责任主体为企业的项目，采用生态环境导向的开发（EOD）模式、政府和社会资本合作（PPP）模式及其他市场化方式运作的项目。项目实施必须严格依法依规，严禁新增地方政府隐性债务。

在该指南发布之前，EOD 是试点，发布之后，EOD 项目变成了入库项目。首先，这意味着采用 EOD 模式的项目已经逐渐成熟，可以稳步推进；其次，对该模式的项目管理更加规范。以前财政部与国家发改委推动 PPP 项目时，也经历了从试点到建立项目库的过程。

（三）《企业 ESG 披露指南》（T/CERDS 2—2022）

绿水青山就是金山银山，在新发展理念的指导下，我国在"十四五"时期，着力优化产业结构，提升区域和国家绿色、低碳和循环发展的综合竞争力，加强建设现代环境治理体系，提升环境治理能力，努力实现生态环境治理体系和治理能力的现代化。在此背景下，ESG 投资对"双碳"目标的实现具有重大意义。

结合中国的国情，制定符合中国特色的《企业 ESG 披露指南》团体标准，填补了我国企业 ESG 披露标准领域的空白。建立和完善 ESG 披露标准体系，为企业开展 ESG 披露提供基础框架，可促进和服务广大企业的 ESG 建设，也为我国更好地融入国际经济体系、参与全球治理搭建了桥梁。

ESG 是环境（Environmental）、社会（Social）和公司治理（Governance）三个英文单词的首字母缩写。其主要含义是企业经营和金融行为不仅应对股东负责，而且应着眼于更广范围的利益相关者，在进行资源配置和投资决策时将环境、社会和公司治理三个维度的要素纳入考量范围，推动人类社会的可持续发展。ESG 看似只包括三个关键要素，实则是将过去几十年与 ESG 相近的针对企业可持续发展而提出的价值观或原则进行了整合，具有高度的包容性。

第六届中国 PPP 论坛上提出，ESG 的实质是不能仅考虑商业回报，还要考虑社会效益。国家发改委投资司副司长韩志峰指出："我国的社会责任投资将持续大踏步发展,应高度重视如何推动投资项目开展ESG评价,引导金融机构依据评价结果对投资项目提供融资支持。"[1] 中国光大环境(集团)有限公司董事会主席王天义表示:"PPP模式需要强调以人为本,而影响人类可持续发展的最大挑战就是气候变化,实现碳中和以避免地球升温就是最大的以人为本。碳中和目标下,PPP模式有必要同时强调以人为本和以碳为本,甚至实现从以人为本到以碳为本的提升和跨越。以碳为本PPP模式需要进行机制创新,包括增加气候影响评价、增加碳有所值评价、争取绿色金融支持、合理回报要计入碳交易收益等。考虑到全球企业发展趋势,PPP模式需要关注ESG投资,即通过环境、社会责任与公司治理三个核心要素,保障企业可持续发展。"[2]

目前许多国家在推进"以人为本"[3]的新PPP模式,为人类和地球带来价值。未来,PPP与ESG的结合,是PPP模式的与时俱进,也是ESG的价值体现,应在绩效考核方面更多地融入ESG概念,突出第三代PPP"以人为本"的特质。

五 养老托育类

《国务院关于印发"十四五"国家老龄事业发展和养老服务体系规划的通知》

2021年12月30日,国务院发布《国务院关于印发"十四五"国家老

---

[1] 《第六届中国PPP论坛成功举办聚焦面向"十四五"的PPP健康可持续发展》,"新基建投融圈"公众号,2021年12月27日,https://mp.weixin.qq.com/s/9voNwcJ_G-wFWTpGcl9v5w。

[2] 《第六届中国PPP论坛观点 | 王天义、黄华东、王守清、托尼·鲍尼演讲合集》,"新基建投融圈"公众号,2021年12月29日,https://mp.weixin.qq.com/s/aEq6ZdPl0sbqFSJTVQcRaA。

[3] 《第六届中国PPP论坛成功举办聚焦面向"十四五"的PPP健康可持续发展》,"新基建投融圈"公众号,2021年12月27日,https://mp.weixin.qq.com/s/9voNwcJ_G-wFWTpGcl9v5w。

龄事业发展和养老服务体系规划的通知》。

该通知确定现阶段养老项目发展目标包括拓宽养老服务范围，使养老项目覆盖到城乡全民。此外，包括健全老年健康体系、丰富拓展养老业务范围、美化养老环境等，营造良好舒适、健全的养老氛围。

该通知强调构建对养老服务的社会保障和兜底性养老服务网，既要建立健全社会保障制度，又要完善发展养老服务清单制度，补齐农村养老短板，还应建设农村养老服务人才队伍，加强养老服务管理人才队伍的建设等。受该通知的影响，各省纷纷出台政策，推动养老事业的合规化和市场化。例如中共江苏省委办公厅2022年2月10日印发《江苏省关于优化生育政策促进人口长期均衡发展实施方案》，结合江苏省实际情况，制定阶段性生育策略，健全人口服务体系，使服务体系贯穿生命整个周期，建设与养老托育相适应的服务设施。

截至2020年11月30日，养老类PPP项目共计108个，占全国PPP项目总量的1.1%；养老类PPP项目总投资643亿元，占全国项目投资总额的0.4%。可见养老类PPP项目无论在项目数量还是投资规模上都还有较大的发展空间。根据当前养老服务对象和内容的差异，可以将我国养老类PPP项目分为三种服务模式，即养老福利院、医养综合体和大型养老社区。PPP模式既能够激发养老机构发展的活力，又能够吸引社会资本参与养老服务的提供。

六　交通物流类

（一）《关于支持加快农产品供应链体系建设　进一步促进冷链物流发展的通知》

2022年5月10日，财政部办公厅会同商务部办公厅发布《关于支持加快农产品供应链体系建设　进一步促进冷链物流发展的通知》。

该通知所规定的内容要求疏通物流渠道，从而增加农产品销售的流

通能力；在农产品集中地、收购地进行物流改造升级，提升农产品批发流通能力；提升部门重点干线物流线路配送效率，在农产品收购地改扩建冷链集中存储中心和低温配送中心，确保各个环节互不损耗农产品；完善农产品零售环境，在销售的各个站点完善冷藏设备，提高农产品流通效率；提供公平的环境，重视农产品市场供应循环流畅，以及确保农产品买卖公平进行。

（二）《交通运输部关于巩固拓展交通运输脱贫攻坚成果全面推进乡村振兴的实施意见》

习近平总书记在中央农村工作会议和全国脱贫攻坚总结表彰大会上发表重要讲话，强调脱贫攻坚取得胜利后要全面推进乡村振兴，要坚决守住脱贫攻坚成果，做好同乡村振兴有效衔接，工作不留空当，政策不留空白。中共中央、国务院印发的《关于实现巩固拓展脱贫攻坚成果同乡村振兴有效衔接的意见》《关于全面推进乡村振兴加快农业农村现代化的意见》，明确了未来五年推进乡村振兴的总体要求、目标任务和保障措施，并决定在2020年脱贫攻坚目标任务完成后，设立五年过渡期，做好领导体制、工作体系、发展规划、政策举措、考核机制等有效衔接，从集中资源支持脱贫攻坚转向巩固拓展脱贫攻坚成果和全面推进乡村振兴。

发展农村交通是乡村振兴的先决条件，更是加快建设交通强国的重要内容和题中应有之义，《交通强国建设纲要》提出"形成广覆盖的农村交通基础设施网"，《国家综合立体交通网规划纲要》要求"推进城乡交通运输一体化发展"，为下一步农村地区交通发展指明了方向。为深入贯彻中央农村工作会议和全国脱贫攻坚总结表彰大会精神，认真落实中央文件要求，进一步指导各地交通运输部门做好相关工作，切实写好加快建设交通强国的乡村振兴篇章，有必要编制该实施意见，为畅通城乡经济循环，促进农业高质高效、乡村宜居宜业、农民富裕富足，为加快农业农村现代化提供有力支撑。

（三）《关于推动农村客运高质量发展的指导意见》

2021年8月9日，交通运输部会同公安部、财政部、自然资源部、农业农村部、文化和旅游部、国家乡村振兴局、国家邮政局、中华全国供销合作总社印发《关于推动农村客运高质量发展的指导意见》。

该意见明确基本原则仍旧是以政府为主导，以服务民生为目的，结合中国农村客运活动实际情况，致力于对农村交通进行改革创新，协同推进整个农村客运的发展，从而构建一个便捷、安全、经济和舒适的农村客运体系，改善农村客运的出行条件和服务保障，促进农村客运稳定前进、高效发展。

七　重点省份政策

（一）《北京市财政局关于加强政府和社会资本合作（PPP）项目征集与储备工作的通知》

2022年3月25日北京市财政局发布《北京市财政局关于加强政府和社会资本合作（PPP）项目征集与储备工作的通知》。该通知的目的是推进北京市政府和社会资本合作（PPP）工作高质量发展。具体表现为广泛征集意向PPP项目，建立一份PPP意向清单。

（二）《湖北省自然资源厅印发关于鼓励和支持社会资本参与生态保护修复若干措施的通知》

社会资本参与生态修复的范围包括六大领域。可聚焦国土空间修复规划确定的长江、汉江、清江等三大流域，秦巴山区、武陵山区、大别山区、幕阜山区等四大生态屏障区和三峡库区、丹江口库区等两大生态核心区，开展山水林田湖草一体化修复；矿山领域，开展历史遗留矿山、工矿废弃地地质灾害隐患治理、复垦复绿复耕等；在江汉平原、鄂东沿江平原、鄂北岗地等粮食主产区功能减弱、生物多样性减少、开发利用与生态保护矛盾突出的农田生态系统，实施全域国土综合整治；针对城镇生态系统连通不畅、生态空间不足、棕地修复等问题，开展城镇生态系统保护修复；开展防沙治沙、石漠化防治、水土流失治理、河道保护治理、野生动植物种群保护恢复、生物多样性保护等其他修复鼓励和支持；开展休闲康养、生态旅游等生态农业建设。

还出台了配套编制、财税、金融等激励措施，社会资本可参与生态修复方案编制，将投入回报等权利义务纳入方案；修复后的林地、水域可优先进行林权、水权、碳排放权交易，推动绿色基金、绿色债权、绿色信贷支持社会资本参与生态修复。

（三）《上海市加快经济恢复和重振行动方案》

上海市政府发布《上海市加快经济恢复和重振行动方案》，推出50条助企纾困政策和恢复重振经济的举措。其中包括全力发挥投资关键性作用，吸引社会资本参与基础设施项目投资。

根据该方案，上海将充分引导和激发社会投资，积极扩大有效投资。具体而言，将进一步扩大民间投资领域，鼓励和吸引更多社会资本参与市域铁路、新型基础设施等一批重大项目，鼓励民间投资以城市基础设施等为重点，通过综合开发模式参与重点项目建设。实施社会投资项目"用地清单制"改革，支持扩大企业债券申报和发行规模。加强银政联动和银企对接，鼓励金融机构对接重点项目，加大对基础设施建设和重大项目的支持力度，提供优惠、便捷的融资支持。

同时，加强投资项目要素和政策支持，进一步发挥基础设施REITs作用，落实好"上海REITs20条"支持政策，推动更多符合条件的存量基础设施项目发行REITs，遴选保障性租赁住房项目等开展REITs试点，支持盘活存量资金用于新建项目。上海将全力推动在建项目复工复产。加大新开工项目协调力度，优化政府投资项目审批程序，推动符合条件的政府投资项目合并编制审批项目建议书、可行性研究报告和初步设计，采取格式化审批、简化审批流程、分期审批及供地等措施，促进新项目开工建设。

参考文献

[1]《国务院办公厅关于进一步盘活存量资产扩大有效投资的意见》（国办发〔2022〕19号）。

[2]《关于推进以县城为重要载体的城镇化建设的意见》。

[3]《财政部关于修订发布〈政府和社会资本合作（PPP）综合信息平台信息公开管理办法〉的通知》（财金〔2021〕110号）。

[4]《关于印发〈关于全面推动长江经济带发展财税支持政策的方案〉的通知》（财预〔2021〕108号）。

[5]《中共中央 国务院关于做好2022年全面推进乡村振兴重点工作的意见》。

[6]《关于扩大农业农村有效投资 加快补上"三农"领域突出短板的意见》（中农发〔2020〕10号）。

[7]《社会资本投资农业农村指引（2022年）》。

[8]《财政支持做好碳达峰碳中和工作的意见》（财资环〔2022〕53号）。

[9]《生态环保金融支持项目储备库入库指南（试行）》。

[10]《企业ESG披露指南》（T/CERDS 2—2022）。

[11]《国务院关于印发"十四五"国家老龄事业发展和养老服务体系规划的通知》（国发〔2021〕35号）。

[12]《关于支持加快农产品供应链体系建设 进一步促进冷链物流发展的通知》（财办建〔2022〕36号）。

[13]《交通运输部关于巩固拓展交通运输脱贫攻坚成果全面推进乡村振兴的实施意见》（交规划发〔2021〕51号）。

[14]《湖北省自然资源厅印发关于鼓励和支持社会资本参与生态保护修复若干措施的通知》（鄂自然函〔2022〕252号）。

[15]《上海市加快经济恢复和重振行动方案》（沪府规〔2022〕5号）。

B.3
2021年中国PPP行业投融资发展报告

傅庆阳 张晓彬 张翥超[*]

摘 要： 本报告针对2021年度PPP行业存在的投融资难、民间社会资本潜能未能得到充分挖掘、投融资环境存在短板及模式创新不足等问题，提出通过优化PPP投融资功能，提升适配PPP发展的金融服务能力，提高民营企业的影响力与贡献度，营造阳光规范运作PPP大环境，融合实施EOD、TOD、SOD及协同创新PPP投融资与全过程工程咨询模式等组合拳举措，扎实推进PPP全方位高质量发展。

关键词： PPP 投融资 高质量发展

一 2021年PPP行业投融资发展现状及特点

2021年PPP行业投融资保持持续平稳发展，PPP财政风险总体可控，政府、社会资本和社会公众的信心与参与热度呈现上升趋势，实现了"十四五"的良好开局。8年来多维度、多层级、高透明度的检验，充分印证了PPP仍是拓展投资空间、调整产业结构、优化公共服务供给、增进民生福祉、调节财政投入的一种行之有效的途径；与此同时，经过长时间的锤炼，

---

[*] 傅庆阳，天和国咨控股集团有限公司董事长，高级工程师，财政部、国家发改委PPP专家库双库专家，主要研究方向为项目管理、PPP、项目投融资与全过程工程咨询等；张晓彬，天和国咨控股集团有限公司PPP咨询事业部副总经理，工程师，主要研究方向为特许经营、PPP、绩效管理与项目投融资等；张翥超，天和国咨控股集团有限公司风险绩效管理中心主任，主要研究方向为PPP绩效管理、项目合同履约、财政项目绩效管理、中期评估等。

PPP行业成长得更加规范、更加理性、更加高效，也更加适应国家战略需要和社会公众需求，总体呈现如下特点。

（一）PPP行业平稳高质量发展但增速有所减缓

自2017年拧紧规范"发条"以来，经过数年的监管提升和规范整顿，我国PPP行业已进入高质量发展的新时期。2021年全国PPP综合信息平台管理库新增入库项目659个，新增投资额达13254亿元，累计在库项目连续3年保持5%左右的平稳增长。总体来看，各地不再盲目追求PPP项目的高速度增长，而是更注重推进落实绩效管理、强化社会资本责任、防范隐增政府债务与法律风险等关键点，对入库审核进行更为严格的把关，新入库项目质量得到明显提升。但是，由于受经济下行压力加大，地方政府PPP可使用财力有限，新冠肺炎疫情防控常态化以及特许经营、ABO、"F+EPC"等其他投融资模式的"分流"等多因素叠加影响，与2020年相比，2021年新增入库项目无论是数量还是投资额都有不低于20%的缩减，新增入库项目数量同比减少420个，新增投资额同比减少3954亿元。

（二）PPP投资更广泛聚焦服务国家重大战略实施

PPP投资肩负着"十四五"时期拓展投资空间的重要使命，在开局之年更多聚焦服务国家重大战略实施。凭借在优化投资结构、提高投资精准度和健全市场化投融资机制等方面的优势，PPP投资已经成为落实国家重大战略的有效途径和提速动力。在2021年的新增入库项目中，"两新一重"、绿色低碳、乡村振兴等领域项目投资规模分别占到87.5%、23.7%和9.16%（存在项目领域交叉），已基本形成以国家重大战略领域项目为主线的新发展格局。同时，新基建、绿色低碳等新兴产业有别于传统基建，更具市场化属性；乡村振兴、"三农"发展等均是国家战略的主攻方向，PPP投资也已密集跟进。总之，国家重大战略以及新兴产业与PPP投资的密切协同和有机结合，能够有效提升项目的政策支撑力和可融资性，提高项目的吸引力、

竞争性和落地率，拉动PPP行业稳步增长。因此，可以预见未来PPP投资服务国家重大战略的作用还将进一步扩大。

（三）PPP投资的行业领域集中度仍相对较高

PPP模式已广泛应用于我国基础设施及公共服务的各个行业领域，但在当前PPP投资所涉及的19个一级行业领域中，市政工程、交通运输、生态建设和环境保护、城镇综合开发这4个行业，在入库项目数、签约落地率、开工建设率、投入运营率等方面都常年位居前5。截至2021年，4个行业累计入库项目和投入运营项目投资规模分别占全部PPP项目的82.1%和83.8%，足见PPP投资的行业领域集中度仍相对较高，这与近年来国家加快实施新型基础设施建设、新型城镇化建设、城市更新、生态修复和绿色低碳、建设交通强国等重要战略密切相关。

（四）PPP财政风险防控有效，未来仍有较大发展空间

随着地方政府防控债务风险意识的增强以及PPP财政支出动态监测机制的形成，各地对于PPP可使用财力的统筹规划和PPP项目的甄别筛选显得更加科学谨慎。一方面，地方政府能够遵守政策导向量力而行，把握好PPP发展节奏，切实搞好财政规划，通过对PPP财政风险的有效管控，确保PPP行业的健康可持续发展。截至2021年底，全国仅有不到1.5%的地区财政支出责任占比突破10%的红线，还有72.1%的地区低于7%的预警线，55.6%的地区低于5%，可见全国PPP财政风险总体可控，PPP发展空间仍较为充裕。另一方面，地方政府对国家推行PPP的初衷有了更深入、更准确的理解，能够转变发展思路，有效避免将PPP模式简单地演变为地方政府的融资工具，切实杜绝政府付费项目短期内一拥而上，通过优选市场化程度较高、需求稳定、价格机制较成熟的PPP项目，避免过度挤压财政可支配空间。从数据来看，2021年新入库项目中可行性缺口补助类项目占比已达到72.5%，凸显了PPP已逐步回归公共服务提质增效的基本面。

（五）PPP投资转化为公共服务供给的速度有望提升

入库是PPP项目完成前期策划与论证评估的重要里程碑，也是开启后续一系列实质性工作的重要前提，签约落地、开工建设、进入运营期和期满移交则是漫长合作期的关键节点，能否入库是验证项目能否获得市场响应以及检验项目能否取得目标成效的重要标志。2014年以来累计入库项目已达到10243个，签约落地率达78.8%，但实际开工建设率不足50%，进入运营期的项目不足14%。究其原因，一方面是前期论证准备不充分，交易结构、绩效评价、合同条款设置不合理，项目实操性较差；另一方面是社会资本盲目扩张，技术、经验与资金准备不足，再加上融资难，导致项目停滞或纠纷增多，尤其是早期项目表现更为明显。从2021年PPP项目运行情况来看，PPP各参与方随着经验的积累，运作能力在不断地提升。PPP规范化管理持续强化，也将促使PPP投资转化为公共服务供给的速度进一步提升，在促投资、惠民生方面的成效将会更加突出。

（六）PPP社会资本中各类国有企业仍占据主导地位

国有企业作为社会资本参与是我国PPP模式区别于西方国家的一个重要特征，这与我国的基本国情和国有企业肩负的社会责任有关，不同所有权性质的企业良性、有序地参与竞争能够推动PPP行业更加健康发展。据明树数据的研究结果，2021年国有企业尤其是地方国有企业仍是PPP社会资本的主力军，中标项目投资规模已超过全年投资总额的95%；民营企业中标项目投资规模在2015年达到峰值后持续下降，2021年已不足3.6%。在平台公司市场化转型的大背景下，可以预见未来将会有更多转型后的地方平台公司参与PPP项目，借势实现产业经营与资产运作多向转型，地方国有企业的PPP市场份额有可能进一步扩大。如果地方政府不能采取有效举措支持民营企业在那些市场化程度较高的行业领域与国有企业同台竞争，不能积极为民营企业参与PPP项目创造更加公平的竞争环境和金融环境，甚至设置人为障碍，那么，民营企业的PPP市场份额有可能进一步被挤压。

二 PPP行业投融资发展存在的问题及成因

经过多年的发展，尽管我国PPP政策制度已更加健全完善，项目信息更加透明公开，投资环境更加公平开放，投融资市场更加健康有序，政府、社会资本和金融机构也在实践中积累了更为丰富的PPP经验，但PPP投融资仍然有不少现实问题需要理性思考和共同应对。

（一）PPP项目融资难、资金链断裂的问题时常存在

资金保障是推进PPP项目实施的关键，PPP发展至今，融资难、资金链断裂仍然是影响落地项目开工建设和后续稳定运营的主要因素。PPP项目常见的融资方式有银行贷款、基金、债券、信托、资产证券化等，从已实施项目来看，当前银行贷款仍然是PPP项目债务性资金的主要来源。2019年启动的PPP项目规范性审查整改也很快延伸到金融机构端，同时面对新冠肺炎疫情的不利冲击、国内经济下行压力加大，多数金融机构对新增PPP项目放贷保持谨慎态度，对已有PPP项目则继续加强风险排查和风控管理。此外，缘于PPP项目公益属性强、投资收益低、资金错配严重，项目公司信用弱化、缺乏抵押担保物等特征，以及仍存在部分项目交易结构混乱，个别地方政府契约意识弱、信用差等问题，金融机构对此信心不足，担忧授信安全和日后问责，金融服务支持力度和创新积极性明显减弱，趋于谨慎。

（二）地方政府财力对PPP的引导作用未得到充分发挥

PPP是公共产品交付模式中的一种选择。西方发达国家PPP项目投资占公共投资的比重一般在15%~20%，财政部门根据我国的实际情况，将我国PPP项目的财政支出红线控制在10%以内。根据2021年项目管理库年报，全国有超过一半的地区PPP项目财政支出责任占比低于5%，一方面说明经过多年的规范运作管理和防范债务风险的努力，我国PPP财政风险总

体可控，另一方面说明我国 PPP 领域仍拥有较为充裕的发展空间，通过财政"小投入"引导社会"大资本"、撬动公共服务"大供给"的作用还未得到充分发挥，用有限的财政资金"四两拨千斤"撬动 PPP 发展的作用还有待进一步提升。

（三）民间社会资本的资金潜能未得到更有效的挖掘利用

民营企业是我国经济社会高质量发展的生力军，是 PPP 投融资领域不可或缺的参与主体。鼓励民营企业深度参与 PPP 项目，既有助于降低公共部门的总体杠杆水平，防范系统性政府债务风险，也有助于打破行业垄断，注入市场活力，促进良性竞争，真正实现提质增效，还能够充分挖掘民营资本发展 PPP 的潜力、缓解政府的财政支出压力并扩大 PPP 的公共产品供给能力。但总体考量，当前国有企业仍牢牢占据我国 PPP 的主导地位，民营企业真正参与的行业类型和投资规模相对有限，大多集中于投资规模较小的污水处理和垃圾处理项目，且近几年来民营企业的 PPP 投资占比还在持续下降，PPP 领域出现的不合理现象在一定程度上偏离了 PPP 的初衷。因此，有必要通过制度创新和市场引导，消除人为障碍，为民营企业与国有企业同台竞争营造更加公平的环境，充分发挥民间资本的资金潜能，持续迸发民营企业的创造活力，使其与国有企业取长补短，共同推动 PPP 高质量发展。

（四）投融资模式创新不足，制约 PPP 更高质量发展

PPP 本身就是公共服务供给机制的一种创新，PPP 的更高质量发展也将受益于我国投融资模式与组织管理模式的不断创新。目前我国 PPP 项目使用较多的仍是传统的 BOT、TOT、ROT 模式，交易结构和回报模式相对单一，企业经营与项目组织管理模式还是传统粗放式，缺乏与时俱进的张力，运营模式创新点和盈利点未能得到充分挖掘和利用，与新型的 EOD、TOD、SOD 等模式的结合和应用还不够广泛，项目缺乏自我造血能力，社会资本的投资回报更多依赖财政资金的补贴，投融资模式创新不足已经明显制约

PPP更高质量发展。而且面对新冠肺炎疫情的冲击,地方财政收入增速放缓,PPP过度依赖地方财政、发展后劲不足的问题更加凸显。

(五)PPP行业存在营商环境短板,制约其投融资的稳定性

优化PPP行业营商环境,建立公平公正市场秩序,激发PPP投资市场活力,是PPP行业可持续、高质量发展的重要基石。当前PPP行业的营商环境仍存在不少短板,不可避免会给行业的稳定性带来负面影响,也会导致社会资本投资PPP行业的信心不足、积极性受挫,直接影响PPP投融资的推进力度和资金到位速度。一是法律环境有待健全,PPP上位法酝酿许久但仍然缺位,部委政策分散、协调性仍有不足,执行层面的失效文件尚未出新;二是市场竞争仍存在许多暗门、壁垒,采购不规范、信息不对称、低价恶性竞争屡见不鲜,民营资本兴趣度与参与率难有较大提高;三是地方政府失信问题仍然存在,合同执行力不足,常出现以概算调整、财政审核、绩效评价为理由拖欠付费的行为,社会资本不信任感愈渐增强;四是市场监管与失信惩戒力度不足,社会资本的救济渠道不通畅。

三 PPP行业投融资的未来展望与策略建议

PPP行业未来的发展仍将坚持稳字当头,淡化增速,同时鼓励创新,激发活力。通过优化PPP投融资功能,提升适配PPP发展的金融服务能力,强化与EOD、TOD、SOD以及全过程工程咨询等创新理念的协同融合,着力破解制约PPP可持续发展的痛点、难点和堵点。为高质量发展夯实"稳"的基础,聚焦"进"的动力,为PPP行业的投融资发展营造更加优质的政策环境和市场环境。未来几年PPP投融资仍将在服务国家战略、满足公众需求等方面发挥积极作用。

(一)优化PPP投融资功能,促进PPP行业稳步提升发展

PPP增速虽在放缓,但改革创新、补短锻长、提质增效不能止步,党

中央反复强调以稳为前提精准实施财政政策，淡增速、重质量仍将是PPP未来发展的主基调。坚持稳字当头、高质量发展理念，必须把PPP作为一项长期的系统性工程，精准推动PPP制度政策的更新与完善，持续优化行业领域分布与社会资本结构，不断增强PPP行业投融资的发展后劲，着力解决已落地项目的融资、开工建设与绩效监管等问题，把有限的PPP资源用在社会短板处、民生急需上，同时将防控政府债务与项目风险作为一项长期的重要任务来抓，明晰规则、强化约束、引导创新、稳固信心，稳中求进、变中谋新，兼顾发展与安全。

（二）加强建设高效适配PPP发展的金融服务能力

PPP高质量发展离不开金融服务的创新和助推支持，必须转变以往依赖政府信用、重抵押、重担保的传统融资放贷思维，加强建设高效适配PPP发展的金融服务能力，不断创新金融业务流程、授信模式、信贷产品和风控手段，提高和扩大金融服务PPP的精准度和覆盖面，并鼓励金融机构提前和深度介入，为PPP项目提供全流程、综合性的金融服务，切实提高项目融资效率，通过架起金融桥梁共同解决PPP项目落地难的问题。支持更多优质PPP项目开展资产证券化ABS和基础设施REITs，构建更加灵活、有弹性的多元化融资结构，通过市场化手段盘活PPP存量资产，提高PPP项目资产的流动性，拓宽资本循环流动的路径，提振社会资本和金融机构的投资信心和热情。

（三）持续提升民营企业在PPP发展中的影响力和贡献度

鼓励和支持国有企业与民营企业同台竞争是PPP领域不可回避的一个难题，PPP是一项重大改革，吸引民营企业更广泛参与PPP也处在一个不断改革创新的过程中，持续提升民营企业在PPP发展中的影响力和贡献度，是推进PPP行业更高质量发展的一项重要任务。一方面是必须继续强化制度保障措施，破除民营企业投资PPP的隐性壁垒，营造更为公开透明的竞争环境，提升对民营企业的信任度，选择切实符合项目实际需求并且物有所

值的社会资本，杜绝偏爱国有企业的倾向；另一方面应强化契约精神，健全保障机制，完善融资市场，拓宽融资渠道，完善退出机制，提振民营企业投资信心。此外，民营企业也不应望PPP而却步，要准确把握政策导向，持续不断地提升自身硬实力，更好地适应PPP市场竞争和监管要求。

（四）融合EOD、TOD、SOD等理念，推进PPP创新发展

在公共服务领域引入社会资本的目的之一就是激发市场主体的活力和创造力，为此PPP的创新发展不能受缚于传统的政府投资思维，必须双向激发内在与外在动力，通过创新"PPP+"模式，优化资源配置形成合力，挖掘推进PPP可持续发展的有力因素，推动PPP高质量发展。PPP与EOD、TOD、SOD等融合的"PPP+"模式，是基于项目可持续发展理念的创新融合，是近年的热点话题。其本质是强调协同发展的导向思维，发挥财政投入的带动作用，推动正外部性强、收益性弱、市场化低的基础设施和公共服务项目与高经济效益的关联产业相互融合与促进，将PPP带来的生态价值、交通价值和土地增值等外部效果内部化，激发PPP项目的自我造血能力，创新PPP的盈利与补贴模式，使PPP模式更具生命力与可持续发展力。

（五）PPP与全过程工程咨询合力，扎实实施项目全过程风险管控

随着社会经济的发展以及公众需求的变化，公共服务供给环节更加需要资源整合和"组合拳"施策。PPP与全过程工程咨询在实施周期、理念、目标、专业化复合型人才需求等方面有许多契合点，协同创新高效的PPP投融资与全过程工程咨询模式，推进两者跨阶段、一体化、高效集成已是大势所趋，也是扎实实施项目全过程风险管控的重要举措。在PPP项目中引入全过程工程咨询，能够整合项目全生命周期的专业技术资源，提高投资决策质量，对项目全过程进行风险管控，以提高效率、降低成本，为项目顺利实施助力护航。PPP跨越10~30年的长期合作，需要精准且强有力的过程管理。从实施阶段来看，全过程工程咨询既可以服务于PPP项目的识别、准备、采购等前期阶段，也可以服务于PPP项目的执行、移交等具体实施

环节；从服务对象来看，全过程工程咨询既可以服务于政府方，成为政府实施履约监管与项目风险管理的一个重要抓手，也可以服务于社会资本，成为社会资本实施规范运作、提质降本、增效避险的协同帮手，还可以作为联合体一起参与 PPP 项目的投资与管理。随着 PPP 的高质量发展，两者的紧密结合大有可为。

（六）营造阳光规范运作大环境，推进 PPP 全方位高质量发展

营造 PPP 阳光规范运作大环境，推进 PPP 投融资与项目治理深化改革，切实提高公共产品（服务）供给数量、质量与效率。立足全国范围内公共服务的优质均衡、高质量供给，进一步完善 PPP 政策法律体系，健全法治透明、标准统一的 PPP 行业与项目监管规则，打破地区封锁和行业垄断，消除准入歧视和隐形壁垒，加快营造阳光开放、公平竞争、分工协作的 PPP 营商环境。依托政府采购监管、PPP 信息公开平台、事中事后评价与监督问责机制等有效手段，进一步规范 PPP 市场恶性竞争行为和避免行政过度干预，带动公共服务要素资源在全国范围内更加自由、便捷、高效地流通，建设全国统一、全覆盖、可持续的公共服务供给体系。同时，通过国内竞争实践，培育和提升中资企业参与国际竞争合作的新优势，带动更多中资企业运用 PPP 模式推动高质量共建"一带一路"。

参考文献

［1］财政部政府和社会资本合作（PPP）中心：《全国 PPP 综合信息平台管理库项目 2021 年年报》。
［2］明树数据：《2021 中国 PPP 市场年报》。

应用研究报告

Application Development Reports

B.4
PPP模式在推进乡村振兴战略中的创新应用研究

赵仕坤 伊杰*

摘 要： 乡村振兴战略自党的十九大首次提出以来受到社会各界高度重视。实施乡村振兴战略，是脱贫攻坚完美收官后新时代做好"三农"工作的关键举措。PPP模式对于公共服务领域基础设施建设具有巨大推动作用，与乡村振兴战略目标相辅相成，引入社会资本参与农村基础设施建设，发挥社会资本运营管理优势，有利于提高农村基础设施建设的供给质量和效率。但是，PPP模式在推动乡村振兴战略的过程中仍存在应用方面的难题。由于社会资本参与的特殊性，农村建设用地难以落实、公益性较强、依赖地方财政及后期监管难等问题，限制了PPP模式在乡村振兴战略推进中的进一步广泛应用。本报告对现有入库项目进行分

---

* 赵仕坤，博士，北京中泽融信管理咨询有限公司董事、总经理；伊杰，北京中泽融信管理咨询有限公司业务总监。

析，提出加强项目前期规划、创新农村土地与项目结合等方式，有效加强政府方决策、监管能力，提高乡村振兴项目对社会资本方的吸引力，力求解决PPP模式在乡村振兴战略应用中的堵点问题。

关键词： PPP模式　乡村振兴　农村基础设施建设

一　PPP推动乡村振兴的优势

（一）PPP推动乡村振兴具有必然性

1. PPP项目领域与乡村振兴战略规划方向一致

从PPP项目与乡村振兴战略所涉及的领域来看，PPP推进乡村振兴战略具有必然性。[①]《国务院办公厅转发财政部发展改革委人民银行关于在公共服务领域推广政府和社会资本合作模式指导意见的通知》（国办发〔2015〕42号）和全国PPP综合信息平台都明确PPP模式的适用领域包括保障性安居工程、城镇综合开发、交通运输、农业、教育、科技、林业、旅游、能源、社会保障、生态建设和环境保护、体育、市政工程、文化、养老、医疗卫生、政府基础设施、水利建设及其他。2018年中共中央、国务院印发《乡村振兴战略规划（2018—2022年）》（以下简称《规划》），从发展壮大乡村产业、建设生态宜居的美丽乡村、繁荣发展乡村文化、健全现代乡村治理体系、保障和改善农村民生五方面详解"五大振兴"。不难看出，只要在PPP项目的名称中加上"农村"或"乡村"两字，大多数PPP模式适用领域可有效地应用到乡村振兴战略规划中。

2. PPP与乡村振兴战略在政策上天然契合

从PPP模式的基本政策与乡村振兴战略的政策内容来看，PPP推动乡

[①] 王明吉、孙星：《PPP模式助推乡村振兴战略路径选择》，《合作经济与科技》2019年第17期。

村振兴战略同样具有必然性。从《国务院关于创新重点领域投融资机制鼓励社会投资的指导意见》（国发〔2014〕60号）到《国家发展改革委办公厅关于进一步做好社会资本投融资合作对接有关工作的通知》（发改办投资〔2022〕233号），PPP模式旨在推进经济结构战略性调整，加强薄弱环节建设，补齐基础设施短板，推动经济高质量发展。2017年10月18日党的十九大报告首次提出乡村振兴战略，2018年印发《乡村振兴战略规划（2018—2022年）》对实施乡村振兴战略做出阶段性谋划，同时明确科学有序推动乡村产业、人才、文化、生态和组织振兴，提出产业兴旺、生态宜居、乡风文明、治理有效、生活富裕的总要求。农业农村部、国家乡村振兴局于2020年、2021年、2022年连续3年联合印发《社会资本投资农业农村指引》，鼓励通过PPP模式创新社会资本投入乡村振兴方式。

（1）PPP支持发展壮大乡村产业

《规划》提出，乡村振兴，产业兴旺是重点。乡村应充分整合、发挥自身独特优势，强化主导产业支撑，以主导产业为中心向外辐射发展，利用"PPP+优势产业发展"夯实引领，实现农村一二三产业融合发展，延长产业链，发展壮大乡村特色产业。《农业农村部办公厅 国家乡村振兴局综合司关于印发〈社会资本投资农业农村指引（2021年）〉的通知》（农办计财〔2021〕15号）明确鼓励各级农业农村部门按照农业领域PPP相关文件要求，对本地区农业投资项目进行全面梳理、筛选并培育适合采取PPP模式推进的乡村振兴项目，尤其要优先支持有一定收益的农业农村基础设施建设项目。农业农村部、国家乡村振兴局联合印发的《社会资本投资农业农村指引（2022年）》指出，"创新政府和社会资本合作模式……鼓励各级农业农村部门按照有关要求，对本地区农业投资项目进行系统性梳理，探索在高标准农田建设、智慧农业、仓储保鲜冷链物流、农村人居环境整治等领域，培育一批适于采取PPP模式的、有稳定收益的公益性项目，依法合规、有序推进政府和社会资本合作，让社会资本投资可预期、有回报、能持续。鼓励社会资本探索通过资产证券化、股权转让等方式，盘活项目存量资产，丰富资本进入退出渠道"。PPP项目涉及农业、农业产业园、乡村旅游等方面的农村基础设施，在弥补产业发展资金不足的基础上，融合PPP模式的优势引入社会资本进行多元化合作及运营，为传统模式下的乡村产业发展注入新鲜血液、提供新发展思路。

（2）PPP支持建设生态宜居的美丽乡村

《规划》提出，乡村振兴，生态宜居是关键。建设生态宜居的美丽乡村，以建设美丽宜居村庄为导向，强化资源保护与节约利用，推进农业绿色发展；以农村垃圾、污水治理和村容村貌提升为主攻方向，积极开展农村人居环境整治行动，提升村容村貌，全面提升农村人居环境质量，打造宜居的美丽乡村。《财政部 住房城乡建设部 农业部 环境保护部关于政府参与的污水、垃圾处理项目全面实施PPP模式的通知》（财建〔2017〕455号）明确鼓励政府采用PPP模式实施污水、垃圾处理项目，《国务院办公厅关于鼓励和支持社会资本参与生态保护修复的意见》（国办发〔2021〕40号）提出"对有稳定经营性收入的项目，可以采用政府和社会资本合作（PPP）等模式"。PPP以推进人居环境改善为基点，整合乡村污水、垃圾治理及公厕整治、生态修复等内容，以"先环境、后产业"为基调，即先以宜居环境留住人，再以产业发展吸引人，助力共建居住环境整洁优美、生态系统平衡稳定健康、人与自然和谐发展的生态宜居美丽乡村。

（3）PPP支持繁荣发展乡村文化

《规划》提出，乡村振兴，乡风文明是保障。旨在以社会主义核心价值观为指导，弘扬发展中华优秀传统文化，建设农村公共文化服务体系，建设"文明乡风、良好家风、淳朴民风"的新农村，鼓励乡村文化振兴，建设邻里守望、诚信重礼、勤俭节约的文明乡村。《文化和旅游部 财政部关于在文化领域推广政府和社会资本合作模式的指导意见》（文旅产业发〔2018〕96号）提出"鼓励社会需求稳定、具有可经营性、能够实现按效付费、公共属性较强的文化项目采用PPP模式"。PPP助力剖析地方和民族特色文化，挖掘培养乡土文化、本土人才，推动文化与旅游及其他产业深度融合、创新发展；弘扬乡村文化既要吸取各地方乡村文化的精华，本着"适合的才是最好的"原则，融合当地特色文化，又要在保护、传承文化的同时创

新、优化并"走出去"。

(4) PPP支持健全现代乡村治理体系

《规划》提出,乡村振兴,治理有效是基础。PPP引入运营经验丰富、管理模式新颖、资金实力较强的社会资本,建立健全有保障的党委领导,及"政府负责、社会协同、公众参与、法治保障"的现代乡村治理体制,基层组织从执行者转变为监督者,优化乡村治理体系,在提高运营效率的同时将政府的更多精力投入乡村治安管理、人才队伍组建及基层组织保障等事宜,推动乡村组织振兴,建设一个组织体系严明、乡风文化多样化的新农村。

(5) PPP支持保障和改善农村民生

《规划》提出,乡村振兴,生活富裕是根本。把基础设施建设重点放在农村,加快补齐农村基础设施短板,促进城乡基础设施互联互通,推动农村基础设施提档升级。坚持"要致富先修路"的方向,全面推进"四好农村路"建设,保障农村地区基本出行条件;坚持居民用水安全的原则,加强农村水利基础设施建设,巩固提升农村饮水安全保障水平;坚持以改善农村民生为目标,加强农村基础设施建设,在教育、物流、信息网络、医疗卫生等方面建立创新健全的农村基础设施管理体系。《关于推动农村客运高质量发展的指导意见》提出,要"推进农村客运发展投融资机制创新,引导社会资本以PPP等模式规范参与农村客运项目投资建设运营"。财政部、水利部制定了《中央财政水利发展资金使用管理办法》,旨在鼓励采用PPP模式支持乡村振兴建设,保民生、促发展,创新项目投资运营机制;提倡"先建机制,后建工程",坚持建管并重,支持农业水价综合改革和水利工程建管体制机制改革创新;PPP充分利用资金杠杆,撬动一批农村公路建设、农村水利基础设施建设等项目,提升道路运输水平及农村客运条件,改善居民生活环境,巩固拓展脱贫攻坚成果,助力乡村振兴。

可以看出,PPP补齐基础设施短板的主旨符合乡村振兴战略的发展目标,无论是在乡村产业的建设上,在建立一个宜居的乡村上,抑或是在乡村文化传承与弘扬上,在建设现代化治理体系上,还是在保障和改善农村民生上,PPP与乡村振兴战略在政策上天然契合。

（二）PPP 有助于激活乡村振兴活力

PPP 模式具有投资主体多元化等特点，将 PPP 模式运用到乡村振兴基础设施建设中，嵌入市场行为，拓宽政府投资模式，优化政府部门项目管理方式，使得政府办事效率大大提高，充分激发基层政府活力。

在政府和社会资本合作的过程中，社会资本有更充分的自主选择权，这是 PPP 模式的特点，也是其最大的优势。在此合作模式下，社会资本可基于项目实际情况提出切实可行的规划方案，助力乡村振兴发展。政府从农村公共服务产品的运动员变为项目裁判员，从执行者变为监督者，以"绩效管理"为眼，对社会资本的建设、运营管理进行监督；通过从传统模式下的"重建设"到"重运营"的转变，PPP 模式将促使社会资本在乡村项目实施中挖掘项目收益，互通经验，引入人才，提升管理水平，充分激发乡村振兴活力，从根本上改变乡村建设项目高度依赖财政补贴、缺乏高端人才、管理经验不足的现状，真正实现"五大振兴"——产业振兴、生态振兴、文化振兴、组织振兴、人才振兴——战略目标。

二 乡村振兴 PPP 项目现状分析

由于 PPP 推动乡村振兴的必然性，在管理库中建设内容涉及农业农村领域的项目均可助力推进乡村振兴，如林业、农业、农村公路类项目，都对推进乡村振兴战略具有重要意义。但考虑到对乡村振兴 PPP 项目分析的准确性和有效性，本报告研究和分析的乡村振兴 PPP 项目是指管理库中项目名称涉及"乡村振兴"的 PPP 项目、项目名称涉及"农村"的 PPP 项目及农业领域 PPP 项目。乡村振兴战略于 2017 年 10 月党的十九大首次提出，结合财政部全国 PPP 项目综合信息平台管理库 PPP 项目公开数据，截至 2022 年 5 月 17 日，2018~2021 年管理库中项目名称涉及"乡村振兴"的 PPP 项目有 85 个，项目名称涉及"农村"的 PPP 项目有 309 个，农业领域 PPP 项目有 57 个（包含前两种情况下的 18 个农业领域 PPP 项目），共计 433 个。

（一）乡村振兴 PPP 项目领域范围广

管理库中 433 个乡村振兴 PPP 项目，分别涉及生态建设和环境保护、交通运输、市政工程、水利建设、农业、旅游、城镇综合开发、政府基础设施、医疗卫生、教育等领域，所涉及的领域范围广，已基本覆盖 PPP 相关领域。通过表1，可以进一步验证 PPP 项目领域与乡村振兴战略规划方向的一致性。

表1　PPP 模式支持的领域与乡村振兴战略规划方向分析

单位：个

《规划》要求	管理库中乡村振兴PPP项目涉及领域	管理库中乡村振兴PPP项目涉及领域项目数量	管理库中"农村"PPP项目涉及领域项目数量	管理库中农业领域项目数量
发展壮大乡村产业	农业	14	4	57（包含前两种情况下的18个农业领域PPP项目）
建设生态宜居的美丽乡村	市政工程、生态建设和环境保护、政府基础设施、林业、城镇综合开发	38	198	—
保障和改善农村民生	交通运输（农村公路）、水利建设、医疗卫生、教育、保障性安居工程、能源、其他	23	107	—
繁荣发展乡村文化	旅游	10	—	—

资料来源：明树数据。

（二）乡村振兴 PPP 项目总量无明显增长

2018～2021 年管理库中乡村振兴 PPP 项目总量无明显增长的趋势。随着 2018 年中央一号文件明确了乡村振兴的重大意义和总体要求，乡村振兴 PPP 项目增量较大，尤其是项目名称涉及"农村"的 PPP 项目共计 203 个；2019～2020 年中央一号文件高度重视乡村振兴战略，2021 年《中华人民共和国乡村振兴促进法》施行，乡村振兴局挂牌，但整体上乡村振兴 PPP 项目数量并未因国家政策上的高度重视而增加（见图1）。

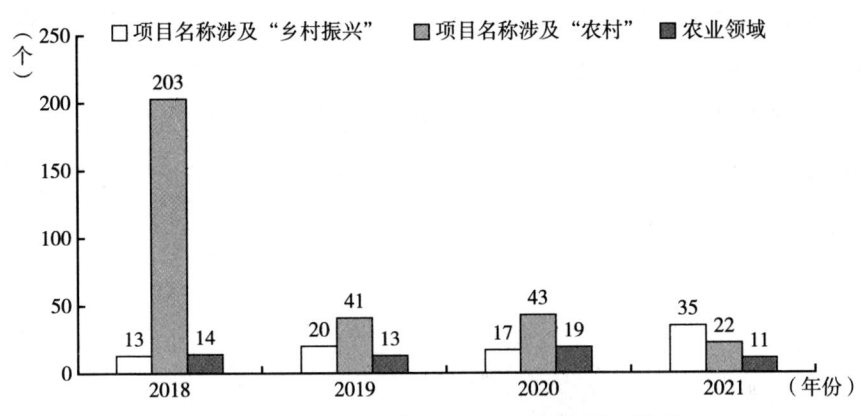

图 1　2018~2021 年乡村振兴 PPP 项目数量统计

资料来源：明树数据。

（三）乡村振兴 PPP 项目落地率较高

截至 2022 年 5 月 17 日，2018~2021 年管理库中乡村振兴 PPP 项目共计 433 个，其中 306 个进入执行阶段，项目落地率[①]为 70.67%。由此可见，在国家政策的大力支持下，乡村振兴 PPP 项目的落地率较高（见表2）。

表 2　2018~2021 年乡村振兴 PPP 项目落地情况分析

单位：个，%

类型	项目个数	落地个数	落地率
发展壮大乡村产业	57	28	49.12
建设生态宜居的美丽乡村	236	169	71.61
保障和改善农村民生	130	102	78.46
繁荣发展乡村文化	10	7	70.00
合计	433	306	70.67

资料来源：明树数据。

① 落地率是指执行和移交两阶段项目数之和与管理库项目数的比例。

（四）乡村振兴PPP项目的回报机制依赖新增财政收入

我国PPP项目的回报机制一般包括可行性缺口补助、使用者付费及政府付费3种。截至2022年5月17日，2018~2021年管理库中乡村振兴PPP项目有433个。其中可行性缺口补助项目225个，占乡村振兴PPP项目总数的51.96%；政府付费项目193个，占乡村振兴PPP项目总数的44.57%；使用者付费项目15个，占乡村振兴PPP项目总数的3.46%（见2图）。

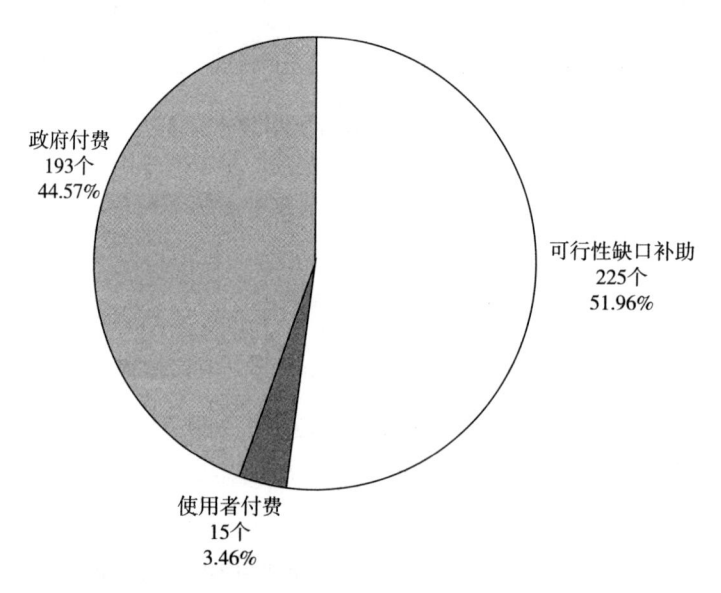

图2 2018~2021年乡村振兴PPP项目回报机制分布

资料来源：明树数据。

从图2可看出，乡村振兴项目的公益性较强，经营性相对较弱，收益较少，导致管理库中乡村振兴PPP项目的回报机制多为政府付费和可行性缺口补助，使用者付费项目较少。现阶段乡村振兴PPP项目的回报机制高度依赖新增财政收入。

三　PPP推动乡村振兴存在的问题

（一）项目用地落实难

乡村建设用地性质多样，范围广。乡村振兴项目用地多在农村，一般涉及多个乡镇，且项目用地不连片，空间距离较远。项目在农村推进涉及村集体、村民委员会、农场、居民等多方利益体，无论是项目用地性质转变还是项目使用权的取得流程都较为复杂，甚至可用土地较少，不能满足项目用地需求，或项目用地直接影响农村居民的现实利益。

PPP模式中，若政府方在项目前期对土地的重视度不够或未充分论证性项目用地可行性，待社会资本介入、项目公司成立后难以落实土地，将导致项目难以推进甚至停工。大部分农村土地的权属为集体或个人，可能涉及耕地、林地等类型，对于社会资本来说土地协调难度较大，流转方式、流转费用的确定亦较为困难，项目用地无法落实将直接导致项目难以实施而影响项目落地。

（二）项目高度依赖财政支出，推广受限

项目公益性较强，高度依赖财政支出。[①] 乡村振兴PPP项目多为农村人居环境治理、农村公路修建、林业建设等基础设施项目，建设地点位于乡镇及农村，公益性较强，缺乏经营性或经营性较弱。由于农户或农民支付能力有限，项目使用者付费收入无来源或来源单一，项目多为无收益或收益少的民生领域基础设施建设。在此情况下，项目回报机制多为政府付费或可行性缺口补助，项目的推进高度依赖财政支出。

各地财承能力参差不齐，乡村振兴PPP项目推广受限。PPP模式的发展历经了多个年头，各地政府对PPP模式的认可程度及接纳态度不一，各

---

① 王亚琪：《探究PPP模式在乡村振兴中的运用和发展》，《当代经济》2018年第12期。

地财承情况存在差异，部分地区尚未推广PPP项目，部分地区财承已超过5%，部分地区达到风险提示标准7%，甚至部分地区已达红线10%。《关于推进政府和社会资本合作规范发展的实施意见》（财金〔2019〕10号）要求，当年本级财政PPP项目一般公共预算列支的财政支出责任占比超过5%的不得新上政府付费项目。PPP模式推进乡村振兴项目虽具备天然的优势，但受限于地方财承情况，部分领域乡村振兴PPP项目尚为空白，难以融合推进。此外，近年来受疫情影响，大部分地区的一般公共预算支出呈现负增长的趋势，对各地新上乡村振兴PPP项目提出了更高的要求，限制了PPP模式在乡村振兴战略中的进一步推广和应用。

（三）项目后期监管难

PPP模式在推进乡村振兴的过程中，前期由政府方进行主导，政府负责项目前期工作的筹备、项目可行性的论证、社会资本的筛选等内容；在项目公司成立后，实施机构由执行者转变为监督者。作为监督者，监管难度大主要体现在以下几个方面。

1. 监管机制不够健全，监督主体不明确

一是PPP项目的合作期限一般为10~30年，最长能够达到30年，期限相对较长。在整个项目的推进过程中，地方政府领导班子更迭，一个PPP项目可能会涉及好几个领导班子，没有健全的监管机制，新班子不管旧账，不了解亦不重视模式；此外甚至会遇到实施机构职能转变的情况，监督主体不明确，项目公司想办事找不到相关负责人员，最终致使项目实施效果大打折扣。二是在监管机制不够健全的情况下，部分社会资本或项目公司产生懈怠，发生各种"钻空子""浑水摸鱼"的现象，甚至项目建设产出或运营产出皆达不到PPP项目实施的"高标准"。

2. 监管力度不足

一是项目公司取得项目特许经营权之后，对项目的运营水平、类似经验、财务能力及人员管理等方面都有很高的要求。由于项目建设地点位于乡镇，实施机构就将监管职责下放到各个乡镇。乡镇政府事务多、事情杂、执政能力有待提升，导致政府监管力度不足，有的项目公司出现乱收费、怠于运营、无人管理等现象，甚至经营不善导致项目公司无法继续运营，进行破产清算或解散。由于项目的特性从根本上来说是服务于人民，监管不足最终损害的还是乡村居民的利益。二是乡村项目的特殊性直接影响政府的监管，前期的推进由县级及以上的领导班子统筹，但项目执行阶段的监督工作会分解到乡政府、村委会等，乡政府、村委会等执行能力参差不齐；[①] 且项目执行一般涉及多个乡村，地点较为分散，工程或大或小，在没有系统化的监管方案的情况下，较小较偏的子项目容易被"偷工减料""缺项漏项"。

四　PPP推动乡村振兴的实施意见

（一）创新方式，有效利用农村土地

1. 合理安排用地计划

明确用地政策，合理安排用地计划；[②] 将乡村振兴PPP项目建设用地纳入土地利用总体规划和年度计划，进行合理安排，坚守耕地和永久基本农田保护红线。县级政府应通过土地利用规划，预留部分规划建设用地指标用于单独选址的农业基础设施、乡村休闲旅游设施和乡村生态宜居等乡村振兴PPP项目建设。2020年中央一号文件明确提出，"省级制定土地利用年度计划时，应安排至少5%新增建设用地指标保障重点乡村重点产业和项目用地"，在项目建设用地上给予一定的用地指标扶持。各地在制定土地利用计划时，应充分考虑乡村振兴PPP项目的需求，为乡村振兴打好"地基"。

2. 土地经营权入股

土地经营权入股是解决乡村振兴项目用地问题、盘活农村存量土地的有效手段。农业农村部、国家发改委、财政部、中国人民银行、国家税务总

[①] 郭敬毅：《乡村振兴背景下PPP模式的优化路径探讨》，《科教文汇》2021年第9期。
[②] 俞昀：《乡村振兴PPP项目成功的关键影响因素研究》，《无锡商业职业技术学院学报》2021年第16期。

局、国家市场监督管理总局联合发布《关于开展土地经营权入股发展农业产业化经营试点的指导意见》（农产发〔2018〕4号），支持土地经营权入股发展农业产业化经营。乡村产业振兴作为乡村振兴最重要的一环，需要资金、技术、人才等资源要素聚集。通过PPP模式，土地经营权入股社会资本或项目公司，促进土地的有效利用，与社会资本的资金、技术、人才等要素有机结合，建设农村基础设施，培育乡村特色产业，促进农村一二三产业融合发展，壮大乡村产业，致富乡村人民，助力乡村振兴。

土地经营权入股是解决乡村土地不连片问题的有效方式，便于实现产业化经营、规模化生产；便于具备运营能力的社会资本发展乡村产业，为其发展提供基础土地条件；便于促进农户与社会资本或项目公司构建优势互补、利益共享、风险共担的合作机制，促进乡村产业经营的长期稳定；同时，更好地发挥PPP模式优势，进一步促进政府发挥决策者职能，完善土地经营权入股相关政策措施，确保农民的知情权、参与权、监督权和收益权，平等保护社会资本和农户的合法权益。

3. 盘活农村存量建设用地

许多农村建设用地长期闲置，未得到有效利用。《规划》提出："完善盘活农村存量建设用地政策，实行负面清单管理，优先保障乡村产业发展、乡村建设用地"。"在符合土地利用总体规划前提下，允许县级政府通过村土地利用规划调整优化村庄用地布局，有效利用农村零星分散的存量建设用地。对利用收储农村闲置建设用地发展农村新产业新业态的，给予新增建设用地指标奖励。"在项目推进初期，应充分发挥PPP模式特点，在谋划乡村振兴PPP项目时考虑盘活农村存量建设用地，统筹考虑社会资本产业运作优势，找准方向，将土地与产业和基础设施配套，实现对农村存量建设用地的充分利用及优化利用。

（二）挖掘项目收益点，合理规划财承空间

在项目规划及立项阶段，要对项目建设内容进行"肥瘦搭配"，充分挖掘地方产业特色，增加收益点，以产业经济效益带动纯公益性项目协同发展，实现"产业+"，同时结合PPP模式的资金杠杆，整合实现项目推动可行性。

同时，从规划短期预算到规划中期预算再到规划长期预算的"预算收支管理"模式改变，着眼于人民长远利益，适当采用延长合作期限与融资可行的组合落地方式，使地方有限的财承空间切实成为地方发展的驱动力。

（三）项目监督模式最优化

在PPP模式推进乡村振兴的过程中，涉及政府方、社会资本方、村集体、合作社、居民等主体，主体较多，在监督机制不健全、监督主体不明确、监督力度不足的情况下，难以实现乡村振兴务实化，需在健全监督机制的同时优化监督模式，在明确监督主体的同时加大监督力度。

政府应健全监督机制，明确监督主体及职责，加大监督力度，并根据地方的实际情况制定监管方案，优化监督模式。① 积极推广"订单认购+分红""土地租用+雇用+社会保障""农民入股+保底收益+分红"等多种合作经营、利益共享方式，通过合理的利益分配方式让监督者从政府变成"政府+各利益方"，形成"大家一起在奋斗"的新局面，共同助力乡村振兴。

---

① 何红玲、刘慧：《PPP模式助力乡村振兴发展研究》，《现代交际》2018年第15期。

B.5
新型基础设施建设领域PPP模式创新应用研究

李妍 王重润*

摘 要： 新型基础设施建设对于稳增长、稳就业、调结构、促创新、惠民生等方面意义重大，将为中国经济转型注入更强劲的动力。采用PPP模式能够使社会资本有效地参与新型基础设施建设，有利于提升政府治理体系现代化水平和治理能力，提高新基建项目的整体运营效率，同时缓解新基建的财政压力。本报告介绍了新基建产业融资现状，指出新基建PPP项目在现实操作中需要厘清的PPP融资模式选择、PPP投融资过程的风险考量、PPP在新基建应用中的税务安排等问题，在此基础上提出了新基建PPP项目存在政府职能定位不清晰、PPP模式退出机制不完善、新基建投资尚未形成商业闭环等问题，进而结合存在的问题，提出将PPP模式应用于新基建领域中的对策建议。

关键词： 新基建 PPP 新型智慧城市

在中国经济从高速增长转化为高质量发展的背景下，传统基础设施投资受到边际效应递减和政府债务约束的影响，发展空间受限，而新型基础设施建设是应对经济衰退、提高生产效率的重要发展战略。新基建不仅是新时期

---

* 李妍，博士，河北经贸大学金融学院副教授，研究方向为金融工程与风险管理；王重润，经济学博士，河北经贸大学金融学院教授、院长，研究方向为房地产投融资。

我国促投资和稳增长的重要推动力，而且有助于加强科技创新，提升关键核心技术，提高我国产业竞争力。然而，新型基础设施建设具有资金规模大、建设周期长、技术更新迭代快等特征，银行贷款和财政资金远不足以为项目提供稳定、有保障的资金支持。因此，必须运用和推广 PPP 模式，鼓励社会资本进入新型基础设施领域，同时搭配权益性和市场化债权金融工具，形成多层次、全方位的投融资体系。

一 新型基础设施建设发展现状及引入 PPP 模式的必要性

（一）新型基础设施概述

1. 新型基础设施的内涵

2020 年，国家发改委表示："新型基础设施是以新发展理念为引领，以技术创新为驱动，以信息网络为基础，面向高质量发展需要，提供数字转型、智能升级、融合创新等服务的基础设施体系。"[①] 新型基础设施领域涉及以下几个方面（见图1）。

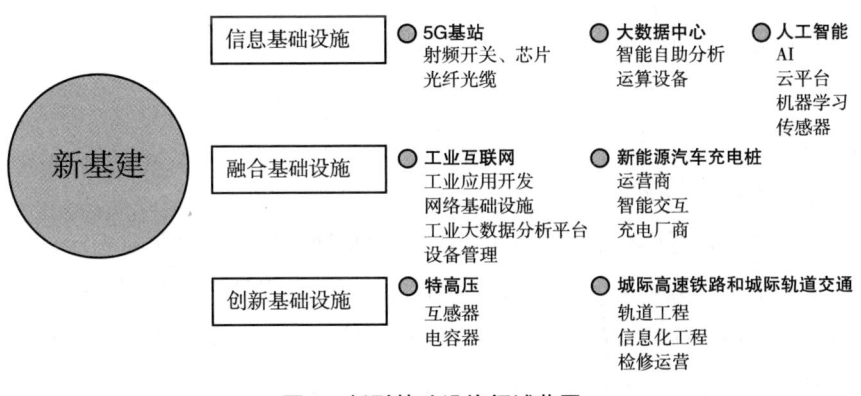

图 1 新型基础设施领域范围

---

① 《新基建，是什么？》，"新华社客户端"百家号，2020 年 4 月 26 日，https：//baijiahao.baidu.com/s？id＝1665000493931898514&wfr＝spider&for＝pc。

2. 新型基础设施的意义及建设必要性

2022年第一季度，我国疫情防控的复杂性、艰巨性上升。与此同时，在中国经济从高速增长转化为高质量发展的背景下，传统增长动能逐步衰减，经济下行压力加大。投资基础设施建设是刺激经济的重要手段，能够显著促进地区产业结构升级，是逆周期调节的重要手段之一。但近年来，对"铁公基"等传统基础设施的投资规模及边际收益骤减，表明其有待进行智能化、网络化、数字化的升级改造，给新基建发展带来了新的机遇。与"铁公基"等传统基础设施不同，新基建更侧重于在科技端发力，且有巨大的发展潜力，能够大力促进产业结构的转型升级，更加符合"数字中国"这一战略。新基建意义重大，兼具稳增长、稳就业、调结构、促创新、惠民生的综合性重大作用，将为中国经济转型注入更强劲的动力，打造高效、经济适用、智能绿色、安全可靠的现代化基础设施体系。新型基础设施建设势在必行，也是大势所趋。

（二）新基建投资现状

中国信息通信研究院推测，中国对新型基础设施建设的投资在"十四五"期间将达到全社会总基础设施投资的10%，约为10.6万亿元。根据行业的不同，可以大致将新型基础设施建设对应到广义基建的三大领域中，即交通运输领域、电力建设领域和信息技术领域。

1. 交通运输领域

交通运输板块的主要投资是在城际高速铁路和城市轨道交通方面，新能源汽车充电桩是近年来伴随着国内新能源汽车行业发展而新兴起的第三大主要项目。交通运输领域的新基建投资缩短了城市群间的空间距离，提升了资源要素流动效率，促使经济效率和民众的幸福感一同提升。

城际高速铁路方面，根据Wind公布的2020年高速铁路投产里程和世界银行统计的我国高铁加权平均建造成本，估算出2020年城际高速铁路投资额在2190亿元左右；据《每日经济新闻》报道，2021年我国城际高速铁路投资额为1888.7亿元。在城市轨道交通方面，中国城市轨道交通协会的公开数据显示，2020年我国在国内轨道交通线路方面的投资额为6286亿元，2021年投资额为5859.8亿元。在充电桩方面，2020年国内公共桩直流、公共桩交流、私人充电桩增量分别为9.4万、19.7万和17.1万台，按照各自国网中标价格，估算出2020年充电桩投资规模在96亿元左右。据中国电动汽车充电基础设施促进联盟统计，截至2022年1月底，公共类充电桩总计117.8万台，2021年充电桩投资规模在240亿元左右。

2. 电力建设领域

电力建设领域涉及的新基建主要包括绿电建设和特高压等。在绿电建设方面，根据Wind数据，2020年包括水电、核电、风电、太阳能在内的绿电建设投资完成额合计约4691亿元，2021年增至4858亿元。在特高压方面，中商产业研究院发布的数据显示，我国2020年在特高压方向的投资规模大约为3000亿元，特高压项目总输送电量约为2.1万亿千瓦时，电网资源配置能力不断提升，在保障电力供应、促进清洁能源发展、改善环境、提升电网安全水平等方面发挥了重要作用。2021年我国特高压方向总投资为3870亿元，较上年增长26%。

3. 信息技术领域

信息技术领域涉及的新基建主要包括5G基站、大数据中心、工业互联网和人工智能等。人工智能目前尚处于起步阶段，前期投资主要为制造业投资，故而信息技术领域的新基建投资主要分布在5G基站、大数据中心和工业互联网这三方面。

在5G基站方面，根据中国移动、中国联通、中国电信年报和招股说明书数据，2020年三大运营商5G相关投资规模在1791亿元左右；① 工业和信息化部发布的《2021年通信业统计公报》显示，2021年5G基站为142.5万个，全年新建5G基站超65万个。3家基础电信企业和中国铁塔股份有限公司共完成电信固定资产投资4058亿元。其中，移动通信的固定资产投资额为1943亿元，

---

① 《「财信研究」2022年基建投资增速或温和回升至5~8%左右——稳增长系列报告》，"金融界"百家号，2022年3月22日，https：//baijiahao.baidu.com/s？id=17279988978 79399794&wfr=spider& for=pc。

占全部投资的47.9%。① 中国信息通信研究院预测数据表明，2025年我国5G网络建设投资大约为1.2万亿元，将带动相关产业链投资3.5万亿元左右。②

在大数据中心方面，据国网能源研究院有限公司整理的《能源数字化转型白皮书（2021）》，2016～2020年，数据中心在我国的市场规模从714.5亿元增长至2238.7亿元，实现了飞速增长，2021年增长至2437.4亿元，预计2022年将增长至2803.9亿元。③

在工业互联网方面，根据鲸准数据预测，2020年我国工业互联网的投资规模约为100亿元，2021年为120亿元。《"十四五"数字经济发展规划》中指出，2025年数字经济核心产业投资将提升至我国GDP的10%，这将有利于促进传统产业的数字化转型，提升数字化产业的科技水平。

经以上整理得到2020年和2021年新基建投资在交通运输领域、电力建设领域和信息技术领域的分布情况（见表1）。

表1 2020年和2021年新基建投资分布情况

单位：亿元

交通运输领域	城际高速铁路	国内轨道交通建线路	充电桩	总投资额
2020年	2190	6286	96	8572
2021年	1888.7	5859.8	240	7988.5
电力建设领域	绿电建设	特高压		总投资额
2020年	4691	3000		7691
2021年	4858	3870		8728
信息技术领域	5G基站	大数据中心	工业互联网	总投资额
2020年	1791	2238.7	100	4309.7
2021年	4058	2437.4	120	6615.4

资料来源：根据前文涉及的2020年和2021年交通运输领域、电力建设领域和信息技术领域相关数据整理得到。

---

① 《2021年通信业统计情况是怎样的？》，中国网，2022年3月22日，http：//guoqing.china.com.cn/zhuanti/2022-03/22/content_ 78122182.htm。
② 《重塑5G传说：解锁商业模式创新》，"未来智库"百家号，2021年3月，https：//baijiahao.baidu.com/s?id=1693458399484807841&wfr=spider&for=pc。
③ 《数据中心耗能高 节能减排背景下数据中心发展方向在哪？》，"中商情报网"百家号，2020年4月22日，https：//baijiahao.baidu.com/s?id=1730737906597636386&wfr=spider&for=pc。

（三）新基建产业引入 PPP 模式的必要性

上海交通大学设计研究总院副院长兼城市开发综合设计研究院院长赵国华认为，新基建本质上是供给侧结构性改革，重点是补齐科技创新领域基础设施的短板。区别于传统大基建，新基建以数字化为核心，这正是地方政府不擅长之处。在 PPP 模式中，政府部门承担了对基础设施和公共服务的质量和价格审核，社会资本主要负责基础设施的设计、建设、运营和维护，二者相互配合，取长补短。由具备技术能力的市场主体与地方政府合作实施的 PPP 模式有利于提升政府治理体系现代化水平和治理能力、新基建项目的整体运营效率，同时有利于缓解新基建的财政压力。我国 PPP 项目经过长时间的探索和反复实践，已经达到了实现高质量发展的标准，故而 PPP 项目在新基建中的应用大有可为且十分必要。

1. 对政府而言

目前，一系列关于采用 PPP 模式进行基础设施建设的文件出台，展现了政府对应用 PPP 模式的大力支持。在国家的大力号召下，将 PPP 模式应用于新型基础设施建设可以使政府治理体系的现代化水平和治理能力得到双重提升，也可以使社会资本的利用率得到提高，从而弥补政府资金和技术上的双重短板。现阶段，我国经济发展放缓，面对新冠肺炎疫情的反复，根据十三届全国人民代表大会上国务院提出的《关于 2020 年中央和地方预算执行情况与 2021 年中央和地方预算草案的报告》，2021 年一般公共预算拟安排赤字规模是 3.57 万亿元。倘若仅仅依靠中央和地方政府进行投资建设，财政支出压力非常大。采用 PPP 模式能够使社会资本有效地参与新型基础设施建设，弥补财政资金的缺口，促进新项目开发与顺利完成。同时，在新基建涉及的核心技术方面，社会资本也能够有效地弥补政府部门在技术上的短板，增加项目的可行性与科技化程度，提高后期的利用效率。

2. 对项目而言

PPP 模式可以使社会资本发挥其本身在商业运作以及项目建设技术上的优势，有效规避由政府作为单一决策主体时的垄断运营，避免缺乏创新、

产品和服务不能充分满足市场需求以及运营效率不高等问题。引入市场资本，能够使项目以利润最大化为目标，提高在市场中的竞争优势，从而使项目本身拥有更高的运转效率。同时，政府可以向企业提供信誉担保与优惠的融资政策，促进项目建设的高效运行。新基建项目具有协同性、融合性，它包含了感知、传输、储存、计算、处理等程序。

另外，新基建项目资金需求规模大、建设周期长、技术更新迭代快，银行贷款和财政资金远不足以为项目提供稳定、有保障的资金支持。因此，新基建项目需要引进社会资本，并且按照项目所属行业类型、发展阶段、风险收益等特性，形成多层次、全方位的投融资体系。

二　新基建 PPP 项目应用中需要厘清的几个问题

（一）新基建 PPP 项目投融资模式的选择问题

目前，运用在新基建行业中的融资工具可以分为三类，分别是权益性工具、债务性工具和政策性工具。这三类融资工具在新基建项目投融资过程中发挥自身优势并形成了多层次的投融资模式。相比于传统基建，新基建主要是信息化经济的基础设施，相关技术快速迭代并且需要持续引入增量资金，这就需要社会资本积极参与并发挥主体作用，此时 PPP 模式应运而生，并与其他融资模式巧妙结合，为整个新基建产业提供稳定、高效的投融资生态体系。

1. 不同领域的新基建 PPP 项目可选择不同的融资模式

（1）生态环境治理和关联产业可选用"PPP+EOD"模式

此类项目资金需求量大、周期长、营利性弱，作为基础设施具有公共性、公益性，加之生态产品价值转化的制度和流程有待加强完善，因此在融资渠道等方面面临诸多难题。由于 PPP 模式并不能完全满足项目所需，只能解决部分资金来源问题，而 EOD 模式强调以生态文明和绿色环保为建设引领，EOD 与 PPP 相结合所创造出来的新模式，强调项目联合运作的特色性与区域组合推进的综合性,将获益少的生态治理项目与收益较高的产业合理结合起来,从而完成生态产品价值的转化。这种模式能有效解决城市开发建设的投融资问题并优化城市运行管理,推动新基建的高效完成和高质量发展。

(2) 不动产领域可采用"PPP+REITs"模式

不动产投资信托基金（REITs）是由专门投资机构发行并将收益按投资者持有份额进行分配的信托基金。"PPP+REITs"模式是指采取 PPP 模式的政府和社会资金实行共投共建,再通过相关政府部门对其进行竞争性招标,引导民营高科技公司进行投资,再由政府购买此类基金的一种投融资模式。因为 PPP 项目的入库时间长且相对复杂,不少企业出于对时间成本、融资渠道、资本退出等问题的考虑,不愿接触 PPP 项目,而属于股权型资产证券化的 REITs,能够盘活现金流与资产。PPP 与 REITs 两者相结合,互相补充,相互辅助,通过吸收借鉴国外经验,将撬动数万亿市场。

(3) 公益性项目可采用"PPP+政府专项债"模式

政府专项债是指地方政府为某专项建设项目筹集资金而发行的政府债券。地方政府专项债由政府主导,项目融资成本低,国家的政策优惠补贴可以进一步缓解项目资金压力,满足项目实施和营运的资金需求。PPP 可以引入民营企业,加强市场化建设,提高项目的建设、技术水平,提供更优质的公共服务,并分担项目风险。加之 PPP 模式着重于提高质量和效率,实现利益共享和风险共担,可以更好地优化资源配置并激发市场活力。PPP 与政府专项债两者结合有利于降低 PPP 项目的融资成本,未来也将缓解财政压力。

2. 新基建 PPP 项目的不同建设阶段可选择不同模式

新基建产业以技术为核心,整个产业的项目生命周期均围绕技术的发展而向前推进。新基建中软硬件系统和不动产部分的资产形态不同,在不同的建设阶段采用的投融资模式也不同。

(1) 新基建产业软硬件系统

前期开发阶段:产业可拥有国家产业基金、应用 PPP 模式的政府发放

的政府财政资金，当企业相对成熟、具有一定规模后可私募股权（PE）。

技术应用阶段：产业可拥有地方政府发行的专项债和银行发放的政策性银行贷款，即"PPP+专项债"模式。

成熟项目阶段：满足条件的企业可使用债务型工具，如非公开定向债务融资工具（PPN）或通过资产证券化（ABS、ABN）将未来现金流变现融资。

投资退出阶段：具备公开市场融资条件的产业企业可与其他企业进行IPO、资产交易、股权交易等（见图2）。

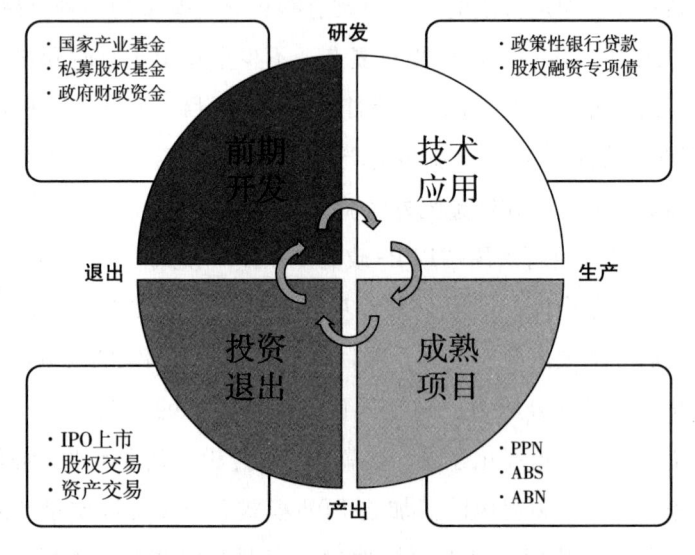

图2 新基建产业软硬件系统投融资模式

（2）新基建产业不动产部分

建设阶段：建设不动产的未来风险较小，项目可引入政府专项债、政策性银行贷款，即"PPP+专项债"模式。

初期运营阶段：产业已经具有资产实体，可综合运用股债工具，可向银行申请抵押贷款，同时引入私募股权基金。

成熟项目阶段：已经具有稳定的运营效益，可采用类REITs、CMBS、ABS等模式满足融资需求，降低融资成本。

资产退出阶段：回收基金可继续支持新项目的开发，推动产业发展，完成产业周期闭环。因此有效进行循环再投资可选用 REITs 模式，其可盘活资金，为社会资本方提供退出路径（见图 3）。

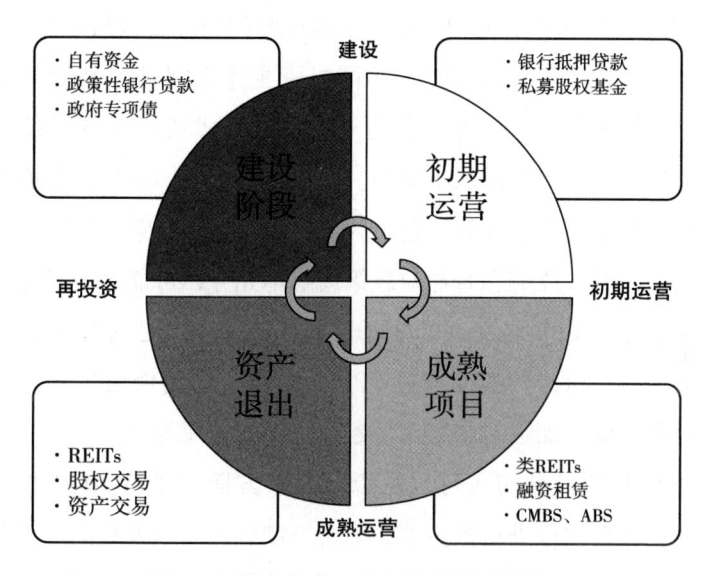

图 3　新基建产业不动产部分投融资模式

（二）新基建 PPP 项目投融资过程的风险考量问题

在新基建项目的投资中，数字技术逐步渗透，在带来新收益的同时带来了新风险。项目所有权结构的变化使产权主体趋于多样化，且对非物理基础的永久设备投资较高，收益模式的变化使投资收益的不确定性提高，加之利益相连的合同关系与融资结构的复杂性，使其存在诸多风险因素，其中有内在催化因素、外在颠覆因素、多方协同因素、阻碍因素、监管因素。内在催化因素主要包括技术变革给流程和运营、组织和文化等带来的影响，还包括更标准化的工程、投资、运营和绩效管理等的应用。外在颠覆因素主要包括新材料、新工具、新设备和新模式的应用，强化创新对分包商和供应商的管理等。多方协同因素主要包括工程技术的数字化转型、投资组合和聚集规模效应、以价值为导向的跨行业协作等。阻碍因素主要包括跨领域技术的整合与融通、投资与收益的时间错配、投资准备未充分反映全球化趋势的冲击等。监管因素体现在投资各相关方及公共部门需要建立更有效的互动机制方面,主要包括一些规范标准、许可审批要素、激励补贴制度、反腐败程序等。由于PPP已经在项目的初期做好了对风险的分配,政府承担部分风险,减少了私人承担的风险,本质上是不同投资主体之间进行风险再分配的过程,降低了项目融资难度,这将有助于项目融资成功。而当项目发生亏损时,政府与私人部门将共同承担损失。在这种模式下,项目融资面临整体建设工程较长、技术要求较高等问题,因此可能会面临政策、法律、金融、技术方面的风险,例如政府和企业对政策理解不充分,可能会承担部分法律上的责任,可能存在PPP名义下的变相举债问题等。但是这些风险问题可通过相关对策加以应对,例如加强对PPP项目全生命周期绩效的管理,加强项目公共服务功能,加强对金融市场参与主体的重视等。[1]

新基建PPP项目参与人可以从以下几个方面来进行风险管理。第一,投资人方面,在对项目进行投资前,要合理结合并运用大数据分析等方法评估外在颠覆因素对新基建投资的影响与项目价值,关注技术创新产生的新资产类别。第二,建设商与服务提供者方面,要巧妙地把信息技术运用于项目的生产环节,规范管控项目全过程,减少内外在风险因素的影响;要充分考虑多方协同因素和阻碍因素,促进产业融合发展,合理地选择金融机构和投资者等。第三,政策和法律监管人方面,要加强监管推动新基建项目融资进程,加强对相关法律法规的及时梳理和更新。

(三)关于新基建PPP项目的税务安排问题

为推动新基建项目的发展进步,国家通过出台多项税务调整政策和优惠措施给予产业项目一定的补助,投资人应结合国家政策措施,从项目运行的各个角度出发,思考并优化对税务的安排。对于项目的运营、融资与投资退出阶段,符合诸多前置条件的企业将享受以下几方面的优惠。

---

[1] 李隽瑶:《PPP模式下新基建项目融资风险及对策研究》,《时代金融》2021年第16期。

一是国家所得税优惠税率和减免税优惠政策，如高新技术企业适用15%的税率、符合条件的集成电路生产企业可以享受"两免三减"政策等。二是政府财政补贴的所得税和增值税，如符合条件的可以按不征税处理。而依据不同性质软件收入实施的增值税处理则会有所不同，如销售自行开发的软件产品超过3%的实际税负部分实行即征即退政策等。三是企业所得税亏损结转，如高新技术产业或科技型小企业的亏损结转时间可延长至10年。四是债务融资，如金融机构贷款、关联方资金拆借、发行债券等。因此企业应准确判断、核算每笔补贴收入，判断其是否符合相关法律法规的要求规范，从而合理筹划控股层级和架构，降低并购重组的税负成本，通过有限合伙制基金等进行项目投资。

PPP模式运用于新基建中，为新基建带来了民间投资的新鲜活力，填补了新基建的短板。但PPP项目常常涉及大量的交易，涉税处理相对复杂，而税务成本往往是交易成本的重要组成，因此投资者在出资时应多关注相关的税务风险。

三　PPP模式引入新基建过程中面临的困境

（一）政府职能定位不清晰

PPP模式引入新型基础设施建设的过程中，新型基础设施自身具有前期投入资金规模大、收益有较大波动性、核心技术更新快等特点，同时投资过程中还存在投入总量上有较大的资金缺口、结构上层级分布不均衡的困难。这就需要在PPP模式中占主导地位的政府对上述问题做研判和预判，对新基建重点领域和环节进行财政、货币、科技等各方面的政策帮扶和支持。

然而，PPP模式下政府在参与新基建项目时，扮演着直接投资者、直接经营者以及直接管理者这三种角色，在具体工作中往往会出现职能上的混淆。政府对自身职能定位尚不明晰，具体表现为是否应当引导PPP模式中的另一参与主体（社会资本方）积极参与新型基础设施建设，应当在哪些环节进行引导以及如何引导等问题。倘若政府不能及时有效地解决这些问题，就会影响社会资本方参与PPP项目时投资新型基础设施建设的积极性，导致很多社会资本处于观望状态，对投资回报前景没有信心，不敢贸然进行投资，进而导致PPP模式下的新基建项目进度减慢甚至不能及时完工。

（二）退出机制不完善

PPP模式下的新基建项目的投融资模式分为五个阶段：前期开发阶段、技术应用阶段、技术迭代阶段、成熟系统阶段和价值退出阶段。其中，价值退出阶段是PPP模式下新基建项目投融资周期的最后一环，也是关键一环。而在价值退出阶段，如果缺乏完善的退出机制，就无法打通新型基础设施产业全链条，也无法促进资金与资产高效流转循环。

在目前的退出机制中，PPP模式下新基建投融资体系使用的退出渠道通常是通过出售新基建的不动产和发行不动产证券化产品来盘活基础资产及现金流。可以看出，PPP模式下新基建退出机制中的融资方式较少，并且在不动产证券化这类金融工具的应用上，仅仅是宏观层面的分析概述，并没有对商业模式、发展路径、市场化程度等进行细化，约束了社会资本方的退出。退出机制的不完善，不仅影响社会资本的流转，还会影响新型基础设施建设的现实需要，不利于实体经济发展。

（三）新基建投资尚未形成商业闭环

目前，新型基础设施建设相关领域尚处于起步阶段，其发展还存在诸多问题，面对应用场景不清晰、核心技术不够成熟、商业模式模糊不清等问题，很难形成商业闭环。社会资本方作为参与PPP模式的一方，追求的是以收益最大化为目标的营利性，在新基建投资尚未形成商业闭环的情形下，大量社会资本尤其是民间资本对于进入新基建领域仍存疑虑，社会资本方对参与PPP项目的态度自然会变得消极，从而影响新基建发展进程。

商业闭环的不完整，使得整个PPP模式下新基建过程的盈利方式得不到具体界定，社会资本方投入的资金回报难以确切计算。PPP模式中的社会资本参与新基建领域，对于所属商业闭环的疑虑具体有以下几方面。在应用场景方面，由于PPP模式下的新基建项目涉及行业众多，行业之间千差万别，面临不同的应用场景，社会资本方需要花费大量成本对行业进行深度探索。在技术方面，PPP模式最主要的作用之一就是将社会资本方在日常生产经营中的先进技术引入新基建项目实施全周期。与PPP模式中的传统基础设施项目相比，新型基础设施建设涉及的核心技术和产业发展还不够成熟，无法充分利用社会资本方的技术优势。而改进技术又需要花费巨额成本，这与社会资本追求盈利的目标相悖。在商业模式方面，新型基础设施由谁投资建设、如何运营获利、怎么进行商业合作等诸多问题仍不清晰，社会资本方在PPP项目的实施过程中不能明确自身的具体任务，对获利情况难以把握。所以，以上几个方面导致的商业闭环不完整，使得社会资本方的盈利程度不确定，导致社会资本方参与PPP项目的积极性减退。

四 PPP模式引入新基建过程中的对策

（一）探索"PPP+REITs"创新融资模式

REITs是专业投资机构进行投资与运营不动产的信托基金。REITs具有的分红高、流动性好、风险低和收益相对稳定等特点，正好可以弥补PPP模式下新基建项目周期长、不确定性大、收益率低等缺点，从而克服PPP项目的融资困难。新型基础设施建设中，"PPP+REITs"模式可以拓宽融资渠道，弥补缺乏融资手段导致的社会资本方无法在价值退出阶段充分回收资金的缺憾，进而完善PPP模式下新基建投融资体系的退出机制。

在探索"PPP+REITs"创新融资模式时应具体注意以下几个问题。首先，要健全PPP模式下新型基础设施建设REITs的交易流程与定价机制。REITs的基础资产一般涉及PPP模式中社会公众的利益，其所有权通常为国家所拥有，为避免国有资产流失以及保证资产交易公正，相关的PPP项目资产需要在取得政府部门的授权后，才能顺利交易和转让。其次，要实施PPP模式下新型基础设施建设REITs的税收帮扶政策。针对REITs项目在资产证券化全过程中涉及的企业所得税、增值税、印花税等各种税收问题，可以借鉴国外REITs的税收管理经验，在产品结构设计上，思考如何实现税收中性，减少或递延支付PPP模式下新型基础设施建设REITs所产生的相关税费，结合国内实际情况，制定基础设施公募REITs的税收支持政策。最后，要考虑REITs与PPP模式下新型基础设施建设项目经营期限的匹配度。PPP模式下新型基础设施建设项目的投资期限一般在10年以上，有的甚至长达二三十年，而REITs产品采取封闭式运营，较难找到相适应的中短期融资，所以要着重考虑REITs的期限是否与PPP项目的运营周期相匹配的问题。

（二）加强顶层设计，加大政策资金支持力度

为了更好地推进PPP模式在新型基础设施建设项目中成功落地，让PPP模式成为我国促投资、稳增长的重要手段，推动我国经济高质量发展，要加强PPP模式下新型基础设施建设的顶层设计，加大配套政策资金支持力度。首先，要增强对新型基础设施建设领域的预判能力，确立重点项目投资的引导方向，打破现有的体制壁垒，把新基建与新兴产业有机结合起来，最大限度地调动市场和私人的投资积极性。其次，要加强对新型基础设施建设PPP项目的支持。一方面，中央应适当扩大抵押补充贷款和专项建设债券的资金规模；另一方面，地方应加速清理隐性负债。最后，要加快完善新型基础设施建设中对PPP模式的相关政策扶持体系。对于采用PPP模式在新型基础设施领域中掌握核心技术的企业重点提供研发费用、人才引进经费等财政补贴，对于采用PPP模式在新型基础设施领域中提供生产服务的企业重点提供土地、水力、电力等方面的费用减免，对于采用PPP模式在新型基础设施领域中发挥金融作用的政策性银行重点提供降低贷款利率的金融政策。

（三）加快促进构建融合技术平台

在融合技术平台建设方面，PPP模式是一种合理可行的投融资模式，原因是融合技术平台建设过程中关联的传统基础设施前中期需要进行升级、后期需要进行运行和维护，这些项目投资周期通常比较长。而PPP模式的特点恰好符合这些需要，所以融合技术平台建设投融资应该用PPP模式。建议新基建投融资以PPP模式为基础，加快构建与其他融资模式融合的新组合投融资模式。新基建的融合技术平台可以运用风险投资基金、私募股权基金、政府产业基金、权益型REITs等权益性工具发挥系统性作用，同时适当匹配市场化的债务性工具，并充分运用政策性金融工具。与传统基础设施的投融资工具相比，PPP模式下新基建通过融合可以避免新一轮大规模投资造成的政府债务持续攀升、货币市场过度宽松等劣势，使宏观经济保持稳定健康的发展。同时建议各级地方政府建立政府引导基金，以此推进PPP模式与其他模式的融合，引导社会资本积极参与新模式新型基础设施建设，激发各类市场主体的投资活力。

（四）创新商业模式，形成投资收益闭环

首先，在场景应用上可以将5G和云计算等技术与实际建设领域结合，PPP模式在新基建过程中要对物联网相关设施进行综合布局，促进全产业链生态的发展，各大企业加快运用新技术构建各种不同的应用场景。其次，加强标准化制度的构建，促进新基建行业的商业模式改革创新。PPP模式在新基建过程中可以建立跨行业、跨领域、跨部门的数字基建合作体制，加速基础设施项目的信息化建设。搭载先进技术的物联网、人工智能等领域需要加快核心技术研发进度，重要的行业如数据接口、安全防护等领域需要进行规范化。通过规范统一的流程，来促进企业网络化、智能化和数字化改造，并寻找新的商业模式。最后，推动跨行业融合发展，推动投资方式的革新。具体为研究制定鼓励跨界合作的政策，鼓励运营商和互联网企业建立融合型产业链联盟。并且，鼓励社会资本多元化投资、建设和运营，在政府积极购买服务、国有企业投资建设、

第三方公司合理运营等协同机制下，探索和创新商业模式，构建完整的商业闭环，从而吸引社会资本踊跃参与PPP项目。

五 案例——江苏淮安新型智慧城市PPP项目

（一）项目概况

淮安新型智慧城市项目的建设地点为江苏省淮安市，其主要目的为巧妙运用5G、大数据、人工智能等新一代科技革命成果，以互联网、云计算为中心，贯彻落实四智建设新格局。主要实现基础设施完善、资源共享交换、产业载体建设与民生服务促进的任务，建设信息安全体系，数据共享交换平台，智慧化的政务、教育、医疗、交通、社区等工程。本项目于2014年启动，并计划在2016~2025年的10年中完成建设和深化提升。目前，智慧城市初具雏形，技术更先进，体系更便利，城市新型基础设施建设明显加强。

（二）项目背景

项目贯彻落实了习近平新时代中国特色社会主义思想，是淮安市"十三五"期间信息化建设的主要内容，也是面向淮安市"十四五"时期城市治理、惠民服务和数字经济发展需求所规划的城市信息化核心基础设施项目。城市化进程加快，人民需求日益增长，江苏淮安新型智慧城市利用先进的信息技术，为城市新基建开拓广阔的天空，进而促进城市的智慧式管理和运行。该项目2015年被列为江苏省财政厅PPP试点项目，被评为"2015年度全国政府采购精品项目"。《智慧江苏建设三年行动计划（2018—2020年）》提出要建设"互联网+政务""互联网+民生""互联网+先进制造业"，淮安市智慧城市项目于2021年中国信息协会主办的政府信息化大会中，荣获"2021政府信息化管理创新奖"。

（三）项目进展

新基建为新型智慧城市建设插上腾飞的翅膀，有力地推动项目的发展和进行。江苏省注重新型信息基础设施建设，例如"宽带江苏""光网江苏"等，强调新基建项目所包含的内容应巧妙合理地运用于新型智慧城市建设当中，如5G、大数据中心、工业互联网、车联网等。截至2020年，淮安市已建成5G基站1836座。2021年底，淮安市完善了充电设施网络，引进了万帮星星、特来电等头部企业，培育弘电、铭诚等本土企业，已有省级备案认可的充电桩建设运营企业6家，累计建成各类充电桩1200余根。自2021年初以来，淮安按照6月30日基础设施建成、9月30日基础平台搭建完成和11月30日全面完成建设三个目标节点，兼顾速度与质量，高标准推进工程。目前，人口库、数据共享交换平台、智慧城市全业务光纤网络与无线政务专网项目完成；智慧交通、智慧教育与平安城市项目自2016年11月启动以来处于续建阶段，2021年12月26日还专门推出了面向市民和企业的"i淮安"App。淮安新型智慧城市"城市大脑"雏形显现，通过深入调研、科学谋划，此项目正在向更高的科技化水平、更好的服务化体验进发，向建成智慧城市核心基础工程的总目标全力冲刺。

（四）项目运作模式

本项目选择了"建设—拥有—运营"（BOO）运作模式作为具体建设模式，并将"建设—运营—移交"（BOT）运用于特许经营期。本项目总投资8.8亿元，由政府协同社会资本方支付资本金4亿元，通过公开招标而选中的社会资本方与政府方的股权比例为51∶49，双方共同承担项目建设、运营、维护等费用。由于本项目是公益性项目，各个运行阶段均需要大量资金，企业为回收资金，需要使用者支付部分相应的费用，与此同时，政府方也支付相应的可行性缺口补贴。

（五）项目优势

将PPP模式应用于建设淮安新型智慧城市项目新基建中，相比于传统的投资运营，提高了社会资本的参与度，同时提高了项目运作的效率，既分担了政府部门的压力也促进了各类政务服务、便民服务、城市运营服务的实

现。按照"四统一"原则，即统一规划、统一建设、统一运维、统一管理，统筹规划项目的前期、中期、后期，在很大限度上避免信息孤岛的形成。使用BOO运作模式，降低委托代理成本，同时巧妙合理地结合超额利润分配机制，努力提高社会资本在参与项目建设与运营方面的活力和积极性，让市场在资源配置中发挥决定性作用，不断为建设长三角北部现代化中心城市贡献力量，在社会分享和风险分担机制方面具有较大的借鉴价值。

参考文献

［1］杜如昌：《PPP+REITs创新融资模式助推新基建》，《财会通讯》2021年第20期。

［2］陈婉：《"PPP+EOD"创新城市可持续发展新模式》，《环境经济》2021年第15期。

［3］杨玲：《智慧城市PPP项目关键成功因素对绩效的影响研究》，硕士学位论文，安徽建筑大学，2021。

［4］盛磊、杨白冰：《新型基础设施建设的投融资模式与路径探索》，《改革》2020年第5期。

［5］王鼎：《新型基础设施平台建设投融资模式研究》，《产业与科技论坛》2020年第17期。

［6］徐宪平：《新基建：数字时代的新结构性力量》，人民出版社，2020。

B.6 PPP模式在重大工程建设领域的创新应用研究

朱红梅 曾璐 朱玲 焦树春*

摘　要： 本报告对重大工程建设PPP项目的内涵做出阐述，总结了PPP在"两新一重"项目中的应用现状，结合"十四五"规划，对交通运输、市政工程、水利建设等行业的最新政策和发展趋势进行了解读，以国家速滑馆、杭绍台高铁和"PPP+TOD"项目市郊铁路璧铜线为案例，对其融资结构及示范性进行了全方位解析。PPP模式在重大工程建设领域的应用已取得重要理论和实践成果；重大工程建设PPP项目全生命周期建设运营存在采用PPP模式可行性适宜性论证和方案比选、社会资本方遴选、全生命周期风险识别和分担框架、安全应急和监督绩效管理、中期评估和再谈判、项目移交和后评价等重点难点问题。应强化PPP项目"百年大计"和"全生命周期"理念，交通运输、水利建设等重大工程建设领域应超前规划，集约资源，预留远期发展条件，研究实践"PPP+XOD"融合发展。

关键词： PPP　重大工程　全生命周期　建设运营　风险管理

---

* 朱红梅，北京市轨道交通建设管理有限公司工程师；曾璐，伦敦国王学院硕士；朱玲，北京城市快轨建设管理有限公司教授级高级工程师，财政部、国家发改委PPP专家库双库专家，中央财经大学政信智库专家，中国国土经济学会TOD专委会专家，湛江仲裁委员会、湛江国际仲裁院仲裁员；焦树春，天津泰达工程管理咨询有限公司副总经理。

自 2014 年以来，PPP 模式在市政工程、交通运输、水利建设、城镇综合开发、生态环保等重大工程建设领域建设运营的产出效益和社会效果显著，积累了丰富的数据资料和实践经验，为提高公共服务供给质量和效率、促进投融资体制改革发挥了重要作用。PPP 模式在重大工程建设领域的应用现状和发展趋势、实施中遇到的重点难点问题及解决方案，重大 PPP 项目在实现"十四五"规划过程中的引领作用和示范案例等亟待进行深入的研究和解析，以为进一步创新投融资体制和机制，提供高质量、高效率的公共服务积累经验。为此，将 PPP 模式在重大工程建设领域的发展应用及典型案例的研究提上日程，以为同类项目的决策、设计、建设、运营提供数据和借鉴，共同推进 PPP 项目合法合规、阳光运作、可持续发展。

一 PPP 模式在重大工程建设领域的应用与发展

（一）重大工程 PPP 项目的内涵

目前，国际上没有通行的关于 PPP 模式的定义，按照《国务院办公厅转发财政部发展改革委人民银行关于在公共服务领域推广政府和社会资本合作模式指导意见的通知》（国办发〔2015〕42 号），我国对 PPP 模式的表述为：政府和社会资本合作（Public-Private Partnership，PPP）是"政府采取竞争性方式择优选择具有投资、运营管理能力的社会资本，双方按照平等协商原则订立合同，明确责权利关系，由社会资本提供公共服务，政府依据公共服务绩效评价结果向社会资本支付相应对价，保证社会资本获得合理收益"的合作模式，"是公共服务供给机制的重大创新……有利于充分发挥市场机制作用，提升公共服务的供给质量和效率，实现公共利益的最大化"。2014 年以来，PPP 模式在市政工程、交通运输、生态环保、水利建设、能源、科技等领域得到广泛的推广和应用。

重大工程是对社会有重大价值或重大影响的工程，具有投资规模大、复杂性高，对政治、经济、社会、环境、科技、国家安全、公众健康等具有重要影响的特征，聚焦"宏观大事"和"关键小事"，包括引领未来发展的关键性项目、重大基础设施和民生工程。

2020年5月22日，国务院《政府工作报告》首次提出"两新一重"建设，即新型基础设施建设、新型城镇化建设，交通、水利等重大工程建设。新型基础设施建设契合了高质量发展和群众消费升级的需要，主要涵盖5G基站建设、特高压、城际高速铁路和城市轨道交通、新能源汽车充电桩、大数据中心、人工智能、工业互联网等领域。"两新一重"以民生为导向、支撑扩大内需，成为PPP的投资热点。

（二）PPP在"两新一重"项目中的应用现状

据财政部政府和社会资本合作中心全国PPP综合信息平台管理库统计，2021年入库PPP项目659个，投资金额13254亿元，自2014年以来累计入库PPP项目10243个，投资金额16.2万亿元，本年累计投资金额与上一年末相比连续第3年增长5%以上。全年新入库"两新一重"项目523个，投资金额1.2万亿元，占全部新入库项目投资金额的87.5%；其中签约落地项目451个，投资金额1.1万亿元；开工建设项目456个，投资金额9269亿元。截至2021年末，累计入库"两新一重"PPP项目8692个，投资金额14.1万亿元；其中，签约落地项目6590个，投资金额11.1万亿元，开工建设项目4175个，投资金额6.7万亿元。[1]

2022年第一季度，新入库PPP项目123个，投资金额2506亿元；投资金额排前5位的行业分别是交通运输（1414亿元）、城镇综合开发（384亿元）、市政工程（314亿元）、林业（95亿元）、政府基础设施（51亿元）。第一季度新入库"两新一重"项目93个，投资金额1940亿元；签约落地项目73个，投资金额713亿元；开工建设项目181个，投资金额2107亿元。"两新一重"项目数量占新入库项目数量的75.61%，投资金额占新入库项目投资金额的84.08%。[2]

---

[1] 《【独家】全国PPP综合信息平台管理库项目2021年年报》，财政部政府和社会资本合作中心网站，2022年3月17日，https://www.cpppc.org/jb/1001650.jhtml。

[2] 《【独家】全国PPP综合信息平台管理库项目2022年一季度报》，财政部政府和社会资本合作中心网站，2022年4月28日，https://www.cpppc.org/jb/1001920.jhtml。

（三）"十四五"规划与PPP在各行业的发展

1. 交通运输

交通运输重大工程项目是加快"十四五"交通运输发展规划实施的重要支撑，对实现交通强国战略具有重要的引领作用。2021年是"十四五"开局之年和承上启下的关键时期。《国务院关于印发"十四五"现代综合交通运输体系发展规划的通知》（国发〔2021〕27号）指出，"交通运输是国民经济中具有基础性、先导性、战略性的产业，是重要的服务性行业和现代化经济体系的重要组成部分，是构建新发展格局的重要支撑和服务人民美好生活、促进共同富裕的坚实保障"，"规范发展政府和社会资本合作模式，支持开发性金融、政策性金融、社会资本依法依规参与交通基础设施建设，鼓励社会资本设立多式联运等产业投资基金。依托全国投资项目在线审批监管平台，加强事中事后监管"。

中央财经委员会第十一次会议指出，要加强城市基础设施建设，打造高品质生活空间，推进城市群交通一体化，建设便捷高效的城际铁路网，发展市域（郊）铁路和城市轨道交通。要推动政府和社会资本合作模式规范发展、阳光运行，引导社会资本参与市政设施投资运营。

根据《"十四五"现代综合交通运输体系发展规划》确定的发展目标和重点，按照意义重大、影响深远、效益突出、技术领先、示范带动的原则，遴选出"十四五"时期重点推进的国家高速公路大通道联通工程等11项交通运输重大工程项目包，适度超前开展交通基础设施投资，规范推广政府和社会资本合作模式。

铁路是国民经济的大动脉，是交通发展的重要标志，在促进沿线区域经济发展、提高人民的生活水平方面起到不可替代的作用。2015年7月，国家发改委会同财政部、国土资源部、中国银监会、国家铁路局联合印发《关于进一步鼓励和扩大社会资本投资建设铁路的实施意见》（发改基础〔2015〕1610号），2015年12月，国家发改委印发《关于做好社会资本投资铁路项目示范工作的通知》（发改基础〔2015〕3123号），推出济南至青岛高速铁路、武汉至十堰铁路、杭州至温州铁路、廊涿城际铁路、重庆主城至合川铁路、合肥至新桥机场至六安铁路、杭绍台城际铁路、三门峡至禹州铁路等8个社会资本投资建设铁路示范项目，全面开放铁路建设与运营市场。

2022年1月8日，我国首条民营资本控股的杭绍台高铁PPP项目开通运营，填补了杭州都市圈与温台城市群之间的路网空白，与"八纵八横"的干线铁路网联通，形成新的"经济交通线"，共同促进沿线资源开发，带动区域经济发展。杭绍台铁路对拓宽铁路投融资渠道、促进铁路事业加快发展具有重要意义，为PPP模式在铁路领域的应用提供了示范案例。

2. 市政工程

城市轨道交通是重要的城市基础设施，是现代化综合交通体系的重要组成部分，反映了所在城市的经济水平、技术水平。自我国第一个轨道交通PPP项目——北京地铁4号线建成运营以来，PPP模式在城市轨道交通领域的应用日臻成熟，2021年全国新增贵阳轨道交通2号线PPP项目一期和二期、徐州市城市轨道交通3号线PPP项目一期、杭州至海宁城际铁路PPP项目、哈尔滨市轨道交通3号线PPP项目、天津地铁4号线PPP项目南段、芜湖市轨道交通2号线PPP项目一期、青岛市地铁1号线PPP项目南段、北京地铁14号线PPP项目西局站至北京南站、北京地铁16号线PPP项目甘家口站至玉渊潭东门站等9条轨道交通PPP运营线路（见表1）。2022年5月4日，绍兴地铁1号线主线PPP项目开通运营，为2022年PPP创造了良好开局。

表1　2021年新开通城市轨道交通PPP线路

单位：公里，座

序号	名称	线路长度	车站数量	开通日期
1	贵阳轨道交通2号线PPP项目一期、二期	39.54	32	2021年4月28日
2	徐州市城市轨道交通3号线PPP项目一期	18.13	16	2021年6月28日
3	杭州至海宁城际铁路PPP项目	45.61	12	2021年6月28日

续表

序号	名称	线路长度	车站数量	开通日期
4	哈尔滨市轨道交通 3 号线 PPP 项目，一期工程后通段及二期工程东南半环	19.19	19	2021 年 11 月 26 日
5	天津地铁 4 号线 PPP 项目南段（东南角站—新兴村站）	19.4	14	2021 年 12 月 28 日
6	芜湖市轨道交通 2 号线 PPP 项目一期（鸠兹广场站—万春湖路站）	15.79	11	2021 年 12 月 28 日
7	青岛市地铁 1 号线 PPP 项目南段（王家港站—青岛北站）	38	26	2021 年 12 月 30 日
8	北京地铁 14 号线 PPP 项目剩余段（西局站至北京南站）	6.8	5	2021 年 12 月 31 日
9	北京地铁 16 号线 PPP 项目中段剩余段（甘家口站至玉渊潭东门站）	1	1	2021 年 12 月 31 日

资料来源：《【快报】2021 年中国内地城轨交通线路概况》，中国城市轨道交通协会网站，2022 年 1 月 4 日，https://www.camet.org.cn/xxfb/9283。

2022 年 5 月 4 日，绍兴地铁 1 号线主线 PPP 项目开通运营，线路长度为 26.8 公里，车站数量为 18 座，与 2021 年 6 月 28 日开通的地铁 1 号线柯桥段贯通运营，并实现与杭州地铁"无缝换乘"。

3. 水利重大工程建设

水利建设项目具有投资规模大、建设周期长、公益性强、投资回报率低的特点，是 PPP 模式适用的领域。2015 年国家发改委会同财政部、水利部印发《关于鼓励和引导社会资本参与重大水利工程建设运营的实施意见》，综合地方推荐、前期工作进展、项目基础条件和代表性等因素，确定了黑龙江奋斗水库、浙江舟山大陆引水三期、安徽江巷水库、福建上白石水库、广东韩江高陂水利枢纽、湖南莽山水库、重庆观景口水库、四川李家岩水库、四川大桥水库灌区二期、贵州马岭水利枢纽、甘肃引洮供水二期工程、新疆大石峡水利枢纽工程等 12 个项目为第一批国家层面社会资本参与重大水利工程建设运营试点项目，启动了社会资本参与重大水利工程的建设运营工作，在激发社会资本投资活力、推进 PPP 在重大水利工程建设中的应用等方面积累了经验。为加大水利建设投融资创新力度，构建现代化水利基础设施体系，2022 年 5 月 31 日，水利部发布《关于推进水利基础设施政府和社会资本合作（PPP）模式发展的指导意见》（水规计〔2022〕239 号），提出坚持政府主导、市场运作、效益导向、分类施策，改革创新、协同推进，规范发展、阳光运行的基本原则，"建立政府与社会资本利益共享、风险共担及长期合作关系……创新体制机制和投融资模式，畅通社会资本参与渠道，完善社会资本投入的合理回报机制，激发社会资本的投资活力和创新动力"；"立足项目全生命周期，健全社会资本参与水利基础设施建设运营长效机制，坚持公开、公平、公正，依法管理、规范管理，实现经济效益、社会效益、生态效益、安全效益相统一"。提出推进 PPP 模式的水利领域主要包括国家水网重大工程、水资源集约节约利用、农村供水工程建设、流域防洪工程体系建设、河湖生态保护修复、智慧水利建设六大领域。

在政策支持方面，该指导意见指出，"加大政府投资引导力度……采取直接投资、投资补助、资本金注入、财政贴息、以奖代补、先建后补等多种方式，支持社会资本参与水利基础设施建设运营"，"推动建立合理回报机制。建立健全有利于促进水资源节约和水利工程良好运行、与投融资体制相适应的水利工程水价形成机制，科学核定定价成本，合理确定盈利水平，鼓励有条件的地区实行供需双方协商定价。积极推动供需双方在项目前期工作阶段签订框架协议，约定意向价格。加快推进用水权改革，支持社会资本通过参与节水供水工程建设运营，转让节约的水权获得合理收益"。

2021 年 1 月 1 日至 2022 年 6 月 15 日，水利建设新入库 PPP 项目 41 个，其中投资金额在 10 亿元以上的包括重庆市长寿区城乡供水一体化 PPP 项目、江西省赣州市瑞金市梅江引调水及供水工程 PPP 项目、云南省红河州河口县水资源综合利用与生态治理工程（一期）PPP 项目、江西省萍乡市湘东区萍水河流域治理及环境整治提升 PPP 项目、河北省邯郸市魏县全域水网地表水灌溉项目等 10 个项目。

二 经典案例解析

（一）国家速滑馆 PPP 项目

1. 项目概况

北京 2022 年冬季奥林匹克运动会国家速滑馆 PPP 项目建设地点位于朝阳区国家网球中心南侧，为北京 2008 年奥运会临时场馆（曲棍球场、射箭场）原址，北邻朝阳区国家网球中心，南邻奥林匹克森林公园南园，西邻林萃路，东邻奥林西路，场馆呈椭圆形布局，长轴与城市中轴线平行，基地在南侧和东侧与森林公园相连，西侧和北侧与城市道路相连，形成西侧前院区和东侧后院区并自然融入森林公园，总用地面积约 20 公顷，其中建设用地面积约 17 公顷，建筑高度为 33.8 米，设座席约 12000 个，属公共服务领域，为国家级重大体育设施项目。

2. 投融资结构、运作方式与回报机制

2018 年，项目实施机构通过公开招标方式确定国家速滑馆 PPP 项目中标人为首开股份、城建集团、住总集团、华体集团组成的联合体，政府出资人代表与首开联合体共同组建北京国家速滑馆经营有限责任公司，其中：市国资公司股权占比 49%，首开联合体股权占比 51%（首开股份股权占比 16.83%、城建集团股权占比 16.83%、住总集团股权占比 16.32%、华体集团股权占比 1.02%）。由项目公司负责项目的投融资、建设和运营。

本项目采用"建设—运营—移交"（BOT）的运作方式，政府授予项目公司特许经营权，合作期限为 30 年，其中建设期 3 年（2017~2019 年），奥运服务期约 2 年（2020~2022 年），赛后运营期 25 年（2022~2046 年）。项目回报机制为"使用者付费+可行性缺口补助"。

3. 项目亮点和示范性

（1）技术创新

作为北京冬奥会标志性场馆，其在奥运会历史上首次采用二氧化碳跨临界直冷制冰技术，碳排放趋近零，该技术是目前世界上最为环保的制冰技术。建成由1080块单元板组成的单层双向正交马鞍形索网结构"冰丝带"屋顶和亚洲最大全冰面，创新设计建造曲面玻璃幕墙，22条盘旋的"冰丝带"象征着2022年北京冬奥会和速度滑冰运动员高速滑进时冰刀留下的轨迹，体育建筑设计建造的技术处于世界先进水平。

（2）应急管理机制

实施机构与项目公司针对自然灾害、重特大事故、环境公害及人为破坏等各类危险源制定应急预案和现场处置方案，明确事前、事中、事后的各个环节中相关部门和有关人员的职责，建立应急事项处理机制。突发事件发生后，立即启动应急处理程序，提高项目抗风险能力，保证安全高效持续运营。

（3）行业示范性

国家速滑馆在2022年北京冬奥会期间承担速度滑冰项目比赛，是世界首个"双奥之城"北京的标志性建筑之一。奥运场馆的赛后运营一直是世界各国的共同难题。本项目采用PPP模式，积极引入社会资本，发挥社会资本在文化体育、大众健身、商业演出等方面的经营优势，营造灵活高效、符合市场发展需求的体育场馆经营环境。项目不设最低需求保障，设置超额收益分享机制，以动态、与激励相容的绩效评价和考核方案激发项目公司科技创新和运营管理的活力，示范带动体育场馆类PPP项目规范发展。

（二）杭绍台高铁PPP项目

1. 项目概况

杭绍台铁路从长三角南翼的环杭州湾城市群出发，连接杭州都市圈以及温台城市群，形成长三角核心区域辐射浙江东南地区的骨干城际轨道交通客运专线，是长三角地区综合交通网、城际快速交通网和我国沿海快速客运通道的重要组成部分。杭绍台铁路从杭州东站出发，经绍兴北站、东关站、三界站、嵊州新昌站、天台站、临海站、台州中心站至温岭站，全长269公里，其中新建正线北接杭甬高铁，从绍兴北站引出，共224公里。

线路主要技术标准如下。铁路等级：高速铁路。正线数目：双线。设计行车速度：350公里/小时。牵引种类：电力。线路速度目标值：350公里/小时。最小曲线半径：一般7000米，困难5500米。最大坡度：20‰。到发线有效长度：650米。行车指挥系统：综合调度集中。列车运行控制方式：自动控制。追踪间隔：3分钟。

合作期限34年，采购方式为竞争性磋商。

2.投融资结构、运作方式与回报机制

杭绍台高铁投融资结构为：民营社会资本绝对控股，在项目公司中占股51%；中国铁路总公司授权机构占股15%；浙江省交通投资集团作为省政府出资代表参股项目公司，占股13.6%；绍兴、台州两市各占股10.2%（见图1）。

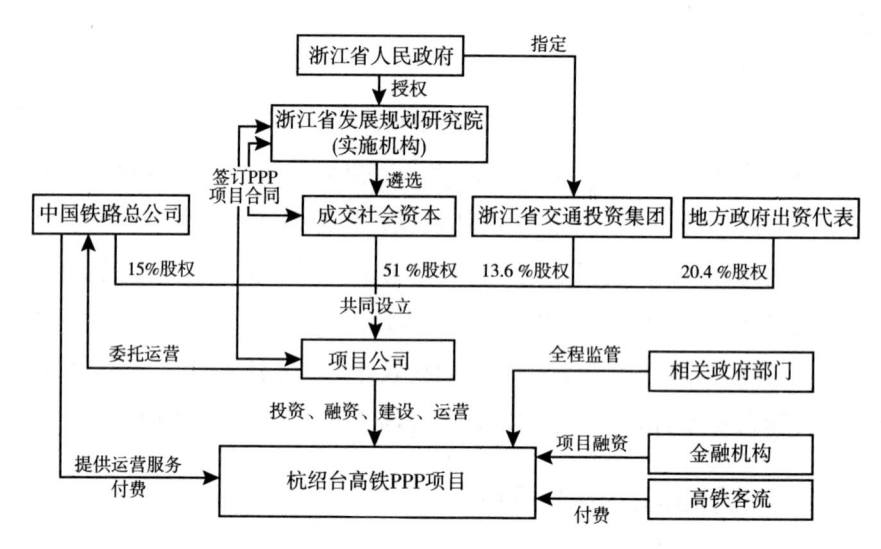

图1 杭绍台高铁PPP项目投融资结构

资料来源：《杭绍台铁路PPP示范项目实施方案》。

PPP项目运作方式的选择主要由项目类型、需求量预测、融资需求、投资收益水平、风险分担框架、改扩建需求和期满处置等因素决定。本项目为新建高速铁路项目，有较大投融资需求，且具有一定的经营性，因此采用BOOT模式运作。项目回报机制为"使用者付费+可行性缺口补助"。

3. 项目亮点和行业示范性

杭绍台铁路是国家8个首批"社会资本投资铁路示范项目"之一，是铁路行业投融资体制和建设运营管理方式的创新。本项目投资额巨大，合作期长达34年，为了反映对运营期内风险的合理共担，设定融资利率、列车开行对数和超额收入分享3个调整机制，并设置调整的触发条件和调整方法。项目的实施在合作方式、投融资结构、监管架构风险分担等方面，对社会资本参与铁路行业的建设及运营具有创新意义，带动了铁路投融资渠道拓宽，铁路投资环境完善，促进了铁路体制的深化改革与铁路事业加快发展。

（三）重庆市郊铁路璧山至铜梁线工程"PPP+TOD"项目

1. 项目概况

璧铜线是联通中心城区和璧山、铜梁两区的示范线，线路全长约37.35公里，设车站9座，起于铜梁西站，经铜梁站、铜梁新城站、蒲吕站、大路站、青龙湖站、河边站、黛山大道站，至璧山区璧山站，设铜梁停车场一座，在璧山站与规划城轨快线27号线贯通运行，与地铁1号线同站台换乘，估算总投资约86.42亿元。

2. 项目运作方式、回报机制

所属行业：交通运输业。

合作范围：璧铜线投融资、建设、运营、维护及移交等。

投资范围：主要包括车站等土建工程、机电设备、电气化系统、信号控制系统、机车车辆等。

合作期限：20年，其中建设期4年，运营期16年。

回报机制：可行性缺口补助。

本项目由重庆市政府授权市住房和城乡建设委员会为实施机构，授权重庆市铁路（集团）有限公司为政府方出资人代表，通过公开招标的方式选择社会资本，政府方出资人代表与中标的社会资本共同组建SPV项目公司，采用"PPP+TOD"模式实施，其中PPP拟采用BOT运作方式，即由项目公司负责璧铜线的全过程投融资、设计、建设、运营、维护及移交等工作。在特许经营期满后，项目公司将璧铜线无偿移交给重庆市政府或其指定的单位（见图2）。同时，根据《国务院办公厅关于支持铁路建设实施土地综合开发的意见》（国办发〔2014〕37号），按照一体规划、联动供应、立体开发、统筹建设的原则，对璧铜线沿线土地实施TOD综合开发，并要求社会资本以不低于评估价参与竞拍。

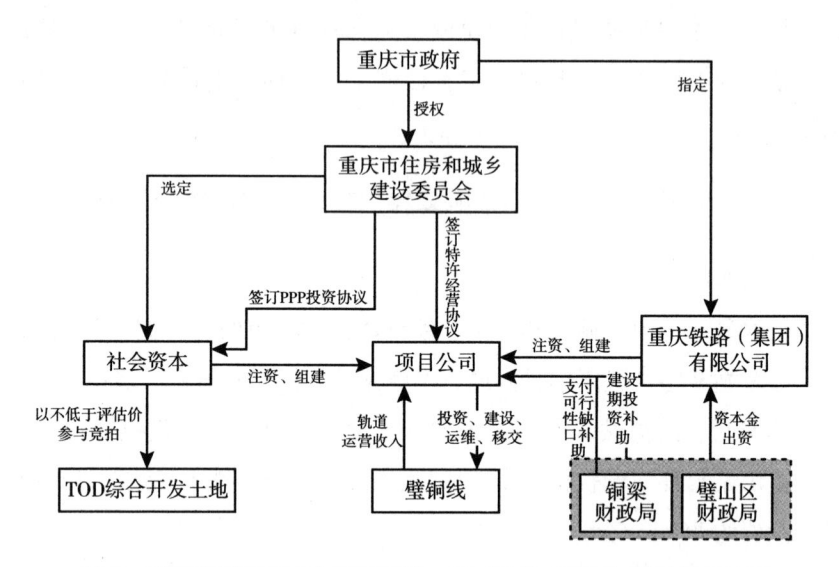

图2 重庆市郊铁路璧山至铜梁线工程"PPP+TOD"项目操作流程

资料来源：《市郊铁路璧山至铜梁线工程"PPP+TOD"项目物有所值评价报告》。

3.项目亮点和行业示范性

璧铜线在轨道交通行业创新采用"PPP+TOD"运作模式规划、建设，将推动干线铁路、城际铁路、市域（郊）铁路、城市轨道交通的"四网融合"，实现铁路与城市轨道交通贯通运营，为探索轨道交通与城市统筹规划、融合发展提供案例，同时可增加现金流，实现收益反哺项目，减少财政可行性缺口补助金额，增加项目可持续运营和抗风险能力，为"PPP+XOD"模式下资源集约利用和高效运营探索融合路径和示范经验。

三 重大工程建设领域PPP项目难点问题及解决方案

(一) PPP可行性论证

重大工程建设领域项目前期工作复杂、不确定因素多，会对社会和国计民生产生重大影响。因此，必须严格履行审批审核决策程序，做好项目的可行性论证和技术经济方案综合比选工作，尤其要关注项目的财务评价、国民经济评价、社会稳定风险评估等。

《国家发展改革委关于依法依规加强PPP项目投资和建设管理的通知》（发改投资规〔2019〕1098号）要求全面、深入开展PPP项目可行性论证和审查，"所有拟采用PPP模式的项目，均要开展可行性论证。通过可行性论证审查的项目，方可采用PPP模式建设实施"，"实行审批制管理的PPP项目，在可行性研究报告审批通过后，方可开展PPP实施方案审查、社会资本遴选等后续工作。实行核准制的PPP项目，应在核准的同时或单独开展可行性论证和审查。实行备案制的PPP项目，应单独开展可行性论证和审查"。

在项目评审工作中发现，很多项目没有按该通知的要求进行PPP模式可行性论证或论证报告内容不全。重大工程建设采用PPP模式，项目的《可行性研究报告》及批复，《采用PPP模式论证报告》及批复不仅是项目审批、核准和备案的要求，而且是PPP项目立项的重要环节和规范运作、行稳致远的依据和保障。该通知规定了PPP项目可行性论证报告的主要内容为"既要从经济社会发展需要、规划要求、技术和经济可行性、环境影响、投融资方案、资源综合利用以及是否有利于提升人民生活质量等方面，对项目可行性进行充分分析和论证，也要从政府投资必要性、政府投资方式比选、项目全生命周期成本、运营效率、风险管理以及是否有利于吸引社会资本参与等方面，对项目是否适宜采用PPP模式进行分析和论证"。

（二）社会资本方遴选

社会资本方遴选，是指政府方依法通过公开招标、邀请招标、两阶段招标、竞争性谈判等方式，公平择优选择具有相应投资能力、管理经验、专业水平、融资实力以及信用状况良好的社会资本方作为合作伙伴的采购过程。

社会资本方采购前的准备：

①项目已获得立项批复；

②项目已纳入国家发改委PPP项目库和财政部全国PPP综合信息平台管理库。

PPP项目公开招标社会资本方遴选基本工作流程如下：

①政府授权采购人；

②发布资格预审公告；

③编制和提交资格预审文件；

④资格预审评审专家抽取、评审；

⑤发布采购公告/采购邀请；

⑥编制和提交投标文件；

⑦评标专家抽取、开标、评审；

⑧出具评审意见并推荐候选人；

⑨采购结果确认谈判；

⑩预中标、成交结果公示；

⑪中标、成交结果公示；

⑫合同管理相关业务（备案、公告）。

（三）风险管理和应急体系

加强对项目可能产生的政策风险、法律风险、环境风险、商业风险等的识别，建立风险管理和应急体系和机制，制定风险分配框架。

PPP项目的风险分配应遵循最优风险分配、风险收益对等、风险可控三项核心原则，运用风险管理技术，合理应对和规避风险，有利于考察项目的抗风险能力和项目公司在同行业中的技术管理水平，实现各参与方和利益相关者合作共赢。

风险管理理论在PPP项目中的实际应用包括风险识别、风险评估、风险控制，风险控制措施主要有风险规避、损失控制、风险转移和风险分担。风险转移的主要形式是合同和保险。

风险管理方法有控制法和财务法两种。控制法的重点在于改变导致风险事故和扩大损失的因素，以降低风险损失的频率和程度；财务法是提前做好财务安排。

2021年12月30日，《国务院关于印发"十四五"国家应急体系规划的通知》（国发〔2021〕36号）设定国家应急体系建设的总体目标："到2025年……形成统一指挥、专常兼备、反应灵敏、上下联动的中国特色应急管理体制，建成统一领导、权责一致、权威高效的国家应急能力体系，防范化解重大安全风险体制机制不断健全，应急救援力量建设全面加强，应急管理法治水平、科技信息化水平和综合保障能力大幅提升，安全生产、综合防灾减灾形势趋稳向好，自然灾害防御水平明显提升，全社会防范和应对处置灾害事故能力显著增强。到2035年，建立与基本实现现代化相适应的中国特色大国应急体系，全面实现依法应急、科学应急、智慧应急，形成共建共治共享的应急管理新格局。"

在PPP项目实施方案中，对风险识别、应对措施、风险分担框架应有明确，采购阶段的招标文件需纳入风险管理的要求、投标文件应有应答，在签订的PPP合同中应有风险分担的相应条款，并将其纳入绩效评价和考核指标体系，设置相应的权重和分值。

在PPP项目评审和合规性审查中发现，很多PPP项目的安全和应急管理未纳入绩效考核指标或考核分值偏低，这样会造成财政承受能力论证报告中的财务安排产生偏差，项目抗风险能力差，造成风险分担不明确而严重影响项目合作和实施的后果。因此，编制实施方案时，应充分进行风险识别，深入研究风险应对措施和风险分担框架，编制应急预案和建立应急响应机

制，在PPP项目建设和运营中不断健全应急管理体系，以安全运营和全生命周期的视角，主动增强PPP项目的抗风险能力。

四 研究结论与建议

（一）研究结论

PPP模式在重大工程建设领域的应用已取得重要的理论研究和实践成果，应适时建立PPP项目绩效评价数据库和示范案例库，提出分行业、分领域的绩效评价、中期评估和后评价操作指引，以履约监管、行政监管、公众监督和绩效考核、结果应用促进项目物有所值，提升公共服务的质量和效率。

通过典型案例分析，重大工程建设项目决策和实施的重点和难点问题是项目采用PPP模式可行性适宜性论证和方案比选、全生命周期风险识别和分担框架、安全应急和监督绩效管理、绩效评价和结果应用、中期评估和再谈判、项目移交和后评价等，在PPP项目的不同时间节点工作侧重有所不同，应根据进展及时提出解决方案。

强化PPP项目"百年大计"和"全生命周期"理念，交通运输、水利建设等重大工程建设领域应超前规划，集约资源，预留远期发展功能，为PPP可持续发展创造条件。

（二）建议与展望

PPP适用于基础设施和公共服务领域，与以公共交通为导向的TOD、以生态环境为导向的EOD、以社会服务设施建设为引导的SOD等的发展模式在行业领域和规划设计理念上高度契合，建议加强"PPP+XOD"融合发展的研究和实践，以示范案例为基础，提出"PPP+XOD"模式的创新融合路径。在项目层面，"PPP+XOD"的一体化规划和开发，可增加现金流收入并实现收益反哺，提高项目全生命周期的财务自平衡能力和抗风险能力；

在宏观层面，可实现资源集约和优化利用，减少政府财政支出，增加社会效益，促进行业领域的科技进步和所在地区的经济发展。

参考文献

［1］《全国 PPP 综合信息平台项目管理库》，财政部政府和社会资本合作中心网站，2022 年 8 月 24 日，https：//www.cpppc.org：8082/inforpublic/homepage.html#/proje ctPublic。

［2］"道 PPP"微信公众号。

B.7 健康中国建设中 PPP 模式创新应用研究

周朝选 王娟 马军营 刘宝全*

摘　要： 健康中国建设是我国的国家战略，其内涵极为丰富，覆盖面较广，既包含医疗卫生行业、健康养老行业，又包含体育、教育、文化旅游、生态和环境保护、新农村建设、城乡基础设施建设等领域。本报告通过梳理国家宏观政策对健康中国建设及 PPP 的支持，分析了财政部全国 PPP 综合信息平台管理库中健康中国建设相关 PPP 项目的在库情况、回报机制、运作方式、投资规模、地域分布，指出了健康中国建设中 PPP 模式应用存在的问题，对 PPP 模式在健康中国建设医疗卫生、健康养老、乡村建设、公共服务体系、生态环境建设领域的应用前景提出了展望建议。

关键词： 健康中国　PPP　医疗卫生

"健康中国"一词由卫生部于 2008 年提出，2015 年 3 月，写入国务院《政府工作报告》，同年 10 月，十八届五中全会首次提出推进健康中国建设，"健康中国建设"上升为国家战略。健康中国建设战略，内涵极为丰富，覆盖面较广，包含医疗卫生行业、养老行业，涉及体育、教育、文化旅游、生态和环境保护、新农村建设、城乡基础设施建设、安全及应急管理等领域。国

---

* 周朝选，高级经济师，河南省教育信息中心绩效评价师，研究方向为 PPP 咨询、绩效评价、企业管理、专项债；王娟，副教授，郑州财经学院会计学院副院长，研究方向为公司内控治理；马军营，高级会计师，河南巩义市市场监管局副科长，研究方向为财务管理及内部审计；刘宝全，河南省忠正绩效评价咨询有限公司总经理，高级会计师、高级审计师、高级工程师、绩效评价师，研究方向为 PPP 咨询、绩效评价。

民健康素养的提升是促进全面健康、建设健康中国的前提，国民健康行为的养成是建设健康中国的基础，全方位提供国民健康服务是建设健康中国的行动指南，国民身体素质好、健康寿命长、身心愉悦度高、幸福满足感强是健康中国建设的目标。2019年，《国务院关于实施健康中国行动的意见》确定了"全民参与、共建共享"的基本原则，提出了"凝聚全社会力量，形成健康促进的强大合力"的号召，为社会资本进入健康中国建设领域指明了方向，为PPP模式在健康中国建设方面的实施提供了强力政策支持。

一 健康中国建设PPP项目实施的政策环境

（一）宏观政策为健康中国建设指明了方向

党的十八大以来，以习近平同志为核心的党中央非常重视人民的健康、幸福，将健康中国建设作为一项基本国策来抓。2015年国务院《政府工作报告》指出"健康是群众的基本需求，我们要不断提高医疗卫生水平，打造健康中国"。同年10月，《中国共产党第十八届中央委员会第五次全体会议公报》提出了"推进健康中国建设"，健康中国建设成为国家战略。为此，国家先后出台了相关政策与举措（见表1），为健康中国建设指明了方向。

表1 健康中国建设的部分相关政策文件

时间	发布单位	文号	文件名称	主要内容	重要意义及作用
2016年10月	中共中央国务院	—	《"健康中国2030"规划纲要》	从广泛的健康影响因素入手，以普及健康生活、优化健康服务、完善健康保障、建设健康环境、发展健康产业为重点，把健康融入所有政策，全方位、全周期保障人民健康，大幅提高健康水平，显著改善健康公平	是推进健康中国建设今后15年的行动纲领

续表

时间	发布单位	文号	文件名称	主要内容	重要意义及作用
2017年10月	中共中央	—	《决胜全面建成小康社会 夺取新时代中国特色社会主义伟大胜利——在中国共产党第十九次全国代表大会上的报告》	"实施健康中国战略",这是党中央坚持和发展新时代中国特色社会主义的一项重要战略安排	体现了我们党对人民健康重要价值和作用的认识达到新高度
2019年6月	国务院	国发〔2019〕13号	《国务院关于实施健康中国行动的意见》	全方位干预健康影响因素,维护全生命周期健康,防控重大疾病	为全方位全周期保障人民健康、建设健康中国奠定坚实基础
2019年7月	国务院办公厅	国办发〔2019〕32号	《国务院办公厅关于印发健康中国行动组织实施和考核方案的通知》	从2019年开始,健康中国行动推进委员会逐步发布推进实施健康中国行动的2019年工作计划、2020年工作计划、2021年工作要点	对每年的健康中国建设工作做出全面部署与安排
2021年3月	全国人民代表大会	—	《中华人民共和国国民经济和社会发展第十四个五年规划和2035年远景目标纲要》	"全面推进健康中国建设"单列为第十三篇第四十四章,提出了"把保障人民健康放在优先发展的战略位置,坚持预防为主的方针,深入实施健康中国行动,完善国民健康促进政策,织牢国家公共卫生防护网,为人民提供全方位全生命期健康服务"	健康中国建设进入快速发展通道
2021年7月	国务院	国发〔2021〕11号	《国务院关于印发全民健身计划(2021—2025年)的通知》	营造全民健身社会氛围	促进全民健身更高水平发展,更好满足人民群众的健身和健康需求

续表

时间	发布单位	文号	文件名称	主要内容	重要意义及作用
2021年9月	国务院办公厅	国办发〔2021〕36号	《国务院办公厅关于印发"十四五"全民医疗保障规划的通知》	党中央、国务院高度重视医疗保障工作,"十三五"期间,加强全民医疗保障制度顶层设计,推动医疗保障事业改革发展取得突破性进展	为缓解群众看病难、看病贵问题发挥了重要作用
2021年12月	国务院	国发〔2021〕35号	《国务院关于印发"十四五"国家老龄事业发展和养老服务体系规划的通知》	为实施积极应对人口老龄化国家战略,推动老龄事业和产业协同发展,构建和完善兜底性、普惠型、多样化的养老服务体系,不断满足老年人日益增长的多层次、高品质健康养老需求	我国老龄事业发展和养老服务体系建设取得一系列新成就
2021年4月	教育部办公厅等	教体艺厅函〔2021〕19号	《教育部办公厅等十五部门关于印发〈儿童青少年近视防控光明行动工作方案(2021—2025年)〉的通知》	加强儿童青少年近视防控,促进儿童青少年视力健康是中央关心、群众关切、社会关注的"光明工程"	形成有利于儿童青少年视力健康的生活学习方式、教育管理机制和良好社会环境,切实提高儿童青少年视力健康水平
2021年6月	国家卫生健康委办公厅等	国卫办食品函〔2021〕316号	《关于印发营养与健康学校建设指南的通知》	适应儿童青少年生长发育需要,推动学校营养与健康工作,规范学校营养与健康相关管理行为	推动学校营养与健康工作,规范学校营养与健康相关管理行为

资料来源:中华人民共和国国务院及各部委网站。

(二)国家相关行业政策对健康中国建设中 PPP 的支持

推进健康中国建设,是全面提升中华民族健康素质、实现人民健康与经济社会协调发展的国家战略,需要凝聚全社会力量,形成健康促进的强大合力和全社会的联动。早在2016年中共中央、国务院发布的《"健康中国2030"规划纲要》中，就提出了："进一步优化政策环境，优先支持社会力量举办非营利性医疗机构，推进和实现非营利性民营医院与公立医院同等待遇……破除社会力量进入医疗领域的不合理限制和隐性壁垒……进一步优化市场环境，培育多元主体，引导社会力量参与健身休闲设施建设运营。"2021年3月，第十三届全国人民代表大会第四次会议通过的《中华人民共和国国民经济和社会发展第十四个五年规划和2035年远景目标纲要》第十四章"加快培育完整内需体系"提出，规范有序推进政府和社会资本合作（PPP）；第四十六章"健全国家公共服务制度体系"提出，鼓励社会力量通过公建民营、政府购买服务、政府和社会资本合作等方式参与公共服务供给。

健康中国建设所包含相关领域的主要政策及举措见表2至表6。

表2　健康中国建设主要领域政策——医疗卫生及健康养老

时间	发布单位	文号	文件名称	主要内容	重要意义及作用
2019年12月	第十三届全国人民代表大会常务委员会第十五次会议通过	中华人民共和国主席令第三十八号	《中华人民共和国基本医疗卫生与健康促进法》	第二十九条规定:鼓励社会力量举办的医疗卫生机构提供基本医疗服务;第四十一条规定:国家采取多种措施,鼓励和引导社会力量依法举办医疗卫生机构,支持和规范社会力量举办的医疗卫生机构与政府举办的医疗卫生机构开展多种类型的医疗业务、学科建设、人才培养等合作	发展医疗卫生与健康事业,保障公民享有基本医疗卫生服务,提高公民健康水平,推进健康中国建设
2020年12月	国务院办公厅	国办发〔2020〕52号	《国务院办公厅关于促进养老托育服务健康发展的意见》	"扩大多方参与、多种方式的服务供给",开展"社区医养结合能力提升行动","深化医养有机结合"	促进养老托育服务健康发展,有利于改善民生福祉,有利于促进家庭和谐,有利于培育经济发展新动能

续表

时间	发布单位	文号	文件名称	主要内容	重要意义及作用
2021年3月	全国人民代表大会	—	《中华人民共和国国民经济和社会发展第十四个五年规划和2035年远景目标纲要》	推进城乡基本公共服务标准统一、制度并轨,增加农村教育、医疗、养老、文化等服务供给,鼓励社会力量兴办农村公益事业	健康中国建设进入快速发展通道

资料来源：中华人民共和国国务院网站。

表3　健康中国建设主要领域政策——乡村建设

时间	发布单位	文号	文件名称	主要内容	重要意义及作用
2021年4月	农业农村部	中华人民共和国主席令第七十七号	《中华人民共和国乡村振兴促进法》	国家鼓励社会资本到乡村发展与农民利益联结型项目,县级以上地方人民政府应当优化乡村营商环境,鼓励创新投融资方式,引导社会资本投向乡村	促进农业全面升级、农村全面进步、农民全面发展,加快农业农村现代化。是实施乡村振兴战略的重要保障
2021年12月	中共中央办公厅 国务院办公厅	—	《农村人居环境整治提升五年行动方案（2021—2025年）》	通过政府和社会资本合作等模式,调动社会力量积极参与投资收益较好、市场化程度较高的农村人居环境基础设施建设和运行管护项目	为全面推进乡村振兴、加快农业农村现代化、建设美丽中国提供有力支撑
2022年5月	中共中央办公厅 国务院办公厅	—	《乡村建设行动实施方案》	引导社会力量参与……扎实开展"万企兴万村行动",大力引导和鼓励社会力量投入乡村建设。对经营性建设项目,规范有序推广政府和社会资本合作模式,切实发挥运营企业作用	扎实推进乡村建设行动,进一步提升乡村宜居宜业水平

表4 健康中国建设主要领域政策——公共服务体系建设

时间	发布单位	文号	文件名称	主要内容
2021年12月	国家发改委	发改社会〔2021〕1946号	《关于印发〈"十四五"公共服务规划〉的通知》	构建公共服务多元供给格局,鼓励社会力量参与,完善相关政策,放开放宽准入限制,推进公平准入,鼓励社会力量通过公建民营、政府购买服务、政府和社会资本合作(PPP)等方式参与公共服务供给
2022年3月	中共中央办公厅 国务院办公厅	中办发〔2021〕61号	《关于构建更高水平的全民健身公共服务体系的意见》	完善支持社会力量发展全民健身的体制机制,积极吸引社会力量参与,支持有意愿的房地产企业以及健康养老、文化旅游等社会资本投资全民健身

资料来源:中华人民共和国国务院及各部委网站。

表5 健康中国建设主要领域政策——城镇环境基础设施建设

时间	发布单位	文号	文件名称	主要内容
2022年1月	国务院办公厅	国办函〔2022〕7号	《国务院办公厅转发国家发展改革委等部门关于加快推进城镇环境基础设施建设的指导意见的通知》	健全城镇环境基础设施市场化运行机制,平等对待各类市场主体,营造高效规范、公平竞争、公正开放的市场环境。鼓励技术能力强、运营管理水平高、信誉度良好、有社会责任感的市场主体公平进入环境基础设施领域,吸引各类社会资本积极参与建设和运营

资料来源:中国政府网。

表6 健康中国建设主要领域政策——生态环境建设

时间	发布单位	文号	文件名称	主要内容
2021年10月	国务院办公厅	国办发〔2021〕40号	《国务院办公厅关于鼓励和支持社会资本参与生态保护修复的意见》	鼓励和支持社会资本参与生态保护修复项目投资、设计、修复、管护等全过程,围绕生态保护修复开展生态产品开发、产业发展、科技创新、技术服务等活动,对区域生态保护修复进行全生命周期运营管护。重点鼓励和支持社会资本参与以政府支出责任为主(包括责任人灭失、自然灾害造成等)的生态保护修复;发挥政府投入的带动作用,探索通过PPP等模式引入社会资本开展生态保护修复,符合条件的可按规定享受环境保护、节能节水等相应税收优惠政策。社会资本投资建设的公益林,符合条件并按规定纳入公益林区划的,可以同等享受相关政府补助政策

资料来源:中国政府网。

二 健康中国建设中PPP项目实施情况

(一)PPP模式在健康中国建设中的应用情况

政府与社会资本合作的PPP模式在健康中国建设中应用极为广泛,它既在医疗卫生行业、健康养老行业得以全面应用,又在体育、教育、文化旅游、生态和环境保护、新农村建设、城乡基础设施建设等领域得到推广。截至2022年6月5日,财政部全国PPP综合信息平台发布在库项目总计10255个,总投资163721亿元,其中健康中国建设相关的PPP在库项目539个,总投资6075.07亿元。六种口径的统计分析见图1至图6。

123

图1 2009~2022年发起的健康中国PPP项目情况

注：2022年数据截至6月5日。
资料来源：财政部全国PPP综合信息平台。

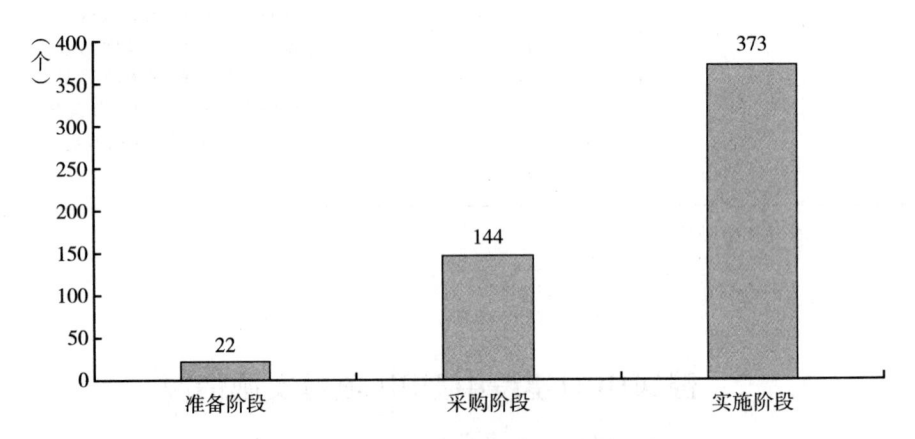

图2 2009~2022年健康中国PPP项目阶段分布

注：2022年数据截至6月5日。
资料来源：财政部全国PPP综合信息平台。

（二）PPP在医疗卫生领域的应用情况

截至2022年6月5日，健康中国建设中医疗卫生领域PPP在库项目91个，总投资867.02亿元。其项目所处阶段、付费方式、运作方式见表7。

健康中国建设中PPP模式创新应用研究

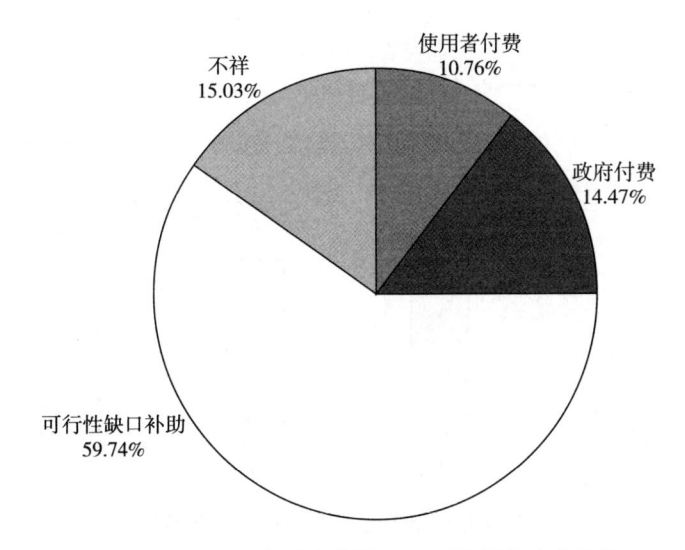

图3 2009~2022年健康中国PPP项目付费方式占比

注：2022年数据截至6月5日。
资料来源：财政部全国PPP综合信息平台。

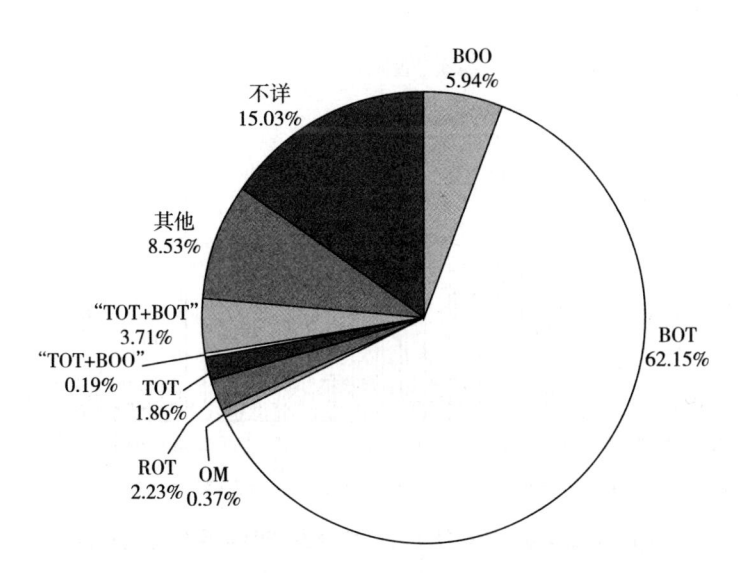

图4 2009~2022年健康中国PPP项目运作方式占比

注：2022年数据截至6月5日。
资料来源：财政部全国PPP综合信息平台。

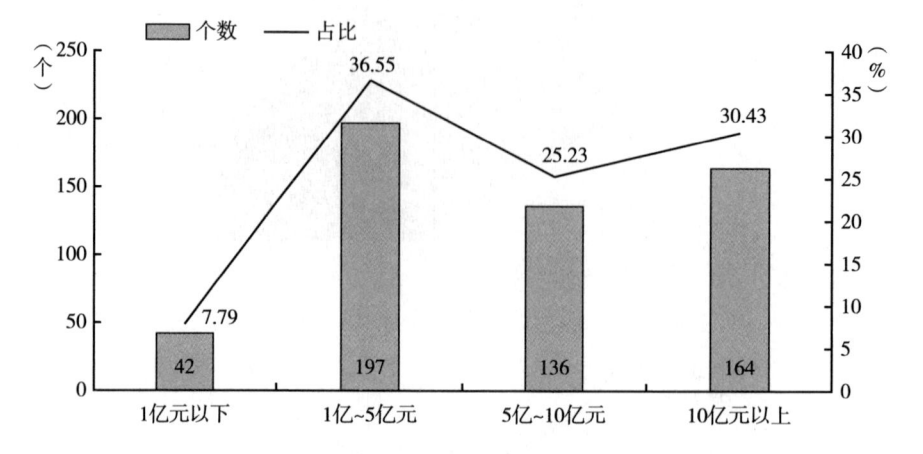

图5 2009~2022年健康中国PPP项目投资金额及分布占比

注：2022年数据截至6月5日。
资料来源：财政部全国PPP综合信息平台。

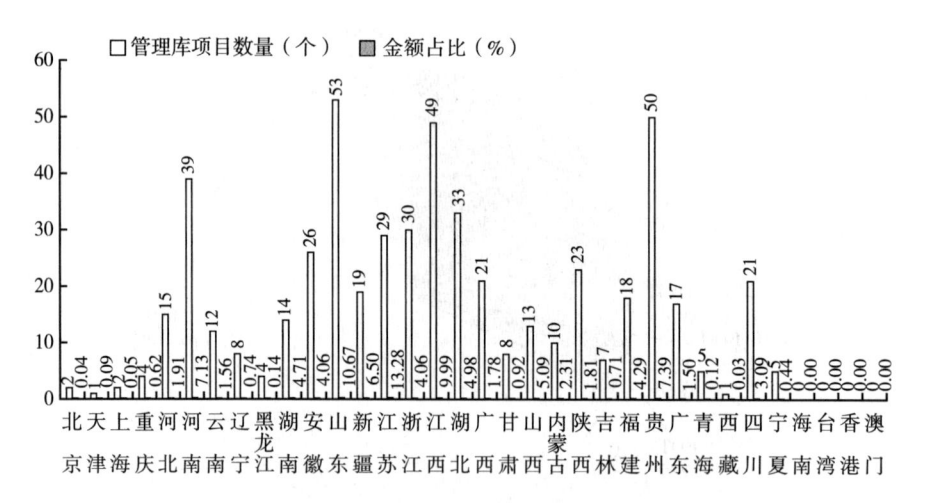

图6 截至2022年6月5日健康中国PPP项目的地区分布

资料来源：财政部全国PPP综合信息平台。

表7　2022年PPP在医疗卫生领域的应用情况

单位：个，%

项目状态		个数	占比
项目所处阶段	准备阶段	8	8.79
	采购阶段	13	14.29
	实施阶段	70	76.92
付费方式	可行性缺口补助	61	67.03
	使用者付费	12	13.19
	政府付费	10	10.99
	不详	8	8.79
运作方式	BOT	68	74.73
	BOO	4	4.40
	TOT+BOT	2	2.20
	ROT	1	1.10
	其他	8	8.79
	不详	8	8.79

（三）健康中国建设中PPP在健康养老领域的应用情况

截至2022年6月5日，健康中国建设中健康养老领域PPP在库项目106个，总投资652.16亿元。其项目所处阶段、付费方式、运作方式见表8。

表8　2022年PPP在健康养老领域的应用情况

单位：个，%

项目状态		个数	占比
项目所处阶段	准备阶段	4	3.77
	采购阶段	32	30.19
	实施阶段	70	66.04
付费方式	可行性缺口补助	51	48.11
	使用者付费	33	31.13
	政府付费	2	1.89
	不详	20	18.87

续表

项目状态		个数	占比
运作方式	BOT	43	40.57
	BOO	24	22.64
	TOT+BOT	2	1.89
	ROT	7	6.60
	TOT	1	0.94
	TOT+BOO	1	0.94
	其他	8	7.55
	不详	20	18.87

（四）健康中国建设中PPP在乡村建设方面的应用情况

截至2022年6月5日，健康中国建设中乡村建设PPP在库项目33个，总投资620.22亿元。其项目所处阶段、付费方式、运作方式见表9。

表9 2022年PPP在乡村建设方面的应用情况

单位：个，%

项目状态		个数	占比
项目所处阶段	准备阶段	1	3.03
	采购阶段	9	27.27
	实施阶段	23	69.70
付费方式	可行性缺口补助	18	54.55
	使用者付费	5	15.15
	政府付费	1	3.03
	不详	9	27.27
运作方式	BOT	16	48.48
	BOO	1	3.03
	TOT+BOT	1	3.03
	TOT	1	3.03
	其他	5	15.15
	不详	9	27.27

（五）健康中国建设中 PPP 在公共服务体系建设领域的应用情况

截至 2022 年 6 月 5 日，健康中国建设中公共服务体系建设领域 PPP 在库项目 204 个，总投资 3042.26 亿元。其项目所处阶段、付费方式、运作方式见表 10。

表 10 2022 年 PPP 在公共服务体系建设领域的应用情况

单位：个，%

项目状态		个数	占比
项目所处阶段	准备阶段	7	3.43
	采购阶段	56	27.45
	实施阶段	141	69.12
付费方式	可行性缺口补助	148	72.55
	使用者付费	5	2.45
	政府付费	19	9.31
	不详	32	15.69
运作方式	BOT	144	70.59
	BOO	3	1.47
	TOT+BOT	3	1.47
	ROT	1	0.49
	TOT	5	2.45
	OM	1	0.49
	其他	15	7.35
	不详	32	15.69

（六）健康中国建设中 PPP 在生态环境领域的应用情况

截至 2022 年 6 月 5 日，健康中国建设中生态环境领域 PPP 在库项目 105 个，总投资 893.41 亿元。其项目所处阶段、付费方式、运作方式见表 11。

表 11　2022 年 PPP 在生态环境领域的应用情况

单位：个，%

项目状态		个数	占比
项目所处阶段	准备阶段	2	1.90
	采购阶段	34	32.38
	实施阶段	69	65.71
付费方式	可行性缺口补助	44	41.90
	使用者付费	3	2.86
	政府付费	46	43.81
	不详	12	11.43
运作方式	BOT	64	60.95
	TOT+BOT	12	11.43
	ROT	3	2.86
	TOT	3	2.86
	OM	1	0.95
	其他	10	9.52
	不详	12	11.43

三　健康中国建设中 PPP 发展存在的问题及前景分析

健康是美好生活的最基本条件，"把人民健康放在优先发展的战略地位"是党的既定方针，"健康中国建设"是国家战略安排。从目前健康中国建设中 PPP 的实施情况来看，PPP 在实践中还存在一些问题，遇到了些许瓶颈，对健康中国建设的推进难免会有一些不利影响。但从前述的"健康中国建设 PPP 项目实施的政策环境"来看，国家各部委、各部门都已主动协调配合，研究制定了健康中国建设相关政策、意见、行动方针等，为政府与社会资本方合作的 PPP 项目进入健康中国建设领域指明了方向，PPP 在健康中国建设中的应用前景极为广阔。

（一）健康中国建设中 PPP 在应用中存在的主要问题

第一，2022 年、2023 年、2024 年财政承受能力超过 10% 红线的问题。2017 年，国家对原入库 PPP 项目进行了全面清理，不规范的项目予以整改，不合格的项目予以退库。2019 年，为了防范假借 PPP 项目增加地方政府隐性债务风险，财政部再次发文，要求完成入库 PPP 项目纳入政府性债务监测平台情况梳理核实工作。至此，我国 PPP 相关法规制度逐渐完善，入库项目较为规范。对进入运营期的在库 PPP 项目进行分析得知，2022~2024 年是财政支出责任高峰期。但是新冠肺炎疫情对各方面影响巨大，财政收入规模、一般公共预算增长速度都受到影响。原在库 PPP 项目进行"二评一案"编制时，通常以前 5 年的一般公共预算平均增长率为依据测算，由于新冠肺炎疫情的影响，不少地方财政 2020 年、2021 年一般公共预算支出实际增长率较低，甚至有负增长的情况，大大拉低了 5 年实际平均增长率，并影响到 2022 年之后的增长率，这就造成 2022 年、2023 年、2024 年财政承受能力可能出现超过 10% 红线的问题，需政府相关部门予以统筹解决。

第二，在存量资产项目盘活上各方动力不足。存量资产 PPP 项目多应用于健康中国建设所包含的医疗卫生、健康养老、文化场馆、体育活动中心、生态旅游等公共服务体系及基础设施建设领域，虽然健康中国建设中 PPP 已落地存量资产项目不少，但大多属于资产权属关系及边界范围明晰明确的优质存量资产。其实市场上有许多存量资产项目已具备或基本具备相应条件，但利益导向、部分政府部门趋利避害、政策保障和配套支持不完善及个别项目的一些具体问题解决起来较为复杂，导致项目相关方积极性不高，动力不足，健康中国建设中 PPP 在存量资产盘活上的应用不尽如人意。

第三，绩效管理效果在健康中国建设 PPP 项目中的作用难以真实体现。PPP 运营期绩效是检验项目实施成效的关键环节，但健康中国建设中 PPP 项目均具有公益性，其绩效管理目标不仅要体现项目的经济效益，更要体现项目的社会效益、生态效益、可持续影响和社会公众的满意度，既有量化性指标，又有非量化性指标。对非量化性指标进行科学考核评价，真实反映项

目的实施效果，具有一定的难度，其受人为因素、部门因素影响较大，评价部门（或机构）的责任心、评价态度也起着一定作用。因此，如何加强健康中国建设PPP绩效评价，需要相关部门去研究、引导、解决，以真实反映PPP项目实施效果。

第四，PPP国家上位法"缺席"。国家层面的PPP立法仍未出台。PPP本身涉及面广、运作程序较为复杂，给PPP立法工作带来了一定的难度，虽然PPP所涉及的程序、内容等均受国家相关法律法规约束，但PPP没有一部国家层面的上位法，推进健康中国建设中PPP的应用存在政策预期不稳、相关运作程序衔接不畅、各方管理职责难以界定、相关方权益无法充分保障等诸多问题。因此，健康中国建设中PPP要行稳致远、发挥最佳作用，需要一部PPP国家上位法的规范、引导。

（二）健康中国建设中PPP前景分析

1. 在医疗卫生领域的应用前景

医疗卫生领域是健康中国建设的主要领域。党的十八大以来，随着国民经济的持续发展，我国医疗卫生事业取得显著成绩，国民健康水平持续提高，政府与社会资本合作的PPP模式在医疗卫生领域也得到了积极应用。当然，这种应用场景多出现在县市级公立性医院的新建与改扩建上，而在公益性医疗健康基础设施的建设上涉足并不多，在医疗健康基础较为薄弱、医疗健康体系还不健全、医疗健康设施少而差的广大乡村地区，应用的场景更少。

城镇医疗健康领域PPP市场广阔。随着健康中国建设战略的深入推进，建设健康环境、优化健康服务等已开始全面实施，为社会资本方介入的第三方医疗机构在城镇的应用提供了巨大平台。城镇人口较为密集，健康消费潜力较大，健康消费意识较强，而第三方医疗机构的出现，突破了传统的以综合性医疗机构为主的模式，顺应了健康中国建设的步伐，担当了健康消费的重任，在一些专业性的医疗健康服务机构、医疗健康信息技术应用、医疗健康设施的研发与推广、健康康复药物研发与推广等领域的介入将越来越多、越来越广。

乡村医疗健康事业PPP应用前景值得期待。我国的乡镇农村地域较广、人口分散、人均消费较低、医疗卫生健康基础薄弱，这些因素既为PPP项目进入乡村带来不利影响，也带来机遇和期待。近年来，随着《乡村振兴战略规划（2018—2022）》《中华人民共和国乡村振兴促进法》的相继实施和健康中国建设的不断推进，广大农民的健康意识觉醒极快，对拥有健康身心、健康体魄、健康长寿更为迫切。为此，顺应民心的乡村医疗卫生服务能力提升工程、医疗健康保障工程建设正在强力推进，政府与社会资本合作的PPP项目逐年增加，且前景更值得期待。

2. 在健康养老领域的应用前景

健康养老领域是健康中国建设的主要领域。同西方国家相比，我国进入老龄化社会的时间较晚（20世纪末），但因人口基数大，老年人口规模及人口占比逐年增大。预计到2025年，我国60岁以上人口将达3亿人，2033年将突破4亿人，为养老产业的发展提供了广阔市场。党的十八大以来，我国的老龄事业得到了长足发展，养老体系进一步完善，越来越多的社会资本进入养老领域，但受土地、税收、相关专业人才限制，健康养老领域PPP项目实施难度较大，积极性也不高。

随着健康中国建设战略的推进，国务院于2021年12月30日发布了《"十四五"国家老龄事业发展和养老服务体系规划》，提出要持续增强健康养老要素保障能力，持续优化行业营商环境，加大规划、土地、住房、财政、投资、融资、人才等政策支持力度；鼓励地方探索对相邻居住区的配套养老服务设施进行资源整合、统筹利用，统一管理运营；增加医养结合服务供给，实施社区医养结合能力提升行动，积极开展基本公共卫生服务老年健康与医养结合服务项目；制定支持发展养老服务业的土地政策，支持利用存量场所改建养老服务设施，以多种方式供应养老服务设施用地，进一步简化和优化存量土地用途的变更程序；充分调动社会力量参与积极性，支持社会力量建设专业化、规模化、医养结合能力突出的养老机构。政府与社会资本合作的PPP将在存量场所改建养老服务设施、老年健康与医养结合服务项

目、相邻居住区配套养老服务设施资源整合、乡村养老设施建设等方面大有作为。

3. 在乡村建设领域的应用前景

健康中国是一个普惠性概念，不仅要在城镇中、在经济发达地区推进健康中国建设，而且要在广大相对落后的农村地区推进健康中国建设。虽然农村地区人口分散，建设项目规模相对较小，给PPP项目带来了一定的落地难度，但随着全国人民健康意识的不断增强和健康中国建设的不断推进，随着《中华人民共和国乡村振兴促进法》、《乡村建设行动实施方案》和《"十四五"推进农业农村现代化规划》等的实施，农村基本医疗卫生保障体系建设工程、农村医养结合健康养老工程、乡村人居环境整治提升工程、乡村基本公共服务提升工程、特色小镇建设工程、田园风光综合体工程、农村道路畅通工程等，已成为PPP项目的关注点、实施点。

据2022年2月24日河北新闻网报道，2022年，河北安国市乡村振兴基础设施建设项目，决定采用PPP模式融资3亿元，对通村道路进行修建；融资1亿元，对选取的10个省级美丽乡村进行美化、亮化和入户道路硬化，对选取的38个村进行重点整治，大力提升人居环境，为美丽乡村和人居环境整治重点村规划改造农村户厕5000座。该建设项目目前已完成前期调研、专家评审和项目立项工作，待完成项目入库和招标确定候选社会资本后即可开工建设。这一事例再一次表明，健康中国建设中PPP进入乡村建设领域的可行性与前景的广阔性。

4. 在公共服务体系建设领域的应用前景

公共服务体系包含公共教育体系、信息共享体系、公共卫生体系、公共文化服务体系、社会福利体系等，而这些体系的建设正是健康中国建设的重要目标和重要内容。目前，公共服务体系建设既是政府工作的重点，又是政府工作的难点。其重点在于公共服务体系关乎民心，关乎民生，影响社会经济的发展，影响健康中国建设的推进；其难点在于公共服务体系建设项目需求多，资金需求量大，而政府资金投入有限。虽然这一矛盾的两方面难以调和，但具有更高的经济效益、更高的时间效率、更稳健的财务运作、更科学的项目管理的PPP模式却能有效解决这一问题。

公共服务体系建设主要表现为政府主导、社会参与和体制创新。2021年12月和2022年3月国家相继发布的《"十四五"公共服务规划》和《关于构建更高水平的全民健身公共服务体系的意见》都对社会力量通过政府和社会资本合作等方式参与公共服务体系建设给予了明确鼓励、引导与支持。PPP将在人口健康信息平台、公共信息共享平台、智慧城市、智慧旅游、旅游休闲度假、营养与健康学校、老年大学、文化艺术中心、体育活动中心、游泳健身场馆、专业博物园区（馆）、城市书屋、文博场馆等公共服务工程建设项目上发挥更大、更好、更积极的作用。

5. 在生态环境建设领域的应用前景

生态环境建设是健康中国建设的重要内容。良好的生态环境是实现中华民族永续发展的内在要求，是建设健康中国、美丽中国、魅力中国的重要基础。随着健康意识的不断增强，人们对干净的水、清新的空气、安全的食品、优美的生态环境等要求越来越高，绿水青山就是金山银山理念已深入人心，发展绿色低碳经济、促进生态健康可持续发展已成为政府有所作为的一个标志性成就。生态环境建设领域，是我国PPP模式的重点推行领域。PPP模式在生态环境建设领域的推行是深化投融资体制改革的重要举措，是实现生态环境多元共治的重要举措，有利于健康中国建设的全面推进，有利于全面提升生态环境公共产品质量，有利于生态城市建设，有利于提升服务的供给质量与效率，是打好污染防治攻坚战、推进生态环境保护与建设的必要保障，对实现生态城市建设、绿色城市建设和"无废城市"建设具有重要而深远的意义。

《中华人民共和国国民经济和社会发展第十四个五年规划和2035年远景目标纲要》第十一篇提出，要全面提升环境基础设施水平，健全现代环境治理体系，加快发展方式绿色转型，"构建集污水、垃圾、固废、危废、医废处理处置设施和监测监管能力于一体的环境基础设施体系"。随着生态环境建设工作的加强和健康中国建设的推进，生态环境建设领域的PPP，将由单项污染物治理项目拓展到生态环境综合整治工程，从污染源治理项目拓展

到区域、流域级别生态环境保护工程,由城市环境保护项目拓展到农村环境治理和城乡一体化生态环境保护工程。生态环境建设领域中的 PPP 应用将更加广泛,前景将更加广阔。

参考文献

[1]《国务院关于实施健康中国行动的意见》。
[2]《"健康中国 2030"规划纲要》。
[3]《健康中国行动(2019—2030 年)》。
[4]《中华人民共和国国民经济和社会发展第十四个五年规划和 2035 年远景目标纲要》。
[5]《中华人民共和国基本医疗卫生与健康促进法》。
[6]《国务院办公厅关于促进养老托育服务健康发展的意见》。
[7]《国务院关于印发"十四五"国家老龄事业发展和养老服务体系规划的通知》。
[8]《乡村促进振兴法》。
[9]《农村人居环境整治提升五年行动方案(2021—2025 年)》。
[10]《乡村建设行动实施方案》。
[11]《关于印发〈"十四五"公共服务规划〉的通知》。
[12]《关于构建更高水平的全民健身公共服务体系的意见》。
[13]《国务院办公厅转发国家发展改革委等部门〈关于加快推进城镇环境基础设施建设的指导意见〉的通知》。
[14]《国务院办公厅关于鼓励和支持社会资本参与生态保护修复的意见》。
[15] 许先春:《着力提升防范化解生态环境风险能力》,《环境与可持续发展》2020 年第 6 期。
[16] 韩喜平、孙小杰:《全面实施健康中国战略》,《前线》2018 年第 12 期。
[17] 张波、姚敏、姚慧等:《生态环境保护领域 PPP 模式的应用与创新》,《河北环境工程学院学报》2020 年第 6 期。

B.8
PPP模式在推动科技创新战略中的创新应用研究

任 兵[*]

摘 要： 科学技术在任何时候都是第一生产力，科技创新是提高社会生产力和综合国力的战略支撑。当前，我国自主创新能力与日俱增，但同时要看到，我国整体创新效能不高、企业创新动力不足等问题依然存在，仅依靠政府的力量支持国家科技创新发展并不现实。PPP模式为推动我国创新驱动发展提供了新的路径，成为我国发展科技的重要手段。本报告研究了全国科技类PPP项目的情况，重点分析了三个科技类PPP项目案例的经验做法、亮点成效，最后提出PPP模式推动科技创新战略中存在的问题及建议。

关键词： 科技创新　PPP模式　智慧城市

一 科技创新战略是中华民族伟大复兴的重要抓手

当今世界，百年未有之大变局加速演进，国际环境错综复杂，新一轮科技革命和产业变革突飞猛进，全球产业链供应链面临重塑，不稳定性不确定性明显增加。新冠肺炎疫情影响广泛深远，逆全球化、单边主义、保护主义思潮暗流涌动。科技创新成为国际竞争的焦点，围绕科技制高点的竞争空前

---

[*] 任兵，北京圣华安咨询有限公司董事长，中央财经大学政信智库专家。

激烈。依靠科技创新为中国经济注入强大活力，是实现"两个一百年"奋斗目标、实现中华民族伟大复兴中国梦的必然选择，也是跨越"中等收入陷阱"的必要举措。

科技创新战略是实现中国梦的战略核心，是走向民族复兴的必由之路。近二百年来，历次科技革命和产业变革都极其深刻地改变了世界发展的走向，重塑了国际竞争新格局。科技创新已被公认为影响综合国力的决定性因素，成为民族兴衰盛亡的关键之所在。当前，我们比历史上任何时期都更接近、更有信心实现中华民族伟大复兴中国梦的目标，建设世界科技强国，正是在攸关民族未来命运和国家未来兴衰的历史关头，以习近平同志为核心的党中央，面向世界、面向未来，对国家高质量发展和民族伟大复兴做出的郑重历史宣示，是焕发创新这一中华民族最深沉的禀赋，实现国家昌盛和民族复兴的庄严抉择。

实施科技创新战略是抢抓历史机遇、争夺战略主动权的必然选择。当今世界，科技浪潮风起云涌，学科领域发展百舸争流。社会生产力在新一轮科技和产业变革的加速推动下再次飞跃。科技革命与产业变革历史交汇引发的竞赛场迭代和转移速度加快，正与中国发展动力转换和经济转型升级相契合，实现同频共振。两大历史交汇期的到来，为我们加快高质量发展提供了历史性契机，机遇难得且极具挑战性。

科技创新战略是促进国家发展的不竭动力。从最先提出的"四个现代化"到现在全面建设社会主义现代化强国，科学技术现代化在我国社会发展过程中从未缺席，从来都是我国实现现代化的重要组成部分。在全面建设社会主义现代化国家新征程中，加快科技创新是推动高质量发展，实现人民对美好生活的向往，支撑质量变革、效率变革和动力变革的需要。构建新发展格局，畅通国内国际双循环将成为我国经济发展的主线，要坚持供给侧结构性改革，提高供给体系质量和水平，以新供给创造新需求；要保障产业链、供应链安全稳定，提升产品的国际竞争力。其中，科技创新是关键环节，科技创新会作为内生动力推动经济社会持续健康良好运行。

二 科技创新力量支撑基建大国享誉世界

基础设施是经济社会发展的基础和必备条件，科技创新是推动基础设施建设工程飞速发展的重要力量，使中国得到了世界各国的认可，成为享誉世界的基建大国。

一方面，中国在公路、铁路、钢铁、桥梁等方面技术领先世界，彰显了中国作为世界基建大国的雄厚实力。中国公路，作为基建项目的基础，关系民生。根据交通部和国家统计局公布的普查数据，全国有路面通车公路超过500万公里，全国高速公路里程达15万公里，我国农村公路里程400万公里，中国公路密度为50公里/百平方公里。中国铁路是中国第二大运输线路，铁路货物运输是现代运输方式的主要组成部分，也是陆上货物运输的两种基本运输方式之一。钢铁是基建必需的建材，钢铁水泥的正常生产运转是工业化和发展经济的物质基础。中国2017年钢铁产量8亿吨，约占世界总产量的50%，日本和印度的钢铁产量都在1亿吨左右。中国桥梁，不仅代表着交通运输基础设施建设的最高水平，也成为展示中国改革开放巨大成就和综合国力的重要符号。中国桥梁建设技术总体上进入国际先进水平，世界上技术难度特别大的桥梁，有很多在中国，如最高的大桥北盘江大桥，还有技术难度最大的桥梁港珠澳大桥。一座座世界级桥梁相继落成，让中国从桥梁大国迈向桥梁强国。中国高铁，根据中国轨道交通网统计，截至2022年7月底，中国高速铁路运营线路共计82条，运营总里程达3万公里，居世界第一位。以时速200~250公里的居多，里程达到1737.44公里，时速300~350公里的高速铁路里程达到890.44公里，时速300公里以上的铁路有郑徐高铁和沪昆高铁。中国高铁不仅里程最多，而且速度最快。

另一方面，我国在基建工程领域的创新发展不仅惠及中国人民，也让周边国家享受到科技带来的好处。

三 PPP模式对推进科技创新产业基础设施的情况分析

（一）行业概况

PPP模式在各行业中应用广泛，但从项目数量和项目规模来看发展较不均衡。根据项目数量，可以将行业领域划分为三个梯度：第一梯度包括市政工程、交通运输、生态建设和环境保护三大行业，项目数量均突破1000个，其中市政工程的项目数量高达5319个；第二梯度包括城镇综合开发、教育、水利建设、旅游，项目数量均在500~1000个；第三梯度包括医疗卫生、文化、科技等其他行业，项目数量较少，均在500个以下（见图1）。与2020年相比，仅水利建设、保障性安居工程和交通运输三大行业的项目成交数量呈增长趋势，其余行业成交项目数量均呈下降趋势，其中，养老行业、科技行业的成交项目数量降幅超过70%（见图2）。

现阶段涉及科技创新领域的PPP项目主要分为两大类。一类是与科技创新相关的基础设施建设项目，如西湖大学建设工程PPP项目。社会资本方在这类项目的运营期间主要负责基础设施的维护和物业管理服务，科技创新相关内容未被列入绩效评价范围。另一类是产业园区、片区开发类项目，如郑州北斗产业园孵化基地建设PPP项目。这类项目的合作范围包含产业孵化相关内容，并将人才引进、高新企业孵化等具体要求作为绩效考核指标，直接服务于科技创新和科技成果转化。

从实践来看，我国科技PPP项目起步较早，首例科技PPP项目发起时间为2014年10月，投资额为94000万元。近年来，科技PPP项目入库速度维持低速，落地率高而总量少，区域发展不平衡、不充分，应用场景少，资源整合和跨区域协作不足，科技PPP项目发展模式尚未成熟，仍有较大发展空间。

截至2022年5月，在财政部全国PPP综合信息平台项目储备清单中，

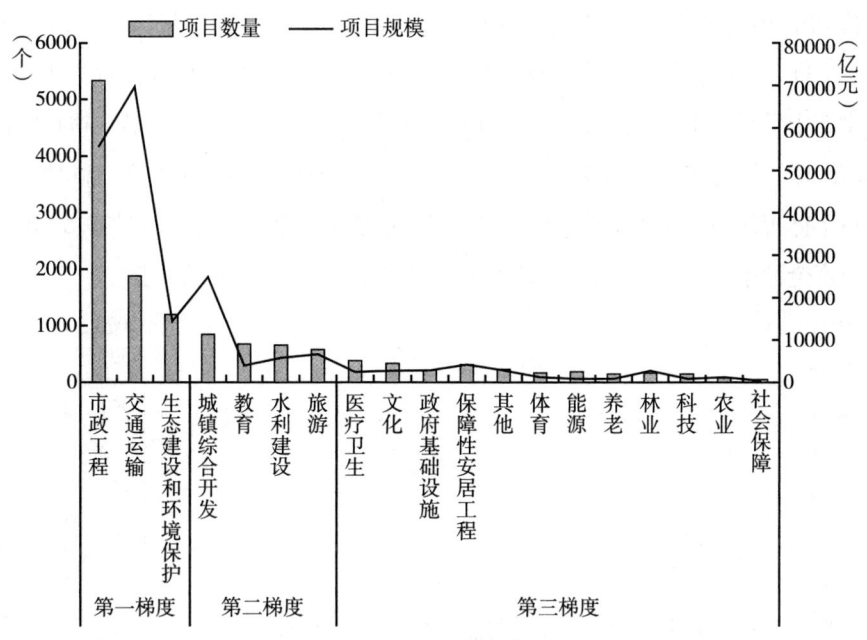

图1 2021年财政部PPP项目行业分布统计

资料来源：明树数据《2021年中国PPP市场年报》。

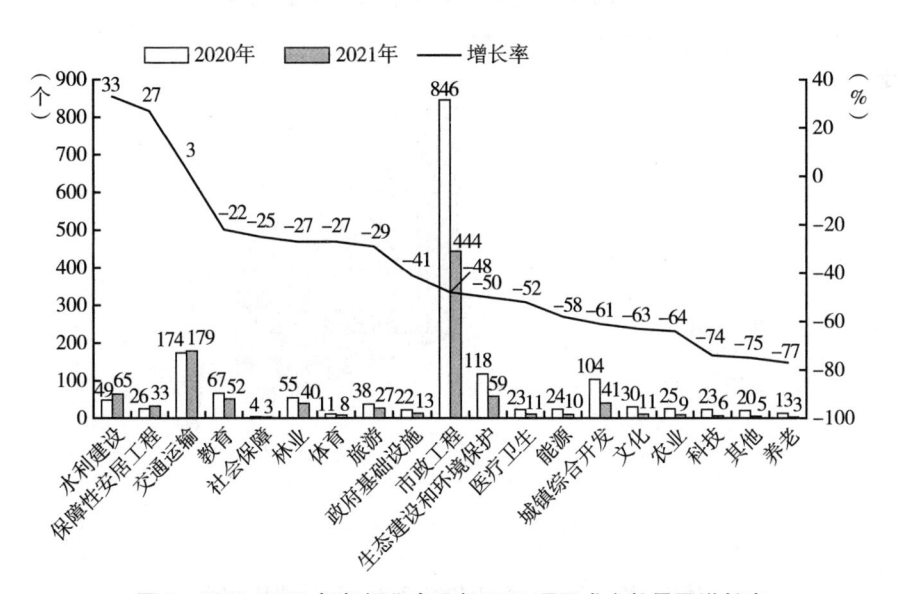

图2 2020~2021年各行业全口径PPP项目成交数量及增长率

资料来源：明树数据《2021年中国PPP市场年报》。

科技 PPP 项目共有 37 个，可视为处于识别阶段，项目总金额为 257.79 亿元（见图 3）。项目管理库中的科技 PPP 项目有 133 个，占总项目的比重为 1.3%，其中 5 个项目处于准备阶段，11 个项目处于采购阶段，117 个项目处于执行阶段（见图 4）。科技 PPP 项目落地率为 88%，高于其他行业平均落地率。科技 PPP 项目个体规模差异较大，单个项目资金规模主要为 1 亿~10 亿元；有 13.5% 的项目投资金额小于 1 亿元；有 15.8% 的项目投资金额在 10 亿元及以上。

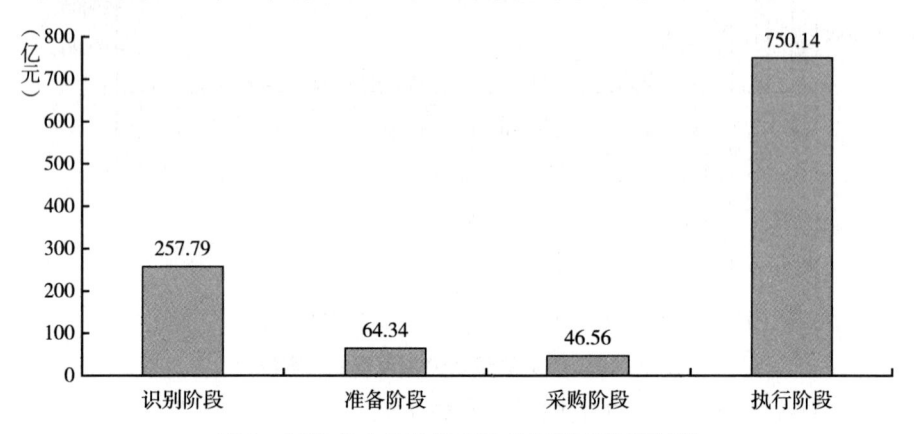

图 3　2022 年 5 月科技 PPP 各阶段项目投资额

资料来源：财政部全国 PPP 综合信息平台。

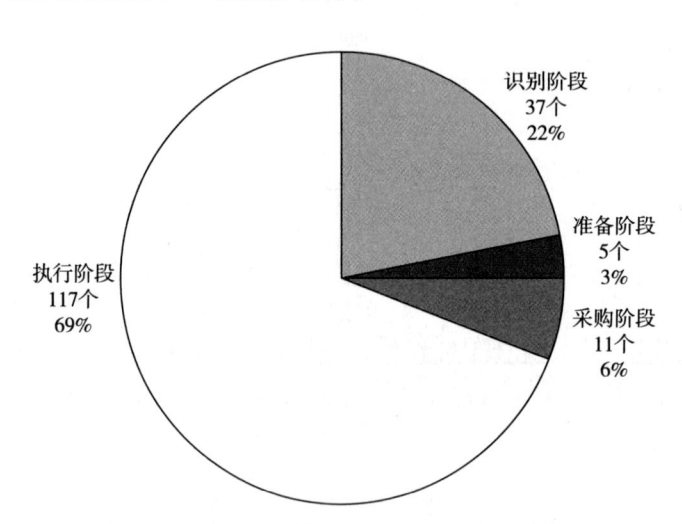

图 4　2022 年 5 月科技 PPP 各阶段项目数量比例

资料来源：财政部全国 PPP 综合信息平台。

目前，根据财政部全国PPP综合信息平台数据统计，我国科技PPP项目的回报机制主要有三种：可行性缺口补助、使用者付费和政府付费。截至2022年5月，项目管理库和储备清单中有97个科技PPP项目的回报机制为可行性缺口补助，占科技PPP项目总数的57.0%；有54个项目的回报机制为政府付费，占科技PPP项目总数的31.8%；有16个项目的回报机制为使用者付费，占科技PPP项目总数的9.4%；采用复合回报机制的科技PPP项目较少，仅有3个，占科技PPP项目总数的1.8%（见表1）。

表1　2022年5月科技PPP各类回报机制项目数量

单位：个，%

回报机制	数量	比例
可行性缺口补助	97	57.0
政府付费	54	31.8
使用者付费	16	9.4
复合回报	3	1.8

资料来源：财政部全国PPP综合信息平台。

从示范项目数量来看，根据财政部全国PPP综合信息平台管理库的信息，在科技PPP项目中，累计有国家级示范项目18个，项目总金额为190.67亿元，其中智慧城市项目16个；累计有省级示范项目9个，全部为智慧城市项目。

（二）应用场景

根据财政部全国PPP综合信息平台的分类，可将科技行业中的PPP模式分为智慧城市、信息网络建设、科技类、其他四大类。

在智慧城市方面，PPP模式广泛应用于社会治理、公共服务等多个领域，应用于建立或改建公安系统、交通工程、市政系统、消防系统、产业园区等城市管理的各方面，还应用于智慧食药、智慧税务等便民惠民方面。将政府"顶层设计"与企业"专业设计—建设—运营"两者的优势相结合，

在分担财政风险、盘活社会存量资本的同时，高效破解交通拥堵、安全隐患、资源短缺等"城市病"困局，有效提高城市综合承受能力和居民幸福感，实现"优政、惠民、惠企"。

在信息网络建设方面，PPP模式的应用更多集中在治安秩序和交通监控系统构建、政务系统构建、大数据产业园区建设、应急通信工程等信息系统建设方面，其中治安秩序和交通监控系统构建项目占该类项目的比例超过50%。例如天网工程的建设，可引入PPP模式建立包括车载信号采集系统在内的前端系统、包括公安局监控中心建设在内的中心系统，以及派出所二级平台等。PPP模式的引入在缓解财政压力的同时，充分利用了社会资本在融资、技术、人员、管理方面的优势，提高项目公共服务和信息产业服务的效率，降低项目运营成本。

在科技类及其他方面，PPP模式主要应用在科技产品（专利、信息）交易服务中心、行政综合服务中心、科技产品展示中心、科技企业孵化中心（众创空间）、科技研发中心、便民服务中心、政务云系统数据中心、机器人比赛场馆、教育实习基地、园区公共实验平台、产品检验中心、金融服务机构、园区规划馆等场景，其中双创孵化和产业园区类占比约为三分之一。将PPP模式应用于支持双创示范基地、产业园区和科研中心等平台建设，有利于在政府的引领和社会资本的支持下，建设一批依托科技园区、高等学校和科研院所的低成本、便利化、全要素、开放式的众创空间。

（三）相关政策

2013年中国开始正式广泛推行政府与社会资本的合作，2015年《国务院办公厅转发财政部发展改革委人民银行关于在公共服务领域推广政府和社会资本合作模式指导意见的通知》（国办发〔2015〕42号）提出，要推进科技领域的PPP合作，但并没有出台相关的配套政策。2016年《"十三五"国家科技创新规划》明确提出，要形成财政资本、金融资本、社会资本多方投入的新格局。2017年4月，国家发改委印发《政府和社会资本合作（PPP）项目专项债券发行指引》，明确指出，"PPP项目专项债券"

支持重点为能源、交通运输、水利、环境保护、农业、林业、科技、保障性安居工程、医疗、卫生、养老、教育、文化等传统基础设施和公共服务领域的项目。

四 PPP模式在三个科技创新园区的应用案例

（一）山东省济宁市任城区山东智慧城市产业园建设项目

1. 项目概况

山东省济宁市任城区山东智慧城市产业园建设项目，位于济宁市105国道以西，太白路以北，京杭大运河以南的区域。项目总投资为440962.64万元，总建筑面积为290678.79平方米，建设内容包括智慧城市和智慧城市产业园两部分。其中智慧城市以社会管理、民生服务为主题进行示范建设，包括智慧城管、智慧政务、智慧医疗、智慧教育、智慧旅游、智慧交通、智慧环保等16个板块（见图5）；智慧城市产业园主要建设研发中心、创客中心、数据服务中心、展示中心、服务中心及配套服务等。

济宁的智慧城市建设项目将从社会治理、公共服务、产业发展三大领域进行，实施"1418计划"（一个公共服务平台、四大任务、十八大工程），并积极尝试业务运营，全面打造和谐、全域、产城融合、低碳、现代的"智慧济宁"。

2. 经验做法

责权分明。智慧城市项目采取的方式是政府付费，即由济宁市财政与任城区财政依据项目公司向济宁市政府和任城区政府提供智慧城市服务的情况付费。社会资本方中兴网信负责全部产业园区的建设、运营。

项目运营。整个项目拟组建两个SPV公司，社会资本方全资成立产业园区开发项目公司，注册资本金为1亿元，负责产业园区的建设；济宁市政府授权的机构与社会资本方组建智慧城市项目公司，注册资本金为2亿元，其中，区级和市级平台公司各代表政府出资4000万元，小计8000万元，占股权的40%；社会资本方出资1.2亿元，占股权的60%，负责智慧城市建设，社会资本方和政府方按照60%：40%的比例组建项目公司，签署项目公司股东协议和公司章程。三方根据项目公司章程共同参与项目公司的日常管理和项目运营管理。由项目风险分配基本框架、融资需求、改扩建需求以及期满处置等因素决定具体运作方式的选择（见图6）。

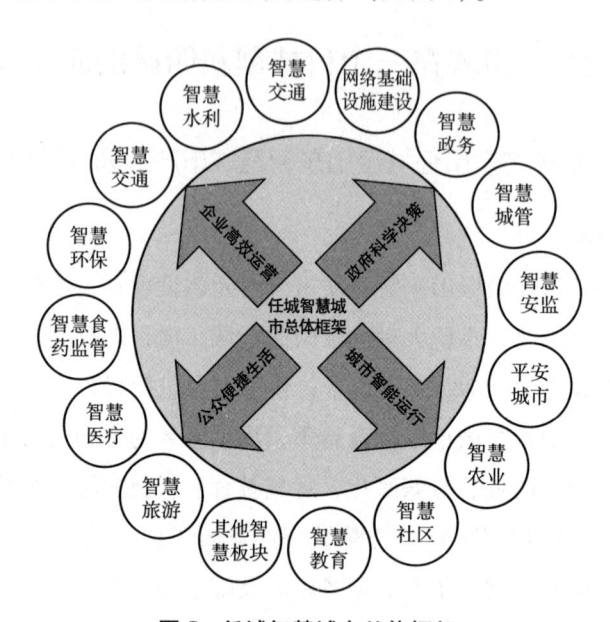

图5 任城智慧城市总体框架

资料来源：财政部全国PPP综合信息平台。

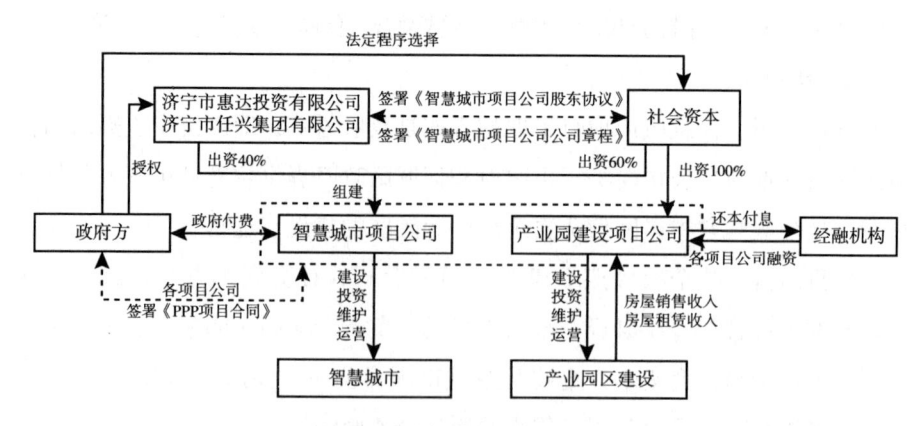

图6 任城智慧城市项目构架

资料来源：财政部全国PPP综合信息平台。

3.亮点成效

探索"双引擎"模式。山东智慧城市产业园建设的PPP项目包括两部分：智慧城市和智慧城市产业园。此项目在建规模大、投资金额大，所采用的"智慧城市+产业园区"双引擎模式成为该项目的亮点。其交易结构让人眼前一亮，采用了边建设边经营、逐年滚动投资开发的模式，以及"政府购买+使用者付费"的收益回报方式。

产业集群。项目按照"智慧产业支撑、智慧城市带动"的智慧城市建设新模式，以智慧城市数据云平台为核心，重点建设医疗产业集群、环保产业集群、教育产业集群、运营中心、产品展示中心和培训中心。项目采取"1+5+100"的产业集群思路，也就是建成后将以1个核心信息产业园、5家核心新兴产业企业带动100个上下游配套企业，支撑周边10~20个智慧城市产业服务。

（二）江苏省淮安市智慧城市建设PPP项目

1.项目概况

淮安市智慧城市项目建设主要内容简称"418"工程（四大任务、十八项重点工程），就是围绕政府管理水平提升、惠民便民利民和产业结构转型升级，实施基础设施完善、资源共享交换、产业载体建设与民生服务促进四大任务，按照"四统一"原则（统一规划、统一建设、统一运维、统一管理）重点建设信息安全体系、数据共享交换平台、智慧政务、智慧教育、智慧医疗、智慧交通、平安城市、智慧环保、智慧社区、智慧旅游等十八项重点工程，其项目构架见图7。

2.经验做法

数据融通。智慧城市建设需要遵循体系建设规律并运用系统工程方法构建开放的体系架构，是一个复杂的系统工程。通过树立"强化共用、整合通用、开放应用"的思想，采用"打通信息壁垒、铲除信息烟囱、消除信息孤岛、避免重复建设"的方法与策略，指导智慧城市的建设与发展。所以，项目公司在建设的过程中尤其重视整合工作，将梳理数据共享交换目录体系作为顶层规划的落脚点来加以实施。

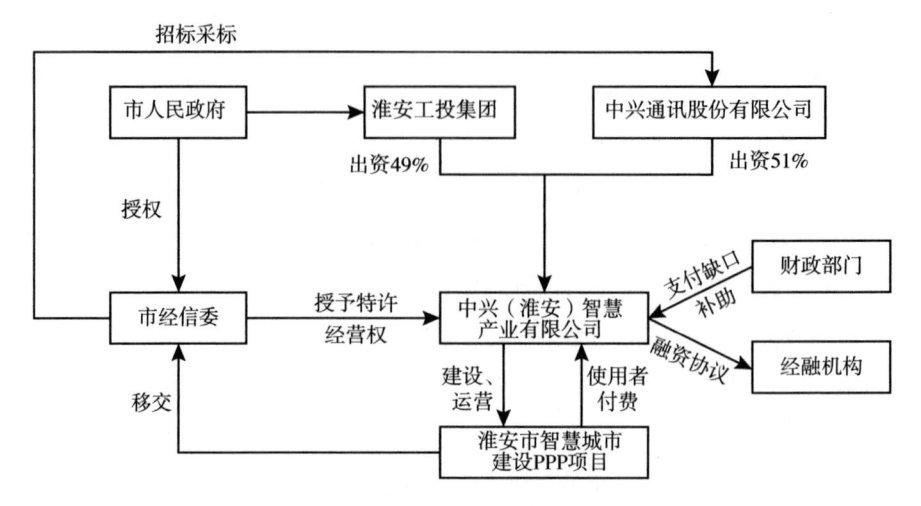

图7　淮安市智慧城市建设PPP项目构架

资料来源：财政部全国PPP综合信息平台。

统一思想。各子项目单位的主要负责人进行充分的思想沟通，采用市级层面的统筹建设，打破了各单位自主建设的惯有模式，当项目触碰相关单位的眼前利益时，政府层面开展相应的宣解动员工作。只有各单位主要负责人的思想认识与智慧城市整体规划思想保持一致，项目才会得到有序推进。

制度保障。淮安市政府出台《淮安市"智慧淮安"PPP项目管理暂行办法》，为项目顺利实施、统筹管理、长期运转提供制度保证。只有明确职、权、任务之间的关系，才能将项目做实，保障淮安市智慧城市PPP项目的有效落地，不因人事变动等原因产生烂尾或政绩工程。

3.亮点成效

信息畅通。该项目重视前期统一规划统筹，减少信息孤岛，避免重复建设和后期返工。建设内容涵盖了政务、教育、医疗、环保等多个领域，政府协调力度大，多部门共同参与，建立统一的技术和数据平台，提高智慧城市系统的服务能力，明确了数据信息的所有权归政府所有。

示范价值。一是在智慧城市建设整体规划层面探索盈利模式，结合市场化行为，改变政府单一付费的局面；二是彻底实现城市级智慧城市PPP，不留死角。该项目以淮安市为整体研究对象，搭建城市级智慧城市建设工程，并全部采取PPP的模式逐步推进投资、建设和运营等工作。

（三）山东省日照市高新区日照科技创新中心PPP项目

1. 项目概况

日照科技创新中心PPP项目位于山东日照高新技术产业开发区，烟台路西，东营路北，西为市城投清华园，北为环卫处和热力公司用地，项目总投资为16亿元，总用地面积为102545.7平方米。作为日照高新区创新创业体系升级的标志性工程，日照科技创新中心是日照高新区发展高科技、培育新产业，发展新经济、培育新动能的重要载体，是集商务办公、科技研发、成果转化、孵化生产、创新创业、展示展览于一体的科技创新综合体，主要建设产业技术研发、技术引进转移孵化、技术成果交易、科技金融服务、科技中介服务和学术交流"六中心"，以及众创空间、企业研发总部、专家公寓"三载体"。其项目架构见图8。

2. 经验做法

创新支付方式。政府财政支出要平滑，公共创新平台设施建设要增加，公共城市配套服务的供给能力要提升。该项目前期资本性投入大，通过引入社会资本的方式，将短期建设支出转化为合作期内的分期支付、可用性服务费和运维绩效服务费，从而减轻财政支付资金压力，加快推进城市和公共设施配套基础设施建设。

优化运作模式。该项目是新建项目，运作模式采用BOOT，项目的设计优化、融资、建设、运营、产业招商、维护、期满移交等工作由项目公司承担；再由政府把移交项目委托给项目公司（或第三方运营单位）运营。在BOOT阶段，为维持项目可用性所需要承担的投资、运营维护服务，服务费由政府方通过可行性缺口补助的方式向项目公司支付。合同期满后，项目资产及相关权利等按合同无偿移交给政府指定机构。根据财政部发布的《关于进一步做好政府和社会资本合作项目示范工作的通知》（财金〔2015〕57号）的有关规定，结合项目实际情况，采用 BOOT 模式合作的期限为 15 年，其中建设期 2 年（24 个月），由项目建设期加上运营期限确定，建设期以发改局批准有效工期为准。

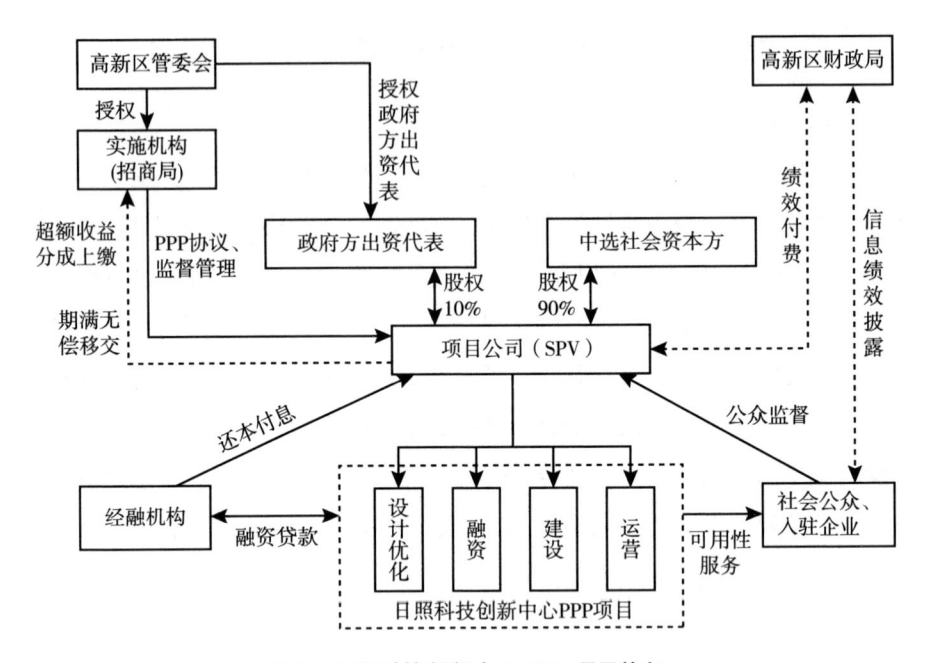

图 8　日照科技创新中心 PPP 项目构架

资料来源：财政部全国 PPP 综合信息平台。

3. 亮点成效

优化项目风险分配，降低全生命周期成本，提高公共资源服务效率。该项目战略发展规划、设计、施工及运营管理对专业化的要求较高，引入专业化的社会资本成立项目公司，负责项目投资、建设和运营维护无疑是更适合且更优的。与此同时，在风险最优分配机制的激励约束下，社会资本也有充足的动力，统筹全局考虑项目的设计优化方案、建设质量和后续运营维护成本等问题，从而达到在保障服务质量的前提下切实降低项目全生命周期的成本、提高自身收益水平的效果。

政企合作共赢，完善绩效激励机制。绩效激励机制就是明确各项考核指标和奖惩机制。该项目在项目建设、融资、运营管理过程中引入此机制，在全过程服务中，可以方便政府更直观地按绩效考核支付相应可用性服务的费用。激励和约束社会投资人提高站位，从项目全生命周期角度出发统筹考虑本项目的建设及运营维护，在不断提高管理水平、提升效率等中增加运营收益，实现政府和社会公众服务满意度再提升。

五　PPP模式推动科技创新战略中的问题及建议

若将政府和科技企业的合作视为广义的PPP模式，那么国家集成电路产业投资基金二期股份有限公司在2021年参与紫光展锐、思特威、中芯南方、北京智芯微电子等科技公司超过300亿元的定增，确实推动了这些科创公司的成长与发展，这是以融资方式支持科技创新项目的典型案例。若狭义地谈PPP模式在推动科技创新领域的应用，即企业参与政府有义务提供的基础设施和公共服务的科技项目，进行融资、建设和运营方面的合作，存在的问题及建议如下。

（一）问题

第一，目前PPP模式在科技创新领域应用范围比较小，仅在政府有义务提供的智慧城市、信息网络建设、科技园区基础设施建设等方面可以应用。PPP模式对于"卡脖子"类关键科技创新的推动，仅限于基础设施方面的支撑。

第二，通过PPP模式助推科技创新战略在我国尚不成熟，项目数量少，规模小，相关人才总量少且存在地域差异。迄今为止，经济社会领域PPP相关改革尚未直接涉及科技创新，科技创新领域相关改革尚无PPP模式的具体规范，相关的法律法规不健全，PPP模式与科技创新基础设施及公共服务领域结合不紧密，有些项目缺乏科学规划，进展缓慢。

（二）建议

1. 加强顶层设计，明确部门职责

目前，科技创新领域的PPP合作缺乏规范性政策文件，需要在实际操作层面加快推进试点示范。相对于其他基础设施及公共服务领域而言，科技创新领域PPP项目的创新链、价值链、政策链和资金链之间的关系更加复杂，合同文本更需要专业性的规范指导。建议政府部门立足于建立健全一整套规范化、专业化、能有效促进科技创新PPP规范健康发展的制度体系，深化资本融合。科技部门指导构建统一的科技创新资源管理信息平台，与相关部门建立常态化的对话机制，对相关部委专业化配置科技创新资源提出优化调整建议，确保公共科技创新资源发挥合力。

2. 优化模式结构，设立专项科创基金

设立科技创新的PPP子基金，资金来源包括财政资金注入、企业投资、融资、捐赠、众筹和增值收益等。管理可采取理事会、董事会、基金会等形式委托专业机构负责。针对地方引进的"卡脖子"科技类项目，可以由地方政府出地和厂房，科技创新PPP子基金投资，企业负责科技生产，打通从科技强到产业强、经济强、国家强的通道。

3. 纳入法制化轨道，规范运作流程

加快培育形成一个统一透明、公开公正、竞争有序、监管有力的科技创新PPP市场，形成市场化的科技创新培育机制，强化PPP项目长期投资的政府信用担保，将PPP工作纳入法制化轨道，为科技创新PPP合作制定专门规章和合同框架，明确合作指南和指导原则，规范政府和社会资本的责权利关系，对所有参与主体和利益相关者进行辅导培训，明晰知识产权、资本所有权、责任与风险等法律问题，为PPP模式健康发展提供良好的法律环境、专业人才支撑和稳定的政策预期。

4. 加强项目宣传，主动推广经验

建议财政部PPP中心把PPP模式推动科技创新类项目纳入专门的统计，

积极挖掘亮点，加大对采用 PPP 模式推动项目的经验做法的宣传力度，为各地提供优秀范本和借鉴，带动科技创新与科技服务业持续发展。

参考文献

［1］张丽娟：《俄罗斯利用 PPP 模式推动科技创新的做法分析——以国家技术计划为例》，《科技管理研究》2018 年第 17 期。
［2］赵岳：《美国 PPP 模式在科技创新领域中应用的若干机制》，《科技和产业》2017 年第 6 期。
［3］万劲波、赵兰香：《政府和社会资本合作推进科技创新的机制研究》，《中国科学院院刊》2016 年第 4 期。
［4］倪筱楠、刘雪洁：《沈阳市新基建 PPP 模式发展研究》，《中国经贸导刊（中）》2021 年第 7 期。
［5］特约评论员：《强化国家战略科技力量是加快建设世界科技强国的关键》，《中国科学院院刊》2019 年第 5 期。
［6］韩志峰：《中国政府和社会资本合作（PPP）项目典型案例》，中国计划出版社，2018。

B.9
"双碳"目标下的PPP模式创新应用研究

孙丕伟*

摘　要： 在碳达峰碳中和目标提出后，PPP模式的发展和改革也将顺应"双碳"目标的要求，寻找更好的契合"双碳"目标的实施模式。本报告基于PPP项目的识别和决策、方案制定、项目执行过程，结合以往PPP项目实施的经验及实际项目案例，分析"双碳"目标下PPP模式的创新思路，重点阐述了PPP项目的绿色产出、绿色融资、绿色实施方式等问题。提出将"双碳目标"尽早纳入项目规划、在PPP项目绩效考核中更加关注ESG目标、通过环境权益交易平衡PPP项目收益等建议。

关键词： 碳达峰　碳中和　PPP模式创新

一　研究背景

（一）"双碳"目标的提出

"双碳"目标的提出，是中国致力于和全球其他国家共同积极面对气候变化问题的重要举措，也体现了中国在国际社会中敢于承担大国责任的态度。早在2015年11月30日，习近平主席在气候变化巴黎大会开幕式上的

---

* 孙丕伟，北京采安律师事务所合伙人，研究方向为基础设施投融资。

讲话中，就首次提到了碳达峰的目标；① 2020 年 9 月 22 日，在第七十五届联合国大会一般性辩论上的重要讲话中，习近平主席提出："中国将提高国家自主贡献力度，采取更加有力的政策和措施，二氧化碳排放力争于 2030 年前达到峰值，努力争取 2060 年前实现碳中和。"

"双碳"目标是指上述"2030 年碳达峰""2060 年碳中和"目标②，也被称为"3060 目标"。

中国"双碳"目标的提出，不仅是国家领导人在国际会议中提出的倡导性目标，而且在政府随后出台的多项政策文件中，已经给"双碳"目标的实现和具体路径绘制了清晰的路线图，并将在几十年内持续贯彻落实。"双碳"目标的实现过程，将给国内各行业、各领域的发展模式带来深刻转变。

（二）"双碳"目标实现的路径

"双碳"目标的实现，需要从政策、市场、技术、资金等多个角度共同推进。2021 年 9 月 22 日，中共中央、国务院发布了《关于完整准确全面贯彻新发展理念做好碳达峰碳中和工作的意见》（以下简称《意见》）。2021 年 10 月 24 日，国务院发布了《国务院关于印发 2030 年前碳达峰行动方案的通知》（以下简称《通知》），提出了落实"双碳"目标的多项举措。

（三）"双碳"目标带来 PPP 模式发展的新视角

"双碳"目标的实现之路，将给 PPP 模式的发展带来更多创新的思路和

---

① 习近平总书记提到"将于 2030 年左右使二氧化碳排放达到峰值并争取尽早实现，2030 年单位国内生产总值二氧化碳排放比 2005 年下降 60%~65%，非化石能源占一次能源消费比重达到 20%左右，森林蓄积量比 2005 年增加 45 亿立方米左右"。《习近平在气候变化巴黎大会开幕式上的讲话（全文）》，新华网，2015 年 12 月 1 日，http://www.xinhuanet.com/world/2015-12/01/c_1117309642.htm；《习近平在第七十五届联合国大会一般性辩论上的讲话（全文）》，"新华网"百家号，2020 年 9 月 22 日，https://baijiahao.baidu.com/s?id=1678546728556033497&wfr=spider&for=pc。

② "碳达峰"是指二氧化碳排放达到峰值，之后会持续下降；"碳中和"是指二氧化碳排放量和减排量抵消，实现零碳排放。

视角。自从2014年国家大力倡导在基础设施和公共服务领域推广PPP模式以来，PPP落地项目数以万计，在促进投资、加速产业升级、提升公共服务水平等方面均发挥了重要的作用。PPP模式广泛存在的能源、交通、环保、水利、文旅等领域，也将在"双碳"目标实现路径下迎来更大的发展机遇。因此，PPP模式的发展必须密切关注"双碳"目标，利用"双碳"目标带来的政策、资金、技术机遇，通过模式创新、方案创新，提升项目的决策、实施质量。

二 "双碳"目标下PPP的行业格局

（一）2021年"双碳"PPP项目总体情况

根据财政部PPP中心发布的《全国PPP综合信息平台管理库项目2021年年报》，公共交通、供排水、生态建设和环境保护、水利建设、可再生能源、教育、科技、文化、养老、医疗卫生、林业、旅游等类别的PPP项目已被纳入污染防治与绿色低碳项目统计口径。2021年，全年新入库污染防治与绿色低碳项目346个，投资额3135亿元，项目数占全部新入库项目的23.7%；截至2021年末，累计污染防治与绿色低碳项目5919个，投资额5.7万亿元，项目数占全部入库项目的35.2%。[1]

（二）2022年第一季度"双碳"PPP项目新增情况

根据财政部PPP中心发布的《全国PPP综合信息平台管理库项目2022年一季度报》，2022年第一季度，新入库污染防治与绿色低碳项目51个，投资额436亿元，项目数占全部新入库项目的41.5%。[2]

---

[1] 《【独家】全国PPP综合信息平台管理库项目2021年年报》，财政部政府和社会资本合作中心网站，2022年3月17日，https://www.cpppc.org/jb/1001650.jhtml。

[2] 《【独家】全国PPP综合信息平台管理库项目2022年一季度报》，财政部政府和社会资本合作中心网站，2022年4月28日，https://www.cpppc.org/jb/1001920.jhtml。

(三) PPP 模式是"双碳"目标实现的重要部分

存量及新增污染防治和绿色低碳 PPP 项目的数量在全部 PPP 项目中的占比非常可观，这说明在"双碳"目标实现的过程中，PPP 模式将发挥非常重要的作用。而在现有 19 个领域采用 PPP 模式的基础上，碳汇、农业减排、垃圾减量、新能源、循环产业园等领域，也将成为 PPP 模式发展的新赛道。[①]

"双碳"目标的实现，不完全是由政府主导或民众自发，政府和社会资本方的合作也是重要的环节。因此，所有 PPP 项目的参与方应重新审视以往 PPP 模式的惯性思维，并迎接"双碳"目标的挑战。虽然 PPP 模式发展至今，仍面临诸多困境，但是"双碳"目标将给 PPP 模式"解惑"带来新的思路和视角。

三 "双碳"目标下 PPP 的应用场景

"双碳"目标给 PPP 模式带来多个层面的新思路，以下从项目识别和决策、项目方案制定、项目执行等几个方面分别阐述。

(一) PPP 项目识别和决策

PPP 模式的推广，是基础设施和公共服务领域投融资机制改革的重要措施之一。通过 PPP 模式，可以更好地利用社会资本的技术优势和项目管理经验，将原本由政府主导的基础设施投资及公共服务提供逐步推向市场，实现更高的效率。因此，PPP 项目的前期工作往往都是在政府方内部完成。项目的筛选也是从既有的政府投资计划中，根据项目特点（如是否有使用者付费收益、是否有运营属性）及实施紧迫程度进行选择。在完成项目识别（即是否可以采用 PPP 模式实施）之后，对项目本身的投入、产出和其他社会效益等方面的分析，通常并不深入。而参与决策的部门，多是基于自

---

① 王盈盈：《"双碳"目标下的 PPP 发展机遇和挑战》，《中国政府采购》2021 年第 12 期。

身管理职能所涉及的范围提出意见。因此PPP项目决策完成后，再次审视时经常出现疏漏或者不足，这也导致项目方案确定后，又反复调整修改，甚至引发政府方和社会资本方的争议。而基于"双碳"目标的视角，可以从前期工作的角度对PPP项目的识别和决策进行优化。

"双碳"目标必然会拉动多个领域的投资，"双碳"目标的长期性、可持续性，和PPP模式的长期合作理念深度契合。[①] 因此在项目识别过程中，可考虑优先筛选"双碳"相关领域的项目，判断其能否通过PPP模式实施。低碳生产生活方式的转变，需要在绿色技术、绿色服务方面投入更多，这也需要在PPP模式的决策过程中，更关注技术创新、环境友好、利益相关方评估等要素。如此，PPP模式也会调动更多创新型、技术型社会资本方的参与积极性，转变以往对"工程投资"的过分关注。

（二）PPP项目方案制定

1. 项目产出

目前多数PPP方案对项目产出的分析均停留在对建设规模、投资规模的描述层面。在"双碳"目标的驱动下，项目产出分析应更多关注减碳效果。对于可以产出绿色产品或服务的PPP项目（如通过节能技术获取水、电、气的产出或再利用），应多渠道利用财政补贴政策，加大政府方的采购力度，[②] 激励社会资本方提高绿色产出的比重。而对于本身可以直接取得市场化收益的项目，应给予政策上的积极支持。例如林业PPP项目，项目本身具有良好的生态补偿效应，但以往项目的产出单一，多为林业经济作物或经济树种种植的收益，在"双碳"目标背景下，林业项目可以通过开发林业碳汇，参与国内或国际碳汇交易，给项目带来额外收益。[③]

[①] 入库项目中污染防治和低碳绿色类PPP项目在全部PPP项目数量中占比较高也印证了这一点。
[②] 见《国务院关于加快建立健全绿色低碳循环发展经济体系的指导意见》（国发〔2021〕4号）第十三条"促进绿色产品消费"。
[③] 《甘肃省临夏州东乡族自治县国家储备林建设PPP项目》，财政部政府和社会资本合作中心网站，https://www.cpppc.org:8082/inforpublic/homepage.html#/projectDetail/e784c79b34fb4501b0a99530f4d749ad。

2.项目融资

随着国家对地方政府债务管理的政策不断收紧，PPP项目管理规范的日益趋严，PPP项目的融资对于项目实施主体、项目区位、项目自身收益的要求也越来越高，很多项目签约后因无法完成融资而难以推进，只能提前解除合作或缩小项目规模，也造成大量前期投入的浪费。在此背景下，绿色融资支持是推动PPP项目融资问题解决的新思路。

绿色金融包括绿色信贷、绿色基金、绿色保险等多方面的内容。从国际经验来看，绿色信贷、绿色基金支持节能减排项目的操作非常普遍，通过绿色信贷的加持，PPP项目可以更低的成本获取融资，在融资驱动下推进低碳技术的应用，在产品评级、融资担保等方面取得更优惠的条件。[1]

国内的绿色金融政策也在持续深化，早在2012年，银监会就发布了《绿色信贷指引》，要求对绿色经济、低碳经济、循环经济给予信贷支持。2018年12月28日，国家发改委、财政部等联合发布了《建立市场化、多元化生态保护补偿机制行动计划》，提出："支持有条件的生态保护地区政府和社会资本按市场化原则共同发起区域性绿色发展基金，支持以PPP模式规范操作的绿色产业项目。"2020年出台的基础设施领域不动产投资信托基金（REITs）政策，也为绿色PPP项目提供了较为理想的退出通道，将基础设施收益权转化为标准化金融产品，提高了PPP项目资产的流动性，也提升了PPP项目对社会资本方的吸引力。[2]

以往PPP项目融资过多关注主体信用，在绿色融资政策的引导下，PPP项目应将项目的绿色产出、环境权益收益等纳入融资要素中，作为信用融资的加持，甚至摆脱信用融资，逐步实现真正的项目融资。而这一过程也倒逼PPP项目不断优化边界要素，提升先进技术含量，实现向精细化、智能化管理模式的转变。

---

[1] 《PPP与绿色金融结合发展的五个领域及案例详解》，中国水网，2017年5月3日，https://www.h2o-china.com/news/257503.html。

[2] 李蕾：《探索绿色PPP与基础设施REITs融合》，《现代国企研究》2022年第Z1期。

3.社会资本方采购

PPP项目的社会资本方采购通常采用公开招标模式，而绝大部分PPP项目采购阶段更关注投标人的以往业绩及投标报价。在"双碳"目标背景下，应更关注企业环境、社会和公司治理（ESG）责任的承担。

ESG是三个基于价值的评估因素，体现了生产经营活动和投资活动对环境和社会的影响，以及公司治理是否完善等，其目的是获取财务信息以外的公司绩效表现。ESG涵盖了环境、社会和公司治理三个维度的信息披露，可以用来评估公司的管理能力和可持续发展水平，并支持风险管理。[①]

未来在PPP项目的社会资本方采购环节，对于投标人的资格预审、投标评审，可以考虑设置与企业ESG责任履行情况相关的指标，该类评分指标可以更好地体现社会资本方的软实力，并能对社会资本方的诚信履约加以机制性约束。同理，对于中标社会资本方成立的项目公司，也可以考虑对ESG信息披露及ESG责任履行提出要求，并在项目实施过程中对ESG相关责任履行的效果进行评估、调整，在项目端做到经济效益和社会效益有机统一。但应注意的是，对于企业ESG责任承担的要求，目前多见于上市公司、国有企业，应避免在社会资本方采购时过度强调此类因素，导致影响采购行为本身的公平、公正和公开性。

（三）PPP项目执行

1.关注绿色技术应用

"双碳"目标下，绿色技术将给传统的基础设施和公共服务领域带来更多改革机遇。通过新能源、新材料、绿色交通、绿色建筑等技术的发展，可以实现原有基础设施资产的技术升级和产业转型。同时，绿色技术带来的降耗效应，也可以直接降低项目的建设运营成本，并减轻政府的财政支付压力。

---

① 《中国ESG发展白皮书》，新浪财经网，http://finance.sina.com.cn/esg/other/whitebook.shtml。

以贵阳市南明河流域水环境系统提升工程——六广门、贵医污水处理厂PPP项目为例，该项目是污水处理项目，采用地下污水厂建设模式，既避免了地上污水厂对环境造成的污染，又集约利用了土地资源。[①] 此外，该项目还建设了污水资源再生利用系统，利用污水处理厂达标的出水作为景观和生态补水，同时对污水进行深度处理后，将其作为城市生活杂用水、绿化与环卫用水；另外，采用"水源热泵"技术，为周边居民和办公区提供集中供热制冷服务。在污水处理的基础上，该项目通过污水回用、热源收集的绿色技术，在改善人居环境和提高居民生活品质的同时，减少了项目能耗，节约了化石能源。

2. 通过合同能源管理模式引入绿色服务

合同能源管理的推广最早见于《国务院办公厅转发发展改革委等部门关于加快推行合同能源管理促进节能服务产业发展意见的通知》（国办发〔2010〕25号），是一种运用市场手段促进节能的服务机制。节能服务公司与用户签订能源管理合同，为用户提供节能诊断、融资、改造等服务，并以节能效益分享方式回收投资和获得合理利润。[②]

合同能源管理通过服务商自担投资提供节能服务，减少了用户前期的投资负担，而服务商与用户共同分享节能收益的方式，也可以激励服务商实现服务效果最大化，是典型的双赢模式。

在PPP模式中同样可以考虑合同能源管理的思路。以太原市既有居住建筑节能改造PPP项目为例，该项目通过对非城市拆迁范围内的非节能居住建筑进行节能改造（主要内容为外墙保温、屋面保温、外窗更换、地下室顶板保温以及楼宇门更换），不仅提高了户内居民的舒适度，也实现了建筑节能目标。回报机制方面，由于节能改造为供热企业（太原市热力集团

[①] 《贵阳市南明河流域水环境系统提升工程——六广门、贵医污水处理厂PPP项目》，财政部政府和社会资本合作中心网站，https://www.cpppc.org:8082/inforpublic/homepage.html#/projectDetail/561b30d9e60240fb8589892cf3402969。

[②] 《国务院办公厅转发发展改革委等部门关于加快推行合同能源管理促进节能服务产业发展意见的通知》（国办发〔2010〕25号）第一条。

有限责任公司)节省了供热成本,供热企业向PPP项目公司支付3元/(m^2·年)的节能收益。①

在PPP项目中,无论是在最初采购社会资本方阶段,还是在PPP项目公司实际运营阶段,均可以通过发掘基础设施资产的节能途径,吸引合同能源管理服务商提供节能服务,并以节能收益分享作为回报途径之一。此举并不占用财政资金,还能达到低碳节能的效果。

3. 生态环境导向项目开发

PPP模式推广以来,曾产生了大量片区开发项目。这些项目的投资规模动辄百亿元计,但实施效果往往不尽如人意。以往片区开发类PPP项目的收益或者来自土地开发收益,或者来自投资人和地方政府就增量的财政收入进行分配,但在经济发展模式转型、土地财政无法持续的背景下,又叠加新冠肺炎疫情对实体经济的冲击,片区开发类PPP项目大都面临前期投资难以持续、产业培育进展缓慢的困境。

生态环境导向项目开发(Ecology-Oriented Development,EOD)模式是"以生态文明思想为引领,以可持续发展为目标,以生态保护和环境治理为基础,以特色产业运营为支撑,以区域综合开发为载体,采取产业链延伸、联合经营、组合开发等方式,推动公益性较强、收益性差的生态环境治理项目与收益较好的关联产业有效融合,统筹推进,一体化实施,将生态环境治理带来的经济价值内部化,是一种创新性的项目组织实施方式"。②

在EOD模式下,无收益的生态环境治理项目可以与收益较好的关联产业进行统筹推进,因此片区开发类PPP项目也可以借鉴,将难以有直接回报的环境治理类项目的投资,通过其他具有经济收益的项目予以回收。基于环境的治理和改善,因地制宜发展绿色农业、旅游业、文化产业等,并带动产城融合,吸引实业落地,最终实现区域整体价值的提升。

---

① 《太原市既有居住建筑节能改造PPP项目》,财政部政府和社会资本合作中心网站,https://www.cpppc.org:8082/inforpublic/homepage.html#/projectDetail/f7f63a3d1fc048ec9d132982e107e49b。
② 《生态环境部办公厅、发展改革委办公厅、国家开发银行办公厅关于推荐生态环境导向的开发模式试点项目的通知》(环办科财函〔2020〕489号)。

四 "双碳"目标下 PPP 项目面临的问题和挑战

（一）尽早规划 PPP 项目方案

目前绝大多数 PPP 项目的前期论证主要依托项目投资审批文件（立项申请、可行性研究报告、可研批复等），在确定项目边界及具体实施方案时，如果希望基于"双碳"目标加入生态补偿机制、绿色评价机制、环境权益监测机制、公众参与机制等，也许会受到在先审批文件的约束而无法进行。

因此 PPP 项目方案和"双碳"目标的结合，可以从更早的规划阶段就积极入手，一方面避免规划不一致影响项目推进，另一方面可以尽早对项目实施过程的创新内容进行论证。例如在片区开发类 PPP 项目中，如果考虑环境权益开发或 EOD 模式，需要对项目合作范围内的可开发权益、可开发规模、预期市场收益、预期开发成本、相关产业引入及布局等进行整体考虑，还可以通过引入公众参与、公众评价、专家论证等，对方案的合理性进行评估。可以说，越早介入项目规划工作，后期方案的落地和操作将越容易。

（二）完善 PPP 项目绩效考核制度

"双碳"目标下的减碳、节能、可持续发展、注重环境及公众利益等，在 PPP 项目建设、运营全生命周期内，不能仅停留在项目实施方案或宣传资料层面，还需要有长期、配套的绩效考核机制进行跟踪。

根据财政部 2020 年 3 月 16 日发布的《政府和社会资本合作（PPP）项目绩效管理操作指引》，PPP 项目绩效目标的编制应"符合区域经济、社会与行业发展规划……体现环境—社会—公司治理责任（ESG）理念"。在该指引后附的《PPP 项目建设期绩效评价共性指标框架》《PPP 项目运营期绩效评价共性指标框架》中，均对社会影响、生态影响、可持续性、公众满

意度等体现"双碳"目标理念的指标进行了描述。

因此，对PPP项目全生命周期的考核与评价，应跳脱于项目建设管理及运营自身的范畴，从更宏观的环境、社会、公众角度重新审视项目统一整体。更进一步，如果短期收益与长期可持续性、单一满足业主要求与平衡公众及社会利益等方面出现冲突，应更关注长期目标的实现，通过这样的政策导向，倒逼社会资本方不过分追求短期利益，促进PPP项目的长期稳定运营，形成良性循环。

此外，伴随着"双碳"目标的相关政策不断细化，已经进入运营期的PPP项目绩效考核机制也需要进行完善和补充，而这将带来政企双方的再次谈判。作为政策制定和执行一方的政府方，在对绩效考核标准进行变更时，应关注社会资本方原有的回报机制及收益水平，在保持合理水平的基础上进行调整，切忌以"法律变更"为理由，强行要求对原绩效考核标准进行调整。

（三）理性看待环境权益交易

环境权益可以包括碳排放权、排污权、水权、林业碳汇、节能量等权益。在"双碳"目标背景下，环境权益的交易规模、资产价值，未来都会有较大的提升。

以碳排放权为例，自2013年起，我国陆续在北京、天津、上海、广东、深圳等省市开展碳排放权交易地区试点，强制试点地区内碳排放量达到一定限额的企业参与减碳履约机制，并可通过碳排放权交易对减碳指标予以市场化变现。同时，在强制履约机制之外，还允许机构和个人参与国家核证自愿减排量（CCER）交易。

2021年7月16日，在试点地区交易经验的基础上，全国统一碳排放权交易市场正式启动。目前纳入全国统一市场的重点排放单位仅限于发电行业，交易中心落户上海，登记和结算中心落户湖北，交易品种为碳排放配额（CEA）。

根据上海能源交易所发布的公告，2021年7月16日至12月31日，全国碳市场完成碳排放配额总成交量 178789350 吨，总成交额 7661230022.99元，挂牌交易单价在 38~62 元/吨的区间浮动。①

所有能够实现节碳目标的 PPP 项目，如果有现成的方法学支持，均可以考虑开发碳排放权。尽管目前全国统一碳交易市场主要是针对强制履约机构之间开展 CEA 交易，PPP 项目公司仍可以进行 CCER 开发，并在区域试点地区的交易平台上进行交易，未来北京将建成全国统一的 CCER 交易中心，国家 CCER 的签发机制也会更加明确，② 这对于 PPP 项目公司而言，将是获得额外收益的途径之一。

但 PPP 项目参与碳排放权交易市场应谨慎，避免盲目乐观。在项目前期方案测算中，对于碳排放权交易的收益测算应选择保守态度。主要的原因是碳市场本身的价格波动与交易产品供给量密切相关，如果供给过大将导致碳价下跌，甚至会出现开发成本超过项目收益的极端情况。而 PPP 项目多是微利项目，甚至需要政府方支付财政资金才能实现收支平衡，如果在测算碳排放权收益时过于乐观，财政承受能力论证中分配给项目的资金被冲抵过多，一旦碳排放权交易无法实现预期收益，项目本身也将面临亏损风险。此外，参与碳排放权交易需要对项目的节能减碳指标进行监测，还需要提前支付项目开发成本，这些最终也将由项目公司承担，并纳入项目的运营成本。

五 "双碳"目标下 PPP 模式发展展望建议

在国内学者的研究结论中，绿色 PPP 项目执行的成功因素主要有以下几个：先进的绿色技术、产物对环境污染小、合理的回报机制、解决邻避问题、注重公众参与、严格的政府监管、良好的政府信誉等。③ 其中因素一、二、四、五主要取决于社会资本方，因素三、六、七主要取决于政府方。因

---

① 《全国碳市场每年成交数据 20210716-20211231》，上海环境能源交易所，2021 年 12 月 31 日，https://www.cneeex.com/c/2021-12-31/491811.shtml。
② 2017 年之后，主管部委暂停了自愿减排量项目的备案及 CCER 签发，目前尚未恢复。
③ 傅丹丹：《基于案例的绿色 PPP 项目关键成功因素研究》，《价值工程》2021 年第 33 期。

此，在"双碳"背景下的 PPP 项目成功实施，依然需要政企双方诚信合作，共同努力。

而"双碳"目标的实现将是长期过程，在这样的背景下，在 PPP 模式的实施过程中，政府方应站在更为宏观的角度、尽早考量 PPP 项目本身的价值、其对所在环境的影响、其对公众利益的影响。社会资本方应积极参与绿色技术、绿色服务变革，提高投资效率和质量。同时，在"双碳"的视角下，PPP 模式的发展还离不开绿色金融的资金支持、公平的市场竞争环境、透明的政府管理及公众监督机制等。随着"双碳"相关政策的出台，越来越多的绿色 PPP 项目落地，相信 PPP 模式的发展也将会顺应时代，积极创新，助力"双碳"目标早日实现。

B.10 新基建中的"ROD+PPP"模式融合应用研究

宋映忠[*]

摘　要： 资源是人类赖以生存和发展的基本条件，如何利用新信息、互联网、大数据、5G、人工智能等新科技保护好资源，科学合理地配置好资源、利用好资源，实现人与自然的和谐共处，推动高质量可持续发展，是新基建中一个重要的课题。本报告拟从经济学、投资学的角度，提出"以资源为导向的片区开发"（Resources-Oriented Development，ROD）模式，研究该模式与TOD、EOD等其他片区开发模式的区别与联系，探索该模式的顶层设计、资源导向、产业融合、投融资建设、政府与社会资本的合作模式等当前背景下新基建中的"ROD+PPP"模式的融合应用。旨在促进"ROD+PPP"模式的进一步完善和成熟，发挥"ROD+PPP"模式在经济社会发展中应有的作用。

关键词： 新基建　片区开发　"ROD+PPP"　融合应用

一　概念的提出

资源（Resources）是人类赖以生存和发展的基本条件，许多资源具有

---

[*] 宋映忠，高级经济师，中国工程咨询协会投融资专业委员会副主任委员，中国工程咨询协会专家库入库专家，中国技术经济学会投融资分会高级会员，四川省农业经济学会第八届理事会常务理事，攀枝花学院土木与建筑工程学院外聘教授，中投泽世（北京）国际咨询有限公司董事长，北京中设泛华工程咨询有限公司成都分公司总经理，四川泽世投资咨询有限公司总经理。

不可复制、不可再生、不可迁移性。

纵观人类的发展过程，人类往往以基础设施投资建设活动为主推动经济发展和社会进步，但不同程度地导致了资源的灭失、重复浪费、配置不合理等诸多现象。比如土地的浪费、森林的破坏、水土的流失、生态的失衡以及在基础设施建设中以大量的大型体育场馆的重复建设为代表的重复投资等。

如何保护好资源，科学合理地配置好资源，利用好资源，实现人与自然的融合发展，实现人类健康、生态的高质量、可持续发展，是新基建中一个具有历史性和现实意义的重要的课题。

为研究好这一课题，不少先驱、学者已有不少思考，做出了有益的探索。笔者仅根据自己长期在经济领域的探索与实践，拟从经济学、投资学的角度，提出"以资源为导向的片区开发"（Resources-Oriented Development，RDO）模式，研究和探索当前背景下新基建中"ROD+PPP"模式的融合应用，以供参考与讨论。

二 ROD与其他片区开发模式的区别与联系

（一）ROD的概念

本报告所指的ROD模式，是指"以资源为导向的片区开发"模式，是指以资源为导向，以特定的资源综合利用、科学配置为基础，以特色产业投资、建设和运营为链条，以片区为综合开发单元，采取以强补弱、以长补短的"余缺互补"的开发原则，通过"政府主导、市场化运作"，采用政府与社会资本合作的（PPP）特许经营等多种方式进行投资开发营运，实现投资收益自求平衡的片区开发模式。

（二）ROD与"以高铁枢纽为导向的片区开发（ROD）"的区别

本报告所指的ROD不同于其他著作或文章中所指的以高铁枢纽为导向

的片区开发（Rail-Oriented Development，ROD）。

笔者认为，以高铁枢纽为导向的片区开发，仅仅是"以公共交通为导向的片区开发"（Transit-Oriented Development，TOD）模式中的一种，不应该把它与其他片区开发模式并列作为一种单独的模式进行研究。

彼得·卡尔索尔普（Peter Calthorpe）在其所著的 The Next American Metropolis: Ecology, Community, and the American Dream（《下一代美国大都市地区：生态、社区和美国之梦》）中提出的TOD概念中的"公共交通"包括地铁、轻轨等轨道交通以及巴士干线。所以，笔者认为以高铁枢纽为导向的片区开发，是TOD模式的一种类型。

（三）ROD与其他片区开发模式的区别与联系

自从TOD概念得到世人认可和推崇后，各种片区开发模式层出不穷，据笔者收集整理，大约有TOD（Transit-Oriented Development，以公共交通为导向的片区开发）模式、EOD（Ecology-Oriented Development，以生态保护和环境治理为导向的片区开发）模式、SOD（Service-Oriented Development，以社会服务设施为导向的片区开发）模式、AOD（Anticipation-Oriented Development，以预期规划为导向的片区开发）模式和ROD（Resources-Oriented Development，以资源综合利用为导向的片区开发）模式等，如图1所示。

通过上述归纳对比可以看出，无论是哪种模式的片区开发，其核心要义和共同特征都是相似的：一是以某区域的一个片区为开发营运单元；二是以某种突出优势和目的为开发导向；三是综合统筹土地、森林、水源、生态、交通、能源、历史文化、人文文化、民族文化、产业、医疗、教育、资金等要素；四是以人为中心，建立人与自然和谐共处、生态保护与可持续、高质量发展的开发建设营运系统思维体系；五是秉承以强补弱、以长补短的"余缺互补"原则，建立自然资源、产业、资金、人力、生产、生活、投资收益等平衡开发、建设和营运模式。

各种片区开发模式均具有其独特之处：一是片区区域不同；二是自然资

```
片区开发模式 ─┬─ TOD模式 ── Transit-Oriented Development 以公共交通为导向的片区开发模式
              ├─ EOD模式 ── Ecology-Oriented Development 以生态保护和环境治理为导向的片区开发模式
              ├─ SOD模式 ── Service-Oriented Development 以社会服务设施为导向的片区开发模式
              ├─ AOD模式 ── Anticipation-Oriented Development 以预期规划为导向的片区开发模式
              └─ ROD模式 ── Resources-Oriented Development 以资源综合利用为导向的片区开发模式
```

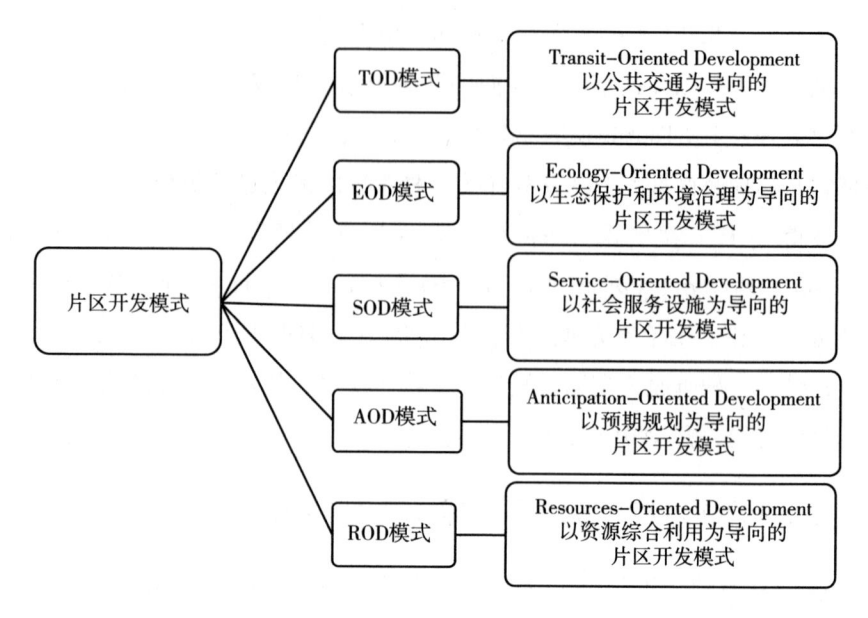

图1　片区开发的不同模式

资料来源：笔者自制。

源、人文资源、资金资源、劳动力资源等资源禀赋和要素优势不同；三是片区开发导向不同；四是开发组合模式不同。

三　新基建中的ROD

（一）传统基建与PPP

在社会经济的发展中，人类日益增长的物质文化需求，为基础设施建设提供了不断发展的空间，并提出了日新月异的新要求。过去以"铁公基"（铁路、公路、机场、水利等重大基础设施建设）为标志的基础设施建设，也称传统基础设施建设，承担了满足人类生存、生产、生活需要的责任，扮演了经济建设的主角，成为历史阶段性的社会经济发展的主力军，是社会经济发展不可或缺的重要组成部分。

自 2014 年我国推出 PPP 模式以来，PPP 模式成为传统基础设施建设中一种常见的模式。根据北京明树数据科技有限公司（以下简称"明树数据"）的统计，截至 2020 年 12 月 30 日，全国 PPP 在库项目总计 13281 个，总投资额为 19.17 万亿元，其中：管理库项目 9923 个，投资额为 15.22 万亿元；储备清单项目 3358 个，投资额为 3.95 万亿元。据当期数据分析，基础设施项目在 PPP 项目中占比较大，其中市政工程、交通运输、生态建设和环境保护等 3 项占比达 60% 以上。

（二）新基建与 PPP

2018 年中央经济工作会议提出新基建。2019 年新基建 PPP 项目占比上升。但新基建的特性，决定了基于 5G、互联网、大数据、人工智能等新一代信息技术的新基建和基于大数据、互联网、人工智能等新技术利用对传统基础设施进行升级改造赋能的融合基建，具有前期投入多、技术迭代快、收益不确定性大等特征，投融资模式较为复杂。在战略性投资之后，社会资本会相对谨慎地进入新基建领域，许多技术资本选择与政府以招商引资、资源置换的方式进行合作，只有部分收费智能交通、供水、供热、供电、垃圾、污水处理等需要部分财政缺口性补助的项目才会被列入财政部全国 PPP 综合信息平台管理库。无财政缺口性补助，通过 PPP 或者特许经营等模式进行投资建设营运的项目和由国家投入的单纯的创新、研究型公益性基础设施项目，均不在统计之中。因此，2020 年财政部全国 PPP 综合信息平台管理库中的新基建 PPP 项目占比呈下降趋势，但此下降趋势并不代表新基建 PPP 项目真正意义上的减少（见图2）。

（三）新基建中的 ROD

新基建中的 ROD 是指新基建（包括基于新一代信息技术衍化生成的信息基建以及深度应用互联网、大数据、人工智能等技术，支撑传统基础设施转型升级，进而形成的融合基建和支撑科学研究、技术开发、产品研制等公益性创新基建等）中，采用的 ROD。其核心要素指资源的科学利用和优化

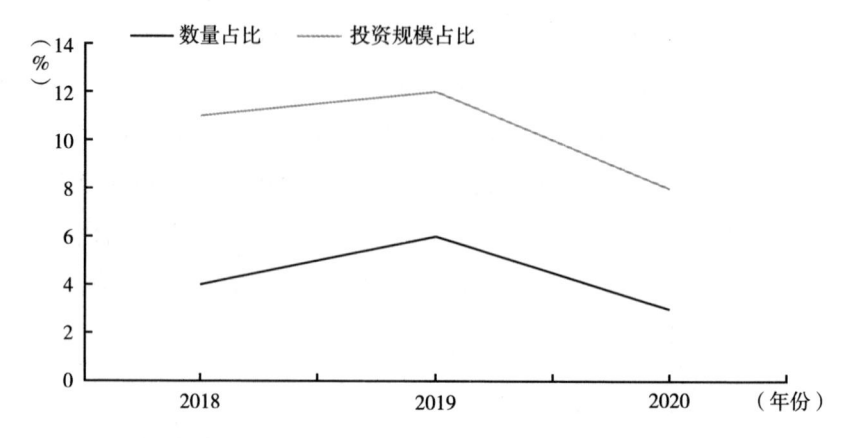

图2 2018~2020年新基建PPP项目在财政部全国PPP综合信息平台管理库中的占比

注：新基建项目的统计口径为：包含5G、大数据、充电桩、特高压、人工智能、工业互联网、高铁、地铁、轨道交通、物联网、卫星互联网、云计算、区块链、数据、智能、智慧、科技、科教（大学）、创新等关键词的基建项目。

资料来源：根据明树数据统计资料制图。

配置、基于资源的产业协同、基于产业的以人为中心的配套基础设施、ROD的投资收益平衡方式、片区项目的运维模式等。其核心要素之间的关系见图3。

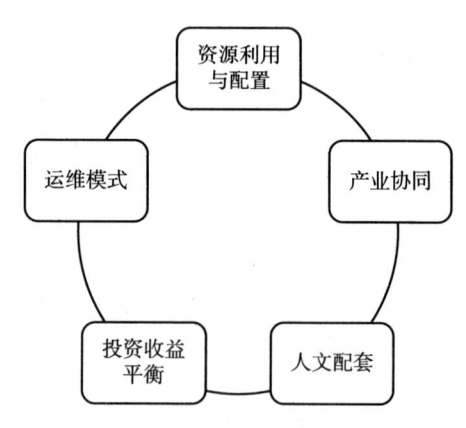

图3 ROD核心要素之间的关系

资料来源：笔者自制。

1. 资源的科学利用和优化配置

第一，对某片区的资源禀赋进行梳理，摸清资源"家底"。包括自然资源如土地、矿产、水源、光热、森林、自然资源遗产等，人文资源如历史文化、红色文化、民族文化、风土民俗、非物质文化遗产、世界文化遗产等。

第二，对资源进行分类、对比和深入研究，充分论证，通过市场化与行政化相结合的手段，科学有效地配置资源。

第三，通过大数据、新科技等技术手段，将资源进行充分整合，通过循环再利用等手段，充分挖掘资源的潜力。

第四，对已经利用或建成的存量资源，通过5G、互联网、大数据、人工智能等进行升级改造、赋能增效。

2. 基于资源的产业协同

第一，梳理基于资源的产业要素，包括原材料、燃料、动力、生产技术、人力资源要素、资本要素等。

第二，对区域拟建产业从区域内部、区域周边和区域外部进行行业需求、产业需求、市场需求、社会需求、生态需求、民生需求等方面的充分论证。

第三，对拟建产业进行产业链的论证，包括上下游、前后端，从源头到终端的各个环节，进行建链、补链、强链的全产业链的衔接。

第四，植入最先进的产业科技，包括利用互联网、5G、大数据、人工智能等先进科技，将资源优势转化为产业优势。

通过对生产要素的整合，实现人与资源、科技、资本、产业的融合和发展，实现资源资产化、资产产业化，形成片区产业与资源的协同发展。

3. 基于产业的以人为中心的配套基础设施

（1）生活保障基础设施

有产业，就必须有产业工人，有人就有衣食住行、家庭、老人孩子，就有食品供应、贸易市场、居住、生态环境、道路交通、供水供电、垃圾处理、污水排放等配套基础设施需求。

(2) 文化教育基础设施

包括学校、文化产业中心（包括文化馆、图书馆、展览馆等）。

(3) 医疗养老基础设施

包括医疗、疾病防控机构、养老机构、殡葬机构等全生命周期的医疗、健康、养老基础设施。

(4) 体育基础设施

包括体育运动场馆、健康步道、健身场所、健身设施等。

4. ROD 的投资收益平衡方式

ROD 模式根据片区的大小、资源、产业类型的不同，投资资金来源的不同，其资源、资金的投入和收益平衡方式不同，片区大、公益性配套项目相对较多的片区，资源、资金的投入大，产业类型多，项目类型相对较复杂，其投资收益平衡难度相对较大。反之，则平衡难度相对较小。但无论片区大小、公益性配套项目多少，其平衡原理都是相同的。

(1) 片区开发总平衡原理

所谓片区开发总平衡，是指以整个片区为单元，将有收益的资源、产业和项目收益，用于弥补没有收益或收益不足的项目，从而总体上达到片区总开发营运收益等于或大于总投资的效果。其平衡原理公式可表示为：

$$\sum 无收益项目 + 有收益项目的营运收益 \geq 片区开发总投资$$

总平衡原理，是投资者进行片区开发投资的基本投资逻辑。可以把它称为"投资可以不获取利润，但不能亏损投资本金"的"投资底线风险"思维。

(2) 分项目投资收益平衡原理。

一个片区的开发，在一般情况下，不会直接全部以招商引资的方式交给一个投资者来进行，一般会采取政府主导、市场化运作的模式，根据片区规划切割为不同性质的片区或者项目，采用 PPP 模式进行开发和运营。但这种模式除必须要财政给予缺口性补助的项目之外，不一定会全部入财政部政府和社会资本合作中心的项目库，不需要国家发改委专项资金补贴的，也不一定会入国家发改委的 PPP 项目库，而是通过公开市场化的招投标、政府直接授权（ABO）、特许经营等方式，交给不同的投资人来完成。因此，由于项目性质不同，其投资主体和资金来源便不同，其投资收益的平衡方式也就不同。

一是公益性项目。按照《政府投资条例》，公益性项目应该由政府通过财政预算资金安排投资。在 ROD 中，可能会出现两种情形。一种是政府安排财政预算资金直接投资，营运维护也由财政预算资金安排，这种项目的投资收益平衡公式为：

$$\sum 项目营运维护补贴 + 财政直接投资 \geq 项目总投资$$

另一种则是把公益性项目作为片区的配套建设项目，由片区投资人通过 ROD 营运中的综合收益来平衡，其平衡公式为：

$$\sum 项目营运维护补贴 + 片区开发营运综合收益 \geq 项目总投资$$

二是准公益性项目。准公益性项目从经营的角度讲，也叫准经营性项目。其特征是项目建成后，有部分经营收益，但经营收益不能够完全平衡项目总投资，需要通过财政缺口性补助或投资者从自身的综合收益中拿出一部分进行缺口性补助，其平衡公式为：

$$\sum 项目自身收益 + 缺口性补助 \geq 项目总投资$$

三是经营性项目。纯经营性项目，投资者一开始就是为了经营性项目建成后通过经营获得利润，是以赚钱为目的的投资，其投资收益平衡公式为：

$$\sum 项目自身经营收益 > 项目总投资$$

在实践中，以资源综合利用为导向的片区投资、开发建设和营运，已有不少成功案例。贵州省贵安新区，就是以这种模式建设起来的一座新城。

贵州贵安新区就是一个新基建中 ROD 的典型案例。该片区是国家级新区，凭借我国南方数据中心核心区这一资源优势，采用政府主导、市场化运作的模式，以大数据产业资源为导向，将贵阳市花溪区，清镇市，安顺

市的平坝区、西秀区，大约1795平方公里的区域，统筹进行片区开发，围绕大数据产业，建设大数据产业集聚区、大数据应用与创新示范区、大数据与服务贸易融合发展示范区、大数据双创示范基地、大数据人才教育培训基地等，围绕大数据产业，通过PPP模式，开展一系列以人为中心的道路交通、生态环境、信息网络、产业技术、科技创新等新型基础设施的片区开发投资、建设和营运。根据《贵安新区总体规划（2013—2030年）》，贵安新区发展规模为：到2020年，贵安新区城镇人口达到90万人左右，城镇建设用地控制在94.5平方公里左右；到2030年，城镇人口达到200万人左右。

四 新基建中的"ROD+PPP"模式

如前所述，片区开发大都采取政府主导、市场化运作的模式，根据片区规划切割为不同性质的片区或项目，通过PPP模式进行开发和营运，ROD模式也不例外。

（一）新基建及其主要内容

国家发改委创新和高技术发展司发布的新基建的概念为："新型基础设施是以新发展理念为引领，以技术创新为驱动，以信息网络为基础，面向高质量发展需要，提供数字转型、智能升级、融合创新等服务的基础设施体系。"

笔者认为，新时代的新基建，除新型基础设施建设之外，还应该包括新时代利用互联网、5G、大数据等新技术成果进行的新型国家基本建设。

因此，新基建应该包括新型基础设施建设和新型国家基本建设，比如新型城镇化建设、新农村建设等。本报告所指的新基建，是包含新型基础设施建设和新型国家基本建设两个方面的广义的新基建。

如图4所示，新型基础设施建设主要包括信息基础设施建设、融合基础建设和创新基础设施建设三个方面的内容。

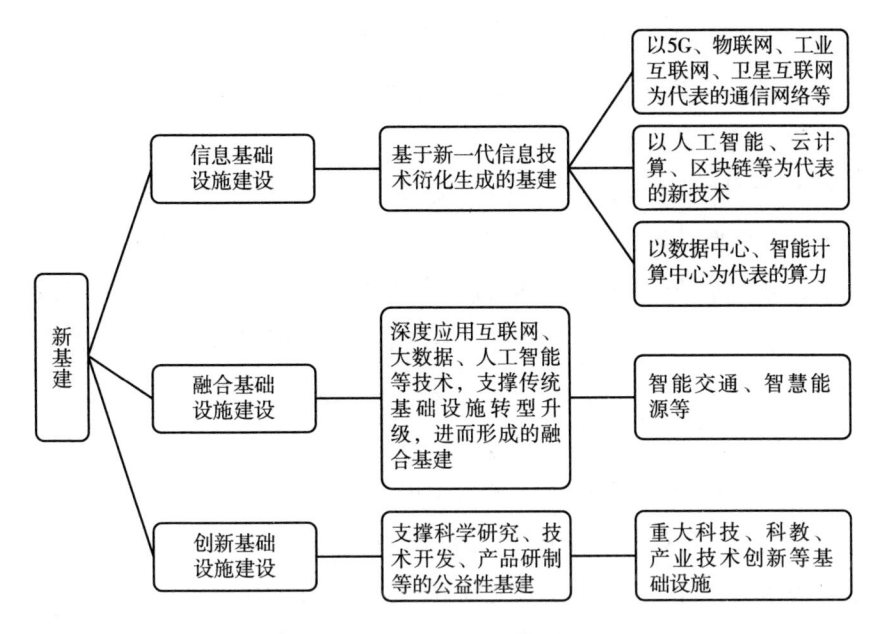

```
                    ┌─────────────────┐    ┌─ 以5G、物联网、工业
                    │                 │    │  互联网、卫星互联网
                    │                 ├────┤  为代表的通信网络等
          ┌─信息基础─┤基于新一代信息技 │    │
          │ 设施建设 │术衍化生成的基建 ├────┤─ 以人工智能、云计
          │         │                 │    │  算、区块链等为代表
          │         │                 │    │  的新技术
          │         │                 └────┤
新基建 ────┤                              ─── 以数据中心、智能计
          │                                   算中心为代表的算力
          │         ┌─────────────────┐
          │         │深度应用互联网、 │
          ├─融合基础─│大数据、人工智能 │── 智能交通、智慧能
          │ 设施建设 │等技术，支撑传统 │   源等
          │         │基础设施转型升   │
          │         │级，进而形成的融 │
          │         │合基建           │
          │         └─────────────────┘
          │         ┌─────────────────┐
          │         │支撑科学研究、技 │── 重大科技、科教、
          └─创新基础─│术开发、产品研制 │   产业技术创新等基
            设施建设│等的公益性基建   │   础设施
                    └─────────────────┘
```

图 4　新基建的内涵及其技术架构

资料来源：根据国家发展改革委 2020 年 4 月 20 日例行新闻发布会制图。

（二）新基建中的"ROD+PPP"

无论是新型基础设施建设还是新型国家基本建设，在实施过程中，都可能采用以资源综合利用为导向的片区开发模式。

1. 增量新型基础设施建设中的"ROD+PPP"

所谓增量新型基础设施建设，是指尚未投资建设及已经开工建设但未竣工的新型基础设施项目。

（1）深入前期研究，做好顶层设计

新型基础设施建设是经济社会发展的重要支撑，前期投资决策和顶层设计是将国家财政、金融、产业等宏观经济政策与新型基础设施建设项目对接的关键。

（2）梳理资源禀赋，设计资源综合利用导向

对于新型基础设施建设 ROD，首先要摸清资源现状，结合国家宏观经

济政策、产业规划以及当地经济社会发展规划、片区规划等，对片区资源进行梳理，经过科学研究，找出优势资源，做出资源综合利用比选方案，经过专家评审，确定以资源综合利用为片区开发导向。

（3）依据片区资源禀赋，设计产业导入

产业是以新基建为基础，以资源综合利用为导向的片区开发的核心，没有产业，新型基础设施建设 ROD 就不可能有可持续发展的现金流，投资收益就不可能达到自求平衡。因此，应在上位规划和国土空间规划的前提下，将资源与互联网、5G、人工智能、特高压、城际高铁、大数据、智慧交通等进行产业设计与产业导入。

（4）根据产业设计，做好投资收益平衡方案

根据新型基础设施建设 ROD 的资源和产业融合情况，从投资、财务生存能力等角度，科学合理地遴选有收益与没有收益的建设内容，将建设内容按照资金筹措方案和国家项目建设程序生成具体项目，根据具体的项目测算投资收益，寻求相应的投资收益平衡方案。

（5）根据投资收益平衡方案，设计好"ROD+PPP"的营运方案

营运方案是决定项目能否通过营运收回投资的关键，也是项目成败的关键所在。在项目建设投资领域，存在重投资轻营运的现象，导致了一些投资失败。在投资领域有人把项目建设与项目营运的关系，总结为"投资用钱犹如水推沙，营运收钱犹如针挑土"，因此，在现行项目投资的前期决策中，提出了项目营运方案前置研究要求。新型基础设施建设 ROD 中，除极少部分公益性项目由政府直接投资外，绝大部分项目需要社会资本参与。实际上从广义上来讲，只要是在政府主导下，政府和社会资本合作开发和营运的项目都是 PPP 项目。因此，以资源综合利用为导向的新型基础设施建设片区开发，其投资、建设、营运的模式，绝大部分是"ROD+PPP"模式，但这种模式除需要财政缺口性补助和发改委专项 PPP 补助资金的项目外，不一定进入财政部或国家发改委的 PPP 项目库。

（6）根据"ROD+PPP"的营运方案，设计好 PPP 运维模式

对于增量新型基础设施建设"ROD+PPP"，其主要 PPP 运维模式为

"建设—营运—移交"（BOT）、"建设—拥有—运营"（BOO）、"建设—拥有—运营—移交"（BOOT）。其主要交易结构和运作模式见图5。

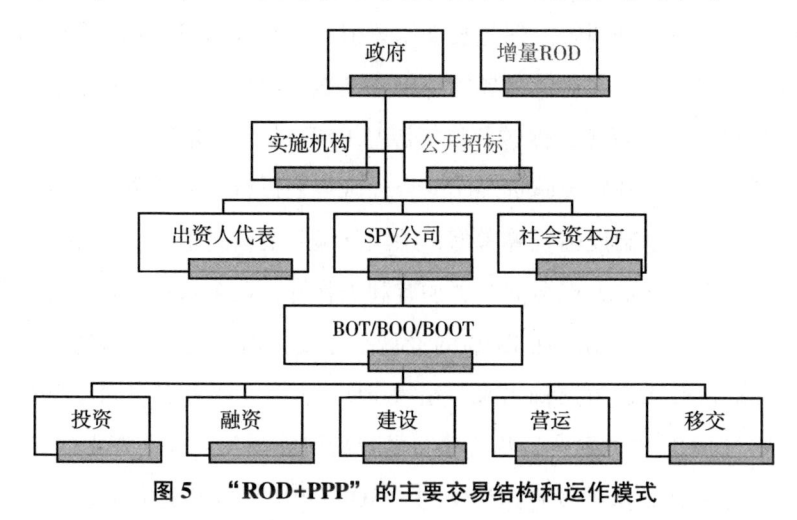

图5 "ROD+PPP"的主要交易结构和运作模式

资料来源：笔者自制。

2. 存量新型基础设施建设中的"ROD+PPP"

存量新型基础设施建设，主要是指已经建成形成固定资产，或者在建工程已经形成明确的工程量，但由于某种原因无法继续按照原计划推进，需要进行改扩建或者增加、改变运维方式的新型基础设施建设。

2022年5月25日，《国务院办公厅关于进一步盘活存量资产扩大有效投资的意见》（国办发〔2022〕19号）指出："经过多年投资建设，我国在基础设施等领域形成了一大批存量资产"，为有效盘活存量资产，形成存量资产和新增投资的良性循环，对于提升基础设施运营管理水平、拓宽社会投资渠道、合理扩大有效投资以及降低政府债务风险、降低企业负债水平，要求对"重点领域"、"重点区域"和"重点企业"的存量基础设施，通过PPP、REITs、不动产交易等方式进行盘活。

（1）梳理存量基础设施资源，规划好资源利用导向

存量基础设施资产大致可分为以下几类。一是存量规模较大、当前收益较好或增长潜力较大的基础设施资源资产，包括交通、水利、清洁能源、保

障性租赁住房、水电气热、生态环保、产业园区、仓储物流、旅游、新型基础设施等。二是存量和改扩建有机结合的项目资产，包括综合交通枢纽改造、工业企业退城进园等。三是长期闲置但具有较大开发利用价值的项目资产，包括老旧厂房、文化体育场馆、闲置土地、酒店、餐饮、疗养院等。

（2）优化配置资源，促进存量资源与ROD的有机融合

根据片区存量基础设施资源，结合片区规划进行统筹策划，将新增新型基础设施与存量基础设施统筹考虑，纳入片区开发营运的大盘，增加片区开发运维的总收益，扩大现金流，更加有利于弥补片区公益性非经营性项目现金流的缺陷。因此，无论在ROD的设计、建设、运维的哪个阶段，都可以将有限的存量资产资源挖掘出来，植入ROD之中，促进存量新型基础设施资源资产与ROD更加融合，提高项目的投融资能力和对社会资本的吸引力。

（3）存量新型基础设施建设中的"ROD+PPP"的营运方案设计

存量新型基础设施资源资产的营运，应根据片区项目实际情况，进行深入细致的分析，制定不同的运维方案。其运维的社会资本方，可以由片区开发的主要投资人来担任，也可以由其他投资方或者新增社会投资人来担任，存量新型基础设施PPP的运维模式主要是"改扩建—营运—移交"（ROT）和"移交—营运—移交"（TOT），其主要交易结构和运作模式如图6所示。

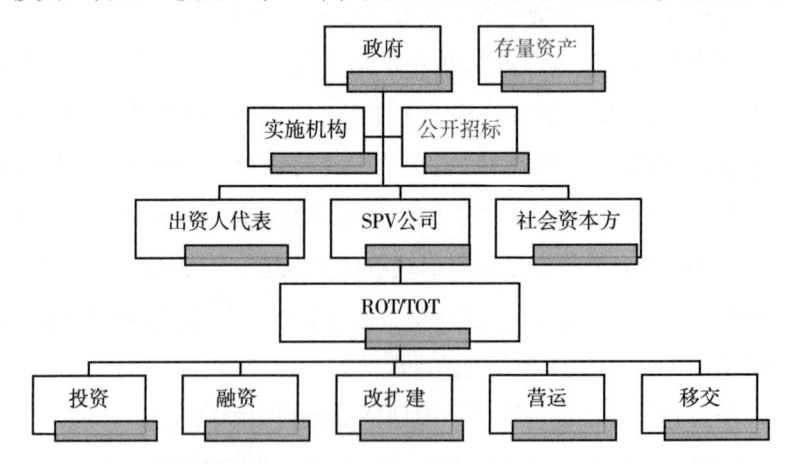

图6 存量新型基础设施"ROD+PPP"的交易结构和运作模式

资料来源：笔者自制。

五 "ROD+PPP"投融资模式

以资源综合利用为导向的片区开发"ROD+PPP",需要较大乃至于巨大的资金投入。因此,在 PPP 模式下的片区开发项目实践中,许多社会投资方在通过公开招投标程序中标,与政府出资人代表按照一定股份比例出资成立 SPV 公司后,再由 SPV 公司以 PPP 项目为载体融资以解决项目投资的资金来源问题。"ROD+PPP"项目的投融资,需要多渠道、多元化、多手段的筹集和整合。

(一)构筑巨大的"资金池"

"ROD+PPP"项目融资,需要"财政资金+投资人项目资本金"作引领,撬动金融机构资金,激发其他社会闲散资金的活力,构筑一个巨大的"资金池"(见图7)。

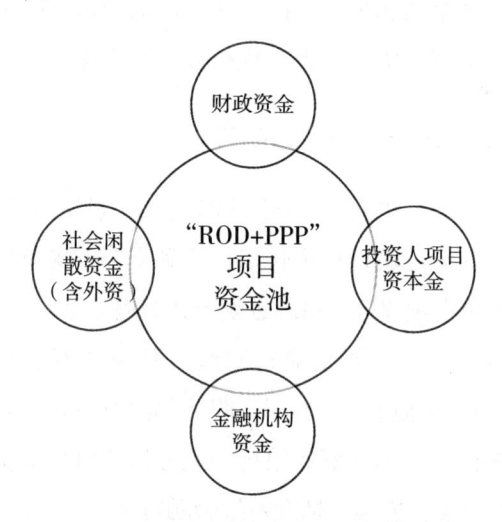

图 7　"ROD+PPP"项目融资结构

资料来源:笔者自制。

投资人项目资本金是指社会投资人根据国家固定资产投资项目资本金比例,按照 PPP 合同约定出资必须到位的资金。

（二）多渠道申请财政资金

多渠道申请财政资金指"ROD+PPP"项目或者其中对应国家资金扶持的具体子项目，通过申请地方政府专项债、项目专项补贴、项目贴息、项目缺口性补助等多渠道获得财政资金。

1. 适时掌握国家经济发展方针政策，把握政策取向

精准对标不同时期国家重大战略、重点领域和重大项目，掌握财政、发改、自然资源、环保、住建、乡村振兴、科技等相关部门的对口资金渠道，有的放矢申请财政资金。

2. 提前做好项目前期谋划与储备

精准把握财政资金直达政策，通过专业咨询公司，提前开展项目前期谋划，提前做好专项债发行、项目资金申请等项目储备工作。

3. 做好对口渠道的资金申报衔接

加强与对口资金渠道相关部门的衔接、沟通交流，捕捉传递信息，抢抓政策机遇，做好多渠道的资金申报、跟踪和获取工作。

（三）精准申请金融机构中长期资金

"ROD+PPP"项目，具有开发建设周期长、投资额大、投资利润率不高的特点，因此，获取金融机构中长期、低利率资金支持是主渠道。

1. 精准把握货币金融政策，熟悉金融资金渠道

国家宏观经济政策，主要是通过财政、货币"双支柱"政策体现的。除财政、税务直达机制通过政府各相关职能部门对口直达外，货币政策主要是通过政策性金融机构、国有商业银行和地方商业银行来实现的。

2. 做深做细项目融资方案，精准对接金融资金

当前国家宏观经济政策很多，地方各种项目很多，部分地方出现"上不缺政策，下不缺项目"，但政策与项目融资对接的"最后一公里"依然不畅的现象。

2022年3月28日，《国家发改委办公厅关于进一步做好社会资本投融资合

作对接有关工作的通知》（发改办投资〔2022〕233号）要求："要充分发挥专业咨询机构力量，做深做细投融资方案，提升对接效率。"

3. 把控项目融资贷款各要素节点，让"ROD+PPP"项目融资"三要素"（即项目、承贷主体、担保抵押条件）形成闭环

一是谋划好项目。金融机构中长期贷款，是指项目固定资产贷款，是以项目为载体的贷款，对项目具有严格的准入条件和标准要求，主要有产业、规划、用地、建设程序、环保、文物保护、矿产压覆、资本金制度、投资收益、绿色低碳等方面的准入条件（见图8）。

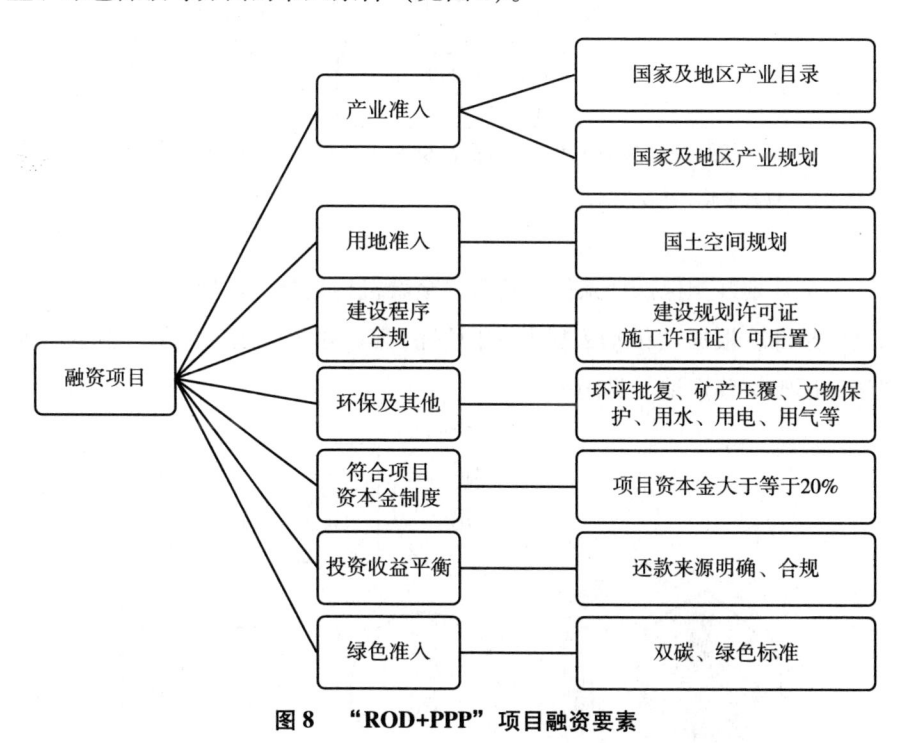

图8 "ROD+PPP"项目融资要素

资料来源：笔者自制。

二是培育好承贷主体。要获得金融机构的贷款，无论是政策性银行还是商业性银行，对借款人即承贷主体都有严格的准入条件和标准要求，主要有承贷主体法人主体资格、财务状况、治理结构、经济实力、资质能力、营运团队等（见图9）。

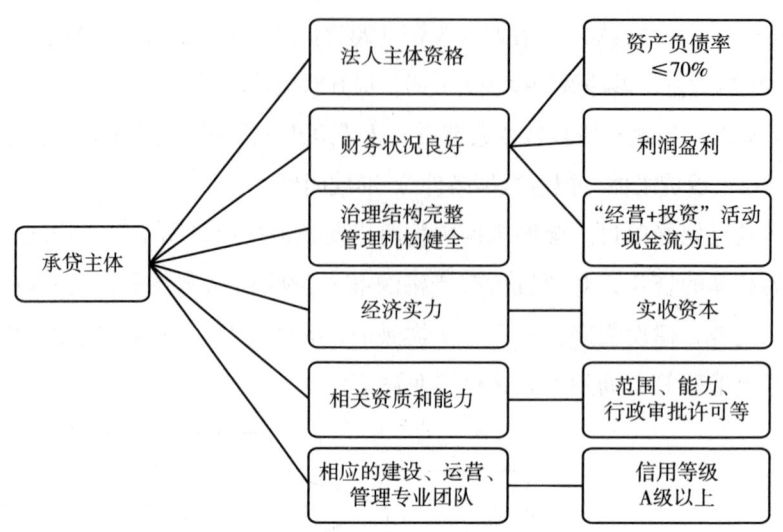

图 9　"ROD+PPP"模式承贷主体的准入条件和标准

资料来源：笔者自制。

三是筹划好担保抵押条件。要获得金融机构贷款，抵押担保是不可或缺的重要条件。根据《中华人民共和国民法典》相关规定，主要有抵押、质押和保证担保等措施（见图10）。

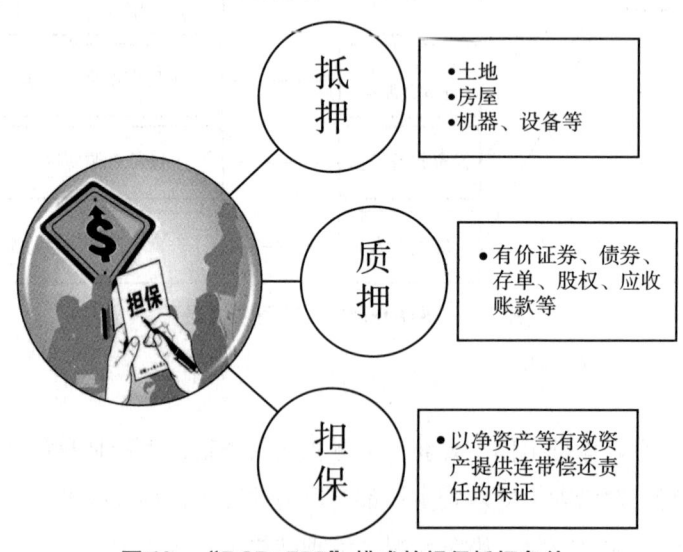

图 10　"ROD+PPP"模式的担保抵押条件

资料来源：笔者自制。

六 "ROD+PPP"模式的拓展与融合应用——以贵州省开阳县"ROD+PPP"模式为例

新基建中"ROD+PPP"模式在片区开发应用的实践中，不乏以互联网、5G、大数据、人工智能、特高压、清洁能源、城际高铁等资源为导向的片区开发项目。

例如贵州省开阳县依托资源优势，以"ROD+PPP"模式为引领，推进资源、产业、金融的融合发展，在西部大开发中创新路径，就是典型案例之一。

贵州省开阳县属贵阳市，地处黔中腹地，有45.75万人口，是距贵阳市60多公里的西南山区小县，但有丰富的资源优势。一是首屈一指的富磷矿产资源，其是全国著名的三大磷矿产区之一，与昆阳、襄阳并称磷矿资源的"三阳开泰"，其磷矿远景储量达30亿吨，已经探明可采储量达19亿吨，被称为"中国绿色磷都"。二是煤、铝土等多种矿产资源。三是硅石、铅锌矿等其他矿产资源。四是富硒资源，境内99.91%的土壤富含硒，土壤硒含量范围为175~7380μg/kg，平均为588μg/kg，是全国平均值的2倍，是中国最大富硒区域之一，获得"中国十大富硒之乡"称号。

（一）以资源综合利用为导向

根据资源优势，制定了以资源综合利用为导向的片区开发模式，以磷矿资源和富硒资源为导向，以绿色低碳为底线，以现代科技为支撑，制定了"一核心五组团"的片区发展规划。

（二）植入依托资源综合利用的产业链

片区规划总面积约44.53平方公里，一期规划面积29.5平方公里，以发展"磷系新材料、新能源材料"产业为主链，氯碱化工、新型建材为辅链，延链发展氟材料、钛材料、铝基新材料，构建"磷—硫—钛—铁—

氟—钙"全资源耦合的循环产业链，全力打造千亿级现代化工园区，打造"中国储能之都"。

以富硒资源为依托，规划了以农业种植、加工、运输、冷链物流等为业态的农业产业园区——"开阳—台湾产业园"，以5G、大数据、云计算、人工智能、工业互联网等新科技与实体的融合应用，建设乡村振兴数据云平台及配套产业功能区。

（三）综合利用土地、生态等自然资源推进产城融合发展

开阳县森林覆盖率达57.25%，海拔在506~1702米，拥有青山绿水、泉涌瀑布、奇峰异石、溶洞天坑、峭崖深潭等天然景观，堪称"十里画廊"。

片区根据"产业随着科技走，科技随着人才走，人才随着环境走"，规划了以人为中心，以县城为核心的生态人居产业新城，实现了生产、生活、生态"三生"融合，产城融合，资源、产业、金融的融合发展。

（四）设计好"ROD+PPP"运作模式

在片区开发运营模式上，采取以开阳县政府为主导、市场化运作，政府授权、PPP特许经营等多种模式，与社会资本进行合作，成立了以磷矿资源、富硒农业资源开发运营为主链的一系列SPV项目公司。已经合作的社会资本达30多家，如贵州开磷集团、安达科技等。

通过"ROD+PPP"的拓展与融合应用，开阳县2020年实现规模以上工业增加值约98.9亿元，主要产品有215万吨磷铵、80万吨合成氨、12万吨黄磷、4万吨无水氟化氢、20万吨饲料级磷酸氢钙、12万吨三聚磷酸钠、10万吨甲酸钠、2万吨甲酸、1200万吨/年高品位磷矿石、3万吨/年高纯纳米电池级磷酸铁、3万吨/年电池级磷酸铁锂等。2021年新增6万吨磷酸铁锂、15万吨钛白粉等产品产能。预计2022年底将形成40万吨净化磷酸、25万吨磷酸铁锂、50万吨磷酸铁、30万吨钛白粉、100万吨硫酸亚铁的生产规模。

开阳县列入中国西部百强县（市）、投资潜力全国百强县（市），入选"2020全国县域旅游综合实力百强县"。

综上所述，笔者认为，新基建中"ROD+PPP"模式，是当前面临国际国内错综复杂的地缘政治形势、经济下行、疫情防控等压力，提振经济、促进区域经济高质量发展的优选模式之一。

参考文献

[1] Peter Calthorpe, *The Next American Metropolis: Ecology, Community, and the American Dream* (Princeton: Princeton Architectural Press, 1995).

[2] 北京明树数据科技有限公司对外公布的"明树数据"统计资料。

[3] 《国家发展改革委办公厅关于进一步做好社会资本投融资合作对接有关工作的通知》（发改办投资〔2022〕233号）。

B.11 生态环境领域"EOD+PPP"模式融合应用研究

梁舰 何朋朋 贵嵩林 李乐 孙佳欣*

摘 要： 当前生态环境领域项目是地方政府推动经济高质量发展的重中之重，而采用什么模式破解资金困局是地方政府面临的重要课题。本报告首先梳理了生态环境领域PPP模式政策、EOD模式政策及其试点项目情况，分析了生态环境领域PPP项目实施的融资难、付费难、全要素统筹难以及EOD模式落地中一体化开发难、产业收益反哺难、增量财政收入反哺难等困境，探讨了生态环境领域"EOD+PPP"模式融合在融资、产业联动、平台公司做强等方面的政策展望，提出了EOD业态为PPP项目融资现金流"加持"、以PPP模式整体落地EOD项目包增量财政收益合规反哺、以PPP模式付费补贴EOD项目中的子项目等融合策略。

关键词： 生态环境 EOD+PPP 模式融合

---

* 梁舰，中建政研集团董事长，财政部PPP专家库专家，中央财经大学政信智库专家，河南省、山西省财政厅PPP专家库专家，《中华人民共和国建筑法》修订课题组成员；何朋朋，博士，中建政研政府投融资研究中心常务副主任，研究方向为投融资体制改革；贵嵩林，中建政研乡村振兴研究院常务副院长；李乐，中建政研政府投融资研究中心研究员；孙佳欣，中建政研政府投融资研究中心副研究员。

一 生态环境领域 PPP 模式政策环境、项目库及困局

（一）生态环境领域 PPP 模式的政策环境

自 PPP 模式推行以来，生态环境一直是 PPP 模式应用非常重要的领域。国家各部委也相继发布了一系列 PPP 模式政策支持文件。2016 年 10 月，财政部发布《关于在公共服务领域深入推进政府和社会资本合作工作的通知》（财金〔2016〕90 号），提出"在垃圾处理、污水处理等公共服务领域，项目一般有现金流，市场化程度较高，PPP 模式运用较为广泛，操作相对成熟，各地新建项目要'强制'应用 PPP 模式，中央财政将逐步减少并取消专项建设资金补助"。2017 年 7 月，《财政部 住房城乡建设部 农业部 环境保护部关于政府参与的污水、垃圾处理项目全面实施 PPP 模式的通知》，明确提出"政府参与的新建污水、垃圾处理项目全面实施 PPP 模式。有序推进存量项目转型为 PPP 模式。尽快在该领域内形成以社会资本为主，统一、规范、高效的 PPP 市场，推动相关环境公共产品和服务供给结构明显优化"的总体目标。2018 年 6 月，《中共中央 国务院关于全面加强生态环境保护坚决打好污染防治攻坚战的意见》进一步提出"推进社会化生态环境治理和保护。采用直接投资、投资补助、运营补贴等方式，规范支持政府和社会资本合作项目"。2018 年 8 月，生态环境部发布《关于生态环境领域进一步深化"放管服"改革，推动经济高质量发展的指导意见》，提出"规范生态环境领域政府和社会资本合作（PPP）模式，加快出台《关于打好污染防治攻坚战 推进生态环境领域政府和社会资本合作的实施意见》，采取多种方式支持对实现污染防治攻坚战目标支撑作用强、生态环境效益显著的 PPP 项目"。

（二）生态环境领域PPP项目管理库情况

1.总体进展情况

截至2022年6月14日，财政部政府和社会资本合作中心全国PPP综合信息平台显示：列入储备清单的生态建设和环境保护类PPP项目有263个，列入项目管理库的生态建设和环境保护类PPP项目总数为949个（2022年入库数量为8个），占全国PPP综合信息平台管理库项目总量10255个的9.25%；生态建设和环境保护类项目的总投资额为10661亿元，占全国PPP综合信息平台管理库项目总投资额163727亿元的6.51%；被列为国家级示范项目的生态建设和环境保护类项目有77个，占全国PPP综合信息平台管理库示范项目总数量882个的8.73%。管理库中有18个生态建设和环境保护类PPP项目处于准备阶段，占该类项目管理库总数的比例为1.90%；187个项目处于采购阶段，占该类项目管理库总数的比例为19.70%；744个项目处于执行阶段，占该类项目管理库总数的比例为78.40%。因此，总体来看，落地率与PPP项目整体落地率78.7%基本持平。

2.项目类型分类

我国生态环境领域PPP项目的类型主要有三类：生态建设和环境保护、综合治理、其他。根据入库情况，生态建设和环境保护、综合治理的项目数量多一些，其他项目数量较少。但在实际类别划分上，这三类的区别并不明显，并且存在类别划分交叉、区分界限不清晰的情况。所以，全国PPP综合信息平台后续在类别划分管理方面，可按照大气污染防治、水生态环境保护、重点海域综合治理、土壤污染防治、农业农村污染防治等进一步分类。

3.项目地域分布

我国生态环境领域PPP项目分布在全国30个省区市，其中河南省数量最多，为123个。落地项目数量在50个以上的省份分别为广东（101个）、湖北（76个）、安徽（67个）、贵州（56个）、山东（55个）、云南（51个）。从上述分布可以看出，生态环境领域PPP项目分部较广，南北方的数量相对平衡。生态环境治理问题各省区市均有，入库项目的数量与当地采取

PPP 模式的总体数量即对 PPP 模式的应用程度有较大关系。

4. 项目投资额分布情况

截至 2022 年 6 月 14 日，在财政部政府和社会资本合作中心全国 PPP 综合信息平台管理库中生态环境领域项目总投资额为 10661 亿元，其中，投资额在 1 亿元以下的项目有 81 个，达到生态建设和环境保护类项目总数的 8.52%；投资额在 1 亿~3 亿元的项目有 196 个，占项目总数的比例为 20.61%；投资额在 3 亿~10 亿元的项目有 357 个，占比为 37.54%；投资额在 10 亿元以上的项目有 317 个，占比为 33.33%。总体而言，生态环境领域 PPP 项目的单个投资体量较大，投资额在 3 亿元以上的项目数量占到项目总数的 70.87%。

5. 生态环境领域 PPP 示范项目执行情况

总体来说，被列为示范项目的生态环境领域 PPP 项目落地率非常高。

在全国 PPP 综合信息平台管理库中，被列为国家级示范项目的生态环境领域 PPP 项目有 78 个，且全部处于执行阶段，落地率为 100%。

被列为省级示范项目的生态环境领域 PPP 项目有 43 个，其中有 42 个项目处于执行阶段，1 个项目处于采购阶段，落地率为 97.67%。

当前我国在生态环境领域 PPP 具体实践方面仍然面临发展不平衡、实施难度大、机制不健全等挑战。[①]

（三）生态环境领域 PPP 项目现实困境

1. 生态环境领域 PPP 项目的二元分类

从公共产品实现核心公共服务的效果来看，生态环境领域 PPP 项目可简单划分为建设型 PPP 项目和运营型 PPP 项目。建设型 PPP 项目建成后就基本可以持续提供核心公共服务，如管网、绿化提升、河道清淤等。社会资本主要以施工单位为主，以获取施工利润为目的，回报机制以政府付费为主。这类 PPP 项目在 PPP 审计背景下极易被认定为政府隐性债务。运营型

---

① 张彦著、刘雨青：《我国生态环境领域 PPP 相关实践探析》，《河北环境工程学院学报》2022 年第 1 期。

PPP项目建成后，持续运营达标才可以发挥其核心公共服务供给效能，如污水厂、垃圾焚烧发电等。社会资本以专业运营单位为主，以获取运营收益为目的，回报机制以可行性缺口补贴为主。这类PPP项目是国家一直鼓励大力实施的一类项目，突出"让专业人做专业事"，提高公共服务效能。

2. 生态环境领域PPP项目现实困难

总结起来，生态环境领域PPP项目主要存在融资难、付费难、统筹难"三难"困境。

（1）融资难

首先，地方财政收入有限，未来政府付费风险较大，金融机构放款意愿低。其次，主要的社会资本国有企业受债务率限制，参与PPP项目不能控股担保（不并表），导致项目信用减弱，难以融资。

（2）付费难

早些年实施的生态环境领域PPP项目目前多数已经进入运营期，政府方需要进行政府付费，但全国财政受经济下滑影响，难以保证付费类项目的顺利付费。地方财政既要保运转又要拉动经济，自身收入不足，上级转移支付又定向使用，导致地方财政可以实际支付PPP项目付费的资金短缺。

（3）统筹难

生态环境领域PPP项目有明显的正外部效益，可以带动项目区域周边及上下游关联业态通过商业模式创新和精细化运营实现外部效益的企业内部化回收。目前社会资本希望做大当期工程体量但不愿实质性参与项目的运营管理，PPP项目的正外部效益衍生的经营性业态综合谋划不足，导致PPP项目造血能力不足，未能切实减轻政府财政负担。

二 EOD模式政策环境、试点情况及落地难点

（一）EOD模式政策环境

生态环境导向的开发（Eco-Environment-Oriented Development，EOD）

模式，是以生态保护和环境治理为基础，以特色产业运营为支撑，以区域综合开发为载体，采取产业链延伸、联合经营、组合开发等方式，推动公益性较强、收益性差的生态环境治理项目与收益较好的关联产业有效融合，统筹推进，一体化实施，将生态环境治理带来的经济价值内部化，是一种创新性的项目组织实施方式。EOD模式在进行生态环境治理的同时，倡导关联产业的发展，达到"以肥养瘦""以丰补欠"的目标。经历了2020~2021年的国家试点推广后，该模式在2022年3月初调整为"入库"模式。

政策层面：2018年8月，生态环境部发布《关于生态环境领域进一步深化"放管服"改革，推动经济高质量发展的指导意见》，提出"探索开展生态环境导向的城市开发（EOD）模式，推进生态环境治理与生态旅游、城镇开发等产业融合发展，在不同领域打造标杆示范项目"。2020年9月，《生态环境部办公厅、国家发改委办公厅、国家开发银行办公厅关于推荐生态环境导向的开发模式试点项目的通知》（环办科财函〔2020〕489号）提出"探索将生态环境治理项目与资源、产业开发项目有效融合，解决生态环境治理缺乏资金来源渠道、总体投入不足、环境效益难以转化为经济收益等瓶颈问题，推动实现生态环境资源化、产业经济绿色化，提升环保产业可持续发展能力，促进生态环境高水平保护和区域经济高质量发展"。2021年4月，我国公布了全国第一批试点项目（共36个项目）。2021年10月，生态环境部办公厅、国家发改委办公厅、国家开发银行办公室联合发布《关于推荐第二批生态环境导向的开发模式试点项目的通知》（环办科财函〔2021〕468号），开启了第二批EOD试点项目的申报。2022年4月，我国公布了全国第二批EOD试点项目（共58个项目）。2022年3月，生态环境部办公厅发布了《关于印发〈生态环保金融支持项目储备库入库指南（试行）〉的通知》（环办科财〔2022〕6号），以"引导金融资金投向、实现供需有效结合的重要措施，对改善生态环境质量、解决突出生态环境问题、推动减污降碳协同增效、促进经济社会发展全面绿色转型发挥重要作用"。

（二）EOD 试点项目概况

1. 第一批试点项目概况

2021年4月，生态环境部办公厅、国家发改委办公厅和国家开发银行办公室联合发布了《关于同意开展生态环境导向的开发（EOD）模式试点的通知》（环办科财函〔2021〕201号），公布了国家第一批试点项目，共计36个。从地区分布来看，内蒙古、浙江、安徽、四川、湖北、湖南等6个省区均有3个项目纳入试点范畴；江苏、山东、河南、重庆等4个省市有2个项目纳入试点范畴；其余的天津、河北、辽宁、吉林、上海、福建、江西、广西、陕西、新疆生产建设兵团等均有1个项目纳入试点范畴。

从项目领域范畴来看，涉及流域或河湖治理的项目最多，高达12个，占第一批试点总数的1/3，其余的领域包括矿山修复、沙漠治理、农业农村污染治理、固废垃圾处理等。

第一批的项目落地率不高，主要原因首先在于第一批启动的试点，没有具体落地的经验，EOD模式还处于初步探索阶段；其次在于项目的收益可能涉及财政资金还款、土地出让收入等政府隐性债务问题，或未来的项目收入虚高、不合理等，在对接融资时不符合国家开发银行等金融机构的贷款政策；最后在于有些项目还会涉及项目主体问题，EOD试点项目要求单一主体，如果EOD项目包内存在多方主体，会产生项目收入归属、资产权属划分等问题。

2. 第二批试点项目概况

2022年4月，生态环境部办公厅、国家发改委办公厅和国家开发银行办公室联合发布了《关于同意开展第二批生态环境导向的开发（EOD）模式试点的通知》（环办科财函〔2022〕172号），公布了国家第二批试点项目，共计58个，较第一批的数量有较大提升。其中，河北、吉林、安徽、福建、山东、河南、湖南、陕西、甘肃、新疆、新疆生产建设兵团、湖北等均有3个项目纳入试点范畴；内蒙古、浙江、广西、重庆、四川、贵州、云南、江苏等8个省区市均有2个项目纳入试点范畴；其余的山西、辽宁、江西、广东、青海、宁夏等均有1个项目纳入试点范畴。从项目领域范畴来看，涉及流域或河湖治理的项目依然最多，高达25个，占到第二批试点总数的43.10%。第二批试点项目的数量和质量与第一批相比均有明显的提升。各地市、区县申报到省里面的项目数量很多，省内申报工作竞争激烈，几乎没有申报不足3个项目的省区市。第二批试点项目的融资情况均比第一批有所改善。如安徽省蚌埠市禹会区天河湖生态环境治理与乡村振兴融合发展项目在成为试点项目之前，已经取得了9亿元的国家开发银行融资授信。在落地可能性方面，第二批试点项目中几乎每一个项目都有很多央企、大型国企等社会投资人跟进，竞争较为激烈。

（三）EOD项目落地的现实难点

通过对国家两批试点项目的持续跟踪发现，EOD项目在落地过程中，由于项目种种自身原因银行资金难以匹配到位，包括项目自身现金流不足或者不能作为还款来源、项目主体担保增信能力不足、项目融资手续不具备等。主要受制于两个方面。

1. 系统一体化开发难

EOD模式是以生态环境加关联产业为导向的综合开发，比较多的项目是集生态环境治理、商贸、旅游、居住、演艺、美食、休闲等功能于一体的大型综合开发单元，势必要求实施主体具备较强的实施能力和资源整合能力。从时间来看，地方平台公司一般不具备上述能力，同时引入的社会资本方主要是施工单位，倾向于施工任务，导致项目系统一体化开发困难。

2. 增量财政收益反哺政策难

EOD模式具备正外部效益，多数项目的短期价值是实现土地价值提升，带动区域活力，长期价值是可以实现产城人协同发展。但受预期财政收入（非PPP）和政府性基金预算禁止用于PPP项目运营补贴的限制，EOD模式完全依靠市场化收益实现自平衡比较困难，难以获得市场实施主体的响应。

三 生态环境领域"EOD+PPP"模式融合路径分析

（一）EOD业态"加持"PPP项目融资现金流

EOD模式的底层逻辑就是自平衡，通过"肥瘦搭配"充分撬动市场化收益。因此，在一个综合开发PPP项目包下，若子业态包括生态环境治理，就可以采用EOD理念实现，从而提升生态环境治理PPP子项目自身造血功能，切实减轻政府财政负担，摆脱财政依赖。同时，因为EOD模式下的收益反哺逻辑是被银行认可的，也可以通过EOD模式策划综合开发PPP项目包项下的生态环境治理PPP子项目，"加持"PPP项目整体融资的第一还款来源现金流。

（二）以PPP模式整体落地EOD项目包

生态环境治理类项目以EOD理念策划，以PPP模式整体落地，本质上打通了财政资金可行性缺口的合规路径。结合EOD模式自平衡的底层逻辑分析，此处打通的是增量财政收入合规反哺的路径。若有些项目确实不能实现自平衡，此处相当于打通了项目之外一般公共预算补贴的路径。受《关于推进政府和社会资本合作规范发展的实施意见》（财金〔2019〕10号）的影响，以PPP模式实施EOD项目包，打通增量财政收入合规反哺有以下几个核心问题。

1. 三类资金

第一，项目产生新增财政收入，主要包括新增税收和土地出让金。项目自身新增财政收入可以构建"资金池"，独立封闭运作。

第二，运营期（包括边建设边运营期间）补贴资金政策允许来源包括：新增税收等新增一般公共预算收入、通过预算调节将新增土地出让金调整为一般公共预算的资金、与新增基金预算收入金额相当的一般预算收入（非项目内）资金。

第三，按照现行规定，年度一般公共预算支出的10%作为地方全部

PPP项目的支出上限，为顺利实施"EOD+PPP"项目，需要地方政府在一般公共预算支出的10%中留出一定比例作为控制限额量，如2%~3%。

2. 资金渠道

第一，设定上限。在一般公共预算支出余量（控制限额量与实际财政占比之差）和新增财政收入中选取最小值作为支付红线。

第二，充分用"活"新增财政收入，包括基金收入调整为一般公共预算的资金、基金收入"等额替换"非片区内一般公共预算收入的资金、新增基金收入以政府投资模式投入（或建设期补贴）的资金等。

（三）以PPP模式付费补贴EOD项目中的子项目

若生态环境治理类项目以EOD理念包装，整体项目自身不能实现自平衡，就需要以PPP模式落地实施子项目，通过项目外政府补贴实现项目整体实施。PPP模式子项目收益组合实施模式包括纯政府付费、"政府付费+区域垄断收入"、"政府付费+市场化竞争性收入"等。一般PPP模式子项目的可融资性较强，EOD项目包可实现切块融资，其他非PPP模式子项目可以自平衡市场化融资实施。

四 生态环境领域"EOD+PPP"模式融合展望及思考

生态环保项目具有正外部效益，如何通过"EOD+PPP"实现效益回收撬动项目实施，是当前政策需要明确破局的"卡点"；生态环境领域PPP项目存在"重建设、轻运营"、自身收益来源不足、过度依赖财政支出等问题，如何通过"EOD+PPP"挖掘自我造血功能是当前政策需要明确发力的"难点"。为此特提出如下展望与思考。

第一，通过研究"PPP+EOD"的结合路径，应重点考虑和探索实现项目最大限度的无追索权融资，破解PPP模式融资难；提高市场化收益水平，有效破解政府付费难问题，构建项目自我造血体系，为融资破题助力。

第二，打通PPP模式结合EOD模式系统一体化开发的堵点，须实现区

域一二三级系统联动开发，探索解决 PPP 模式下增量财政收益反哺的合规渠道，探索具备实践指导价值和政策引导价值的"PPP+EOD"融合路径。

参考文献

［1］国研经济研究院课题组、中信国安城市课题组编著《EOD 生态引领发展模式研究——以中信国安实践为例》，中信出版社，2018。

B.12
城市更新中"TOD+PPP"模式融合应用研究

连国栋*

摘　要： 本报告介绍了2021年城市更新现状，分析了城市更新采取的模式，并分析了城市更新中PPP模式和TOD模式的应用。在此基础上，本报告对城市更新与"TOD+PPP"模式融合提出了政策建议，包括：更新与保护相结合，多措并举满足资金需求，创新城市更新模式，强化政策支持。

关键词： 城市更新　TOD　PPP模式应用

随着我国城镇化水平的提高、人口增长率的下降，为实现"3060"目标和城市可持续发展的目标，中央城市工作会议再次指出，要坚持集约发展，要求框定总量、限定容量、盘活存量、做优增量、提高质量。2021年3月，《政府工作报告》和"十四五"规划相继发布，共同提出要"实施城市更新行动"。"城市更新"首次被写入我国《政府工作报告》和五年规划，将城市更新的重要性提升至前所未有的高度。

---

* 连国栋，财政部、国家发改委PPP专家库双库专家，中央财经大学政信智库专家，研究方向为PPP项目。

一 城市更新 PPP 模式应用现状

（一）城市更新政策

1. 国家层面的政策

随着城市更新上升为国家级政策，并被写入"十四五"规划，国家发改委、住建部等部委出台多份文件，鼓励和规范城市更新项目的实施（见表1）。

表1 部分国家层面的城市更新政策

序号	发文单位	文件或活动	主要内容
1	2021年两会	两会工作报告	实施城市更新行动，完善住房市场体系和住房保障体系，提升城镇化发展质量。政府投资更多向惠及面广的民生项目倾斜，新开工改造城镇老旧小区5.3万个，提升县城公共服务水平。简化投资审批程序，推进实施企业投资项目承诺制。完善支持社会资本参与政策，进一步拆除妨碍民间投资的各种藩篱，在更多领域让社会资本进得来、能发展、有作为
2	国家发改委	《国家发展改革委关于印发〈2021年新型城镇化和城乡融合发展重点任务〉的通知》（发改规划〔2021〕493号）	实施城市更新行动。在老城区推进以老旧小区、老旧厂区、老旧街区、城中村等"三区一村"改造为主要内容的城市更新行动。加快推进老旧小区改造，2021年新开工改有条件的可同步开展建筑节能改造，在城市群都市圈和大城市等经济发展优势地区，探索老旧厂区和大型老旧街区改造。因地制宜将一批城中村改造为城市社区或其他空间
3	住房和城乡建设部	《住房和城乡建设部关于在实施城市更新行动中防止大拆大建问题的通知》（建科〔2021〕63号）	建筑面积不应大于现状总建筑面积的20%。严格控制大规模增建。除增建必要的公共服务设施外，不大规模新增老城区建设规模，不突破原有密度强度，不增加资源环境承载压力，原则上城市更新单元（片区）或项目内拆建比不应大于2。严格控制大规模搬迁。不大规模、强制性搬迁居民，不改变社会结构，不割断人、地和文化的关系。要尊重居民安置意愿，鼓励以就地、就近安置为主，改善居住条件，保持邻里关系和社会结构，城市更新

续表

序号	发文单位	文件或活动	主要内容
3	住房和城乡建设部	《住房和城乡建设部关于在实施城市更新行动中防止大拆大建问题的通知》（建科〔2021〕63号）	单元（片区）或项目居民就地、就近安置率不宜低于50%。确保住房租赁市场供需平稳。注重稳步实施城中村改造，完善公共服务和基础设施，改善公共环境，消除安全隐患，同步做好保障性租赁住房建设，统筹解决新市民、低收入困难群众等重点群体租赁住房问题，城市住房租金年度涨幅不超过5%
4	国新办	推动住房和城乡建设高质量发展发布会	稳步实施城市更新行动。实施城市体检评估机制，在59个样本城市开展城市体检。制定"城市营建要则"加强城市建设底线管控，防止在城市更新中大拆大建。督促各地从广州市大规模迁移砍伐树木等事件中深刻吸取教训，坚决杜绝破坏性"建设"行为。建立国家历史文化名城保护评估制度，加快划定历史文化街区、确定历史建筑。统筹防洪和排涝，推进城市排水防涝设施建设。地级及以上城市开展垃圾分类的小区覆盖率达到74%。一批新型城市基础设施建设项目落地见效。推进国家、省、市三级城市运行管理服务平台建设

2. 各地方城市更新政策

随着城市更新上升到国家层面的要求，各省区市都在积极响应，并强化立法与政策制度的完善，不少省市出台了相应政策（见表2）。

表2　部分省市层面的城市更新政策

序号	省市	文件名称	主要内容
1	烟台市	《烟台市人民政府办公室关于烟台市区城市更新行动的实施意见》	以"三化三治"为重点，着力改善城市形象面貌。以"改善市容环境、塑造特色风貌"为出发点，以"绿化、亮化、美化、治乱、治堵、治差"为主要内容，选准更新区域，搞好城市设计，整体改造建设，一体化解决城市环境秩序突出问题。在各类规划中，优先保障市政基础设施、公共服务设施建设用地

续表

序号	省市	文件名称	主要内容
2	珠海市	《珠海经济特区城市更新管理办法》	城市更新单元规划对国土空间详细规划的强制性内容做出调整的,相应内容应当纳入国土空间详细规划并予以公布。因用地整合的需要,城市更新单元规划中的补充用地可以在同一国土空间详细规划编制单元范围内进行用地面积异地置换,整合集中
3	重庆市	《重庆市城市更新管理办法》	城市更新主要内容包括完善生活功能,补齐公共设施短板,完善产业功能打造就业创新载体,完善生态功能保护修复绿地绿廊绿道,完善人文功能积淀文化元素魅力,完善安全功能,增强防灾、减灾能力
4	贵州省	《贵州省城市更新行动实施方案(送审稿)》	到 2022 年,县城及以上城市完善城市更新政策体系和工作机制,形成城市更新项目库,建成一批城市更新示范项目。到 2025 年,存量棚户区(城中村)改造任务消化完毕,完成城镇老旧小区背街小巷改造
5	北京市	《北京市城市更新行动计划(2021—2025 年)》	北京城市更新要紧扣新版总规和发展实际,聚焦城市建成区存量空间资源提质增效,不搞大拆大建,推动六类城市更新项目的发展,建立起良性的城市自我更新机制。六类城市更新项目分别为:首都功能核心区平房(院落)申请式退租和保护性修缮、恢复性修建,老旧小改造,危旧楼房改建和简易楼腾退改造,老旧楼宇与传统商圈改造升级,低效产业园区"腾笼换鸟"和老旧厂房更新改造,城镇棚户区改造
6	上海市	《上海市城市更新条例》	建立区域更新统筹机制,由更新统筹主体负责推动达成区域更新意愿、整合市场资源、编制区域更新方案,统筹、推进更新项目实施。根据区域情况和更新需求,政府可以赋予更新统筹主体参与规划编制、实施土地前期准备、统筹整体利益等职能。本市建立更新统筹主体遴选机制。市、区政府通过公开、公平、公正的遴选,确定与城市更新活动相适应的市场主体作为更新统筹主体

续表

序号	省市	文件名称	主要内容
7	银川市	《银川市城市更新三年行动实施方案（2021—2023年)》	着力完善城市基础设施、公共服务设施和生态环境设施，全面改善人居环境，提升宜居宜业水平。加快对历史文化遗产和自然资源的保护利用，塑造城市时代特色风貌。到2022年，基本形成银川市老旧小区改造制度框架政策体系和工作机制；到"十四五"期末，基本完成2000年底前建成的需改造老旧小区，并积极推进2005年底前建成的需改造老旧小区改造任务
8	石家庄市	《石家庄市城市更新管理办法》	提出城市更新要坚持保护优先、产业优先、生态优先，规划引领，补足短板，政府引导、市场运作，少拆多改，注重传承，试点先行有序推进原则
9	西安市	《西安市城市更新办法》	从城市更新的职责要求、城市更新规划、城市更新实施计划、城市更新项目管理等多方面做出了明确规定
10	唐山市	《唐山市城市更新实施办法（征求意见稿）》	对唐山市城市更新的实施范围、实施原则、项目来源、工作机制、资金筹措等方面做出指示
11	沈阳市	《沈阳市城市更新管理办法》	城市更新项目中的"边角地""夹心地""插花地"等零星土地，以及不具备单独建设条件的土地，优先考虑但不限于绿化、口袋公园和环卫设施（公厕、垃圾收集站及分类设施）等，经有批准权的人民政府批准，可与周边用地整合实施，重点用于完善片区公共服务设施
12	中山市	《中山市城市更新管理办法》	按城市更新单元规划实施的项目，无偿移交建设用地面积不小于项目总用地面积的15%，且不小于3000平方米；按前述比例计算用地面积小于3000平方米的，应当改为无偿移交不少于项目计容总建筑面积10%的建筑面积
13	郑州市	《郑州市城市更新管理办法》	组织实施过程中，实施方案应明确更新范围、内容、方式及建筑规模、使用功能、建设计划、土地取得方式、资金方案及运营方案等内容。涉及文物保护单位、不可移动文物及其他各类历史文化遗产类建筑、优秀近现代建筑、工业遗产保护类建筑、历史文化街区、名镇、名村的，实施方案还应该包括保护方案及其实施计划

3. 城市更新类型

对于城市更新实施的内容，各地的政策文件不尽相同，但一般来讲涵盖整治类、改建类和拆建类三种类型。如《北京市城市更新条例》中规定，北京市城市更新包括五大类（见图1）。

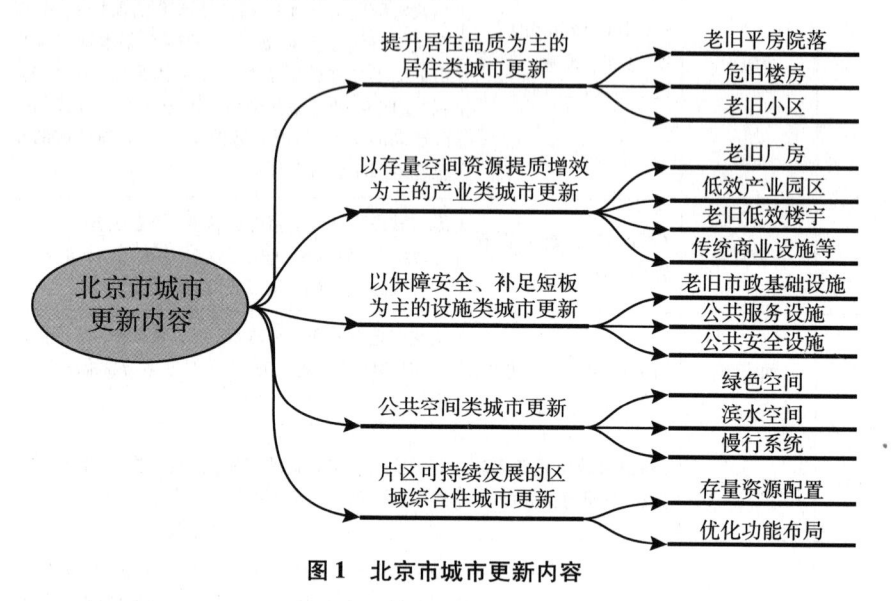

图1　北京市城市更新内容

北京市城市更新内容：
- 提升居住品质为主的居住类城市更新：老旧平房院落、危旧楼房、老旧小区
- 以存量空间资源提质增效为主的产业类城市更新：老旧厂房、低效产业园区、老旧低效楼宇、传统商业设施等
- 以保障安全、补足短板为主的设施类城市更新：老旧市政基础设施、公共服务设施、公共安全设施
- 公共空间类城市更新：绿色空间、滨水空间、慢行系统
- 片区可持续发展的区域综合性城市更新：存量资源配置、优化功能布局

资料来源：根据《北京市城市更新条例》整理。

（二）城市更新项目实施情况

截至2022年5月30日，在财政部政府和社会资本合作信息平台管理库中城市更新类PPP项目共16个，占全部管理库项目的0.16%，说明在城市更新成为国家重要政策后，PPP模式成为城市更新类项目实施的重要模式。

根据实施内容的不同，城市更新项目的运作模式也不同。一般可分为以下几类。

1. 综合类项目

公益属性强，一般要由政府主导实施，其投融资模式包括政府直接投资、政府专项债投资、政府授权国有企业等，资金来源主要为财政拨款、政府专项债等。

（1）财政拨款

以政府部门为实施主体，利用财政资金直接进行投资建设。其建设资金的主要来源是政府财政直接出资。这种模式的适用对象为资金需求不大的综合整治项目、公益性较强的民生项目、收益不明确的土地前期开发项目。

（2）城市更新专项债

以政府为实施主体，通过城市更新专项债或"财政资金+专项债"形式进行投资。城市更新专项债券主要收入来源包括商业租赁、停车位出租、物业经营等经营性收入，以及土地出让收入等。该模式的适用对象为具有一定盈利有能力，能够覆盖专项债本息、实现资金平衡的项目。

2. 拆除重建类项目

拆除重建类项目经营及收益性较明显，资金需求较大，一般根据项目经营特性采取政府与社会资本联合或纯市场化运作。对经营性较强、规划明确、收益回报机制清晰的项目，适宜采用市场化模式引入社会资本主导实施。对于公益性要求高、收益回报机制需要政府补贴、规划调整较复杂的项目，适宜采用政府与社会资本合作模式。

3. 混合改造模式

混合改造模式指的是政府为以行政手段来动员单位以及居民出资参与城市景观整治以及旧房维修的模式。此改造模式是在旧城改造过程中出现资金不足的情况下被迫采取的模式。混合改造模式在具体实施的过程中既有优势，也存在不足之处，其优势在于能够充分将居民与旧城改造联系在一起，在解决改造资金问题的基础上，能够给当地居民带来很大的便利。

二 PPP模式在城市更新中的应用案例——以甘肃省张掖市甘州区城市更新PPP项目为例

（一）项目实施内容

甘肃省张掖市甘州区城市更新PPP项目包括5类项目共24个子项目。

1. 城市剩余空间综合利用项目

城市剩余空间综合利用项目包括11个子项目。

（1）新城区道路建设及老城区背街小巷道路和人行道改造工程

①新城区道路建设工程，新建道路总长度4.97公里，配套给排水、绿化、照明、市政消火栓等设施。

②改造城区小巷，对路面、道牙石、人行道、污水管网等进行改造，并增设雨水管网，道路总长约2.85公里。

③提升改造道路人行道，道路总长约3.27公里。

④对背街小巷布设路灯共计100盏。

⑤对解放巷道路提升改造，改造内容包括道路路面、路侧绿化、人行道、雨水管网、电力设施及路侧小区围墙等，道路总长约620米。

（2）丽都大街道路改造工程和临松街道路绿化带改造工程

①丽都大街改造，全长约1.0公里。

②临松街绿化带改造，全长约1.9公里。

（3）城区道路亮化改造项目

对城区东大街、西大街、南大街、北大街、县府街、南环路、临泽南路、临泽北路进行亮化改造。

（4）博馨苑小区北侧公园建设项目

项目位于西二环路西侧，东至城市公共绿地，西至山丹路，北至天薇红垣小区，南至待建的张掖市博馨苑小区。项目计划总用地面积约78.3亩，其中一期建设用地面积约46.68亩，二期建设用地面积约31.62亩。建设内容主要包括公园绿化美化、园路铺装、停车场、景观廊架、木栈道、水域、公厕以及健身步道、篮球场、网球场体育健身设施建设等。

（5）西二环路西侧绿带改造工程

西二环路西侧50米绿带全长3.8公里，总绿化面积19万平方米。本次计划主要完成剩余绿带内房屋拆迁、完善公园园路等配套设施，增加栽植大规格乔木，增加花量花色，提升绿化效果。

(6) 城区道路绿化提升工程

对城区道路绿化带内缺株断档树木进行补植和品种更新，引进各色花卉，在道路两侧以花箱、立体花雕的形式对道路进行美化绿化，建成特色花卉示范街路 5 条，提升城市绿化品质。

(7) 城市"口袋公园"健身运动场建设项目

在城市小空地，因地制宜建设"口袋公园"群众健身运动等设施，满足群众休闲健身需求。

(8) 文昌街便民市场项目

项目位于南环路爱家装饰城北侧，计划修建便民市场 1 处，总占地面积 30 亩。分三期进行，目前一期占地面积 8 亩，建筑面积 3759 平方米；二期占地面积 9 亩，建筑面积 3925 平方米；三期占地面积 13 亩。

(9) 滨河新区人民公园片区公共服务设施补短板项目

项目占地面积 33862.34 平方米，主要建设内容为绿化铺装及部分地面构筑物，其中地面构筑物建筑面积 3153 平方米（含楼梯间面积 1412 平方米，展厅面积 920 平方米，连廊面积 821 平方米），地面铺砖面积 26613.58 平方米，绿化面积 4095.76 平方米。

(10) 西二环沿线环境综合整治项目

新墩镇沿西二环两侧流泉村、南华村等区域规划建设道路，配套建设健身广场、绿带、小公园等设施。

(11) 南一路及祁连路沿线环境综合整治项目

南关回民街周边区域规划建设道路，公园、绿地、园林等配套设施。

2. 历史文化名城保护项目

历史文化名城保护项目包括 4 个子项目。

(1) 老城区古民居建设保护项目

项目位于劳动南街西侧，原中级人民法院南侧，总占地面积 8.5 亩，对西大街—劳动南街历史文化街 A 区和 B 区共计 13 院古民居集中整合、修缮、保护，植入休闲旅游和历史文化展示等业态综合服务功能，总建筑面积 3416.56 平方米。

(2) 张掖大佛寺景区综合提升项目

项目位于大佛寺景区两侧，总占地面积52亩，景区主要建设南片佛教文化体验区、北休闲区、游客服务中心、园林绿化、大佛寺文化广场等设施，总建筑面积22788平方米。

(3) 东仓片区综合保护利用项目

项目位于马神庙街中段东侧东仓胡同，总占地面积31.5亩。新建游客服务中心150平方米，广场铺装及小品21600平方米，片区内部综合管网4000平方米，片区与市政链接的综合管网120米，道路4000平方米（长400米，宽10米），非遗保护时空隧道等。

(4) 增福巷区域历史文化遗迹保护利用项目

项目位于民主西路西段北侧，总占地面积6.24亩，主要建设内容包括演武校场、游客服务中心等工程。

3. 文化特色街区建设项目

文化特色街区建设项目包括3个子项目。

(1) 明清街—欧式街特色文化示范街区

项目以甘泉公园"灯光秀"为特色，依托河西学院师生资源，整体打造明清街—欧式街特色街区，规划建筑面积14820平方米。

(2) 肃王府恢复项目

项目总用地面积11.19亩，总建筑面积2008.36平方米，建设端礼门、体仁门、遵义门、广智门，城内设沿中轴线前为正殿，后为寝宫。

(3) 万寿寺恢复项目

计划对万寿寺进行恢复建设，八角九层楼阁式，高32.8米，底层每边宽15.1米，塔下有高1.5米、边长20.3米的正方形台基。塔一层至七层砖砌，外檐木构，八、九两层全为木构。

4. 城市功能完善建设项目

城市功能完善建设项目包括5个子项目。

(1) 解放巷社区老年活动中心建设项目

项目位于解放巷高金城烈士纪念馆北侧（原纸箱厂），总占地面积14.2

亩，总建筑面积8653.14平方米，主要建设图书楼、特长培训楼、老年活动厅、理疗中心、运动场、停车场等设施。

（2）城区建筑垃圾堆倒场及生活垃圾填埋场扩容工程

新建建筑垃圾堆倒场1座，库容136.7万立方米，扩建生活垃圾填埋场50万立方米，并配套建设进场道路，输电线路拆移，配备相关车辆设备等。

（3）城区道路红线内电力线路迁改工程

该项目涉及城区新建街、长寿街、民主街、屋兰路、山丹路南段等38条道路，道路红线范围内共有电力杆塔1520基（其中：钢杆140基、砼杆1380基），配电设备30台。

（4）甘州市场提升改造项目

对现甘州市场进行提升改造。新建广场、夜市、超市等设施，配套停车场、消防通道等，规划占地面积38.2亩，规划建筑面积46000平方米。

（5）南关市场提升改造项目

项目位于饮马桥路西侧，计划对原南关菜市场进行整体提升改造，修建便民市场。规划改造面积15000万平方米。

5. 甘肃省张掖市甘州区城市更新PPP项目——污水资源化利用项目

该项目为厂网河湖污水污泥一体化治理项目。实施污水资源化回用工程，配套相应的设施设备。实施市政污泥资源化处置工程，配套相应的设施设备。实施污水管网提质增效工程，打通道路污水管网堵塞的"肠梗阻"节点，修复改造破损污水管道并恢复路面。实施滨河新区污水管网改造工程，新建污水收集管网和污水处理设施（CWT）。

（二）项目采用模式

在合作期限内，由甘州区住建局作为实施机构，负责项目建设和运营质量的监督管理，并负责对运营情况进行绩效考核。财政部门根据运维绩效情况按时足额向社会资本方支付可行性缺口补助，履行合同约定的财政补贴支出责任。在项目建设过程中，项目公司主要负责建设资金的筹措和工程建设，同时保障项目质量安全、维护管理等，待项目合作

完成后，按国家相关规定和合同约定的标准，将项目完整无偿地移交给政府部门（见图2）。

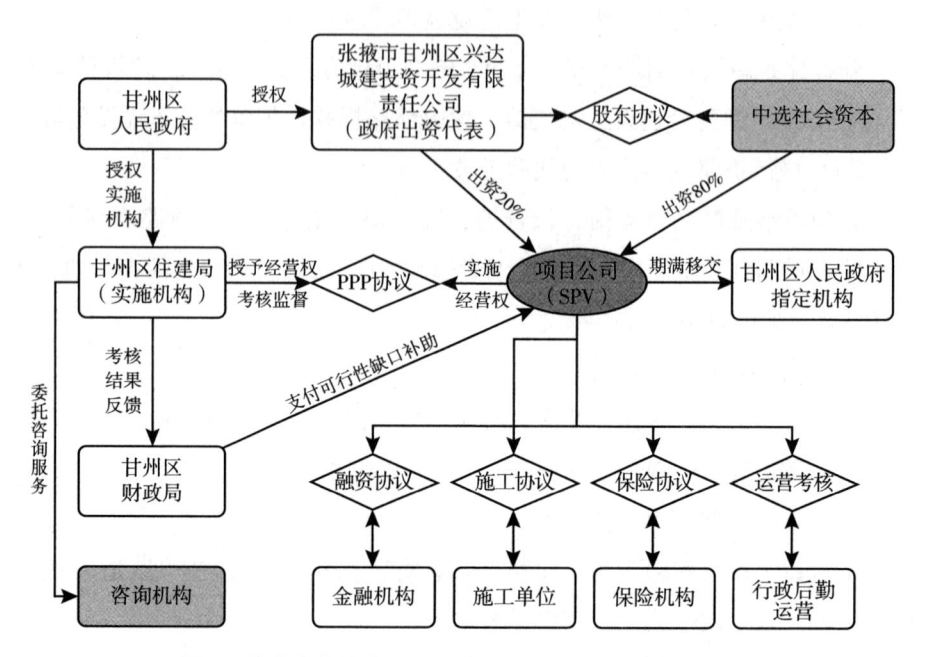

图2　甘肃省张掖市甘州区城市更新PPP项目运作模式

（三）项目亮点

1. 通过整合打包，实现了项目的肥瘦搭配

项目包括5大类24个子项目，均符合住建部关于城市更新相关政策的要求。在项目实施过程中，将项目优化打包，一方面项目体量较大，另一方面将项目中有使用者付费收入的如城市功能完善类项目以及污水资源化利用项目打包，增加了项目的吸引力。同时符合政策支持条件，在项目实际实施过程中，落地后仅两个月就取得银行放款，效益明显。

2. 项目采用PPP模式，提升项目运作效率

如采用多主体实施，主体不同，各自站位不同，会影响项目的实施效果。本项目在筹划定位时以张掖市总体城市布局为出发点，对应五大功能策划选择项目，使城市更新项目实施后，能够发挥最大的功效。

3.在城市更新项目实施过程中，更新和补齐并重

在甘州区城市更新项目实施过程中，一方面对于城区建筑垃圾堆倒场及生活垃圾填埋场扩容工程进行功能完善，补齐短板，另一方面对于城市功能中文化特色街区建设项目和历史文化名城保护项目，结合张掖市西部丝绸之路历史文化名城定位，对历史文化街区的古民居建设、大佛寺景区、明粮仓改造和张掖高总兵宅院进行保护利用建设，实现了保护与建设并举。

三 TOD模式在城市更新中的应用

（一）TOD的内涵

TOD指的是以公共交通为导向的开发，这是紧凑的城市开发模式。该模式当中，建议以公交站点为中心，以强度混合、步行友好的开发为主。在区域层面，提倡以公交为骨架，逐步完善城市的基础设施功能，形成紧凑的城市区域；在社区方面，充分借鉴邻里单元平衡的理念，最终打造TOD社区，形成以公交站点为核心的新社区模式。

（二）TOD模式的特点

布局紧凑、混合使用的用地形态，临近提供良好公共交通服务的设施，有利于提高公共交通使用率的土地开发，为步行及自行车交通提供良好的环境，公共设施及公共空间临近公交站点，公交站点成为本地区的枢纽。

（三）TOD模式的规划原则

在区域规划层面上，要组织紧凑的、有公共交通系统支撑的城镇模式。

在公交站点周围适于步行的范围内，要布置匹配居民生活的商业、超市、银行等设施，以方便周边居民生活和就业。

在规划时，要创造适合步行的道路网络，打造适合行人的街道，并打造各个目的地之间方便快捷的通行道路。

要配建适合多种人群居住的住宅,从户型、密度等方面提供多样化的选择。

在采用TOD模式时,要注重保护生态红线,要使公共空间成为人们交往活动的中心,避免被停车场等设施占据。

在采用TOD模式时,鼓励在发展区域内已有的公共交通线路周边进行改扩建,进一步完善交通设施和其他设施的互动。

(四)基于TOD模式的城市更新策略

TOD模式主要从选址、功能定位、规划设计三个视角进行策略分析。其关键在于通过公交功能与增值效应,推动城市更新,实现经济、社会、环境和谐发展,克服城市更新过程中的困境。

1.城市更新项目选址

城市更新项目选址要尽可能地在公交站点周边,将公交的功能及增值效应充分利用起来,提高项目的可行性。首先,城市更新过程中,公交能够缓解交通压力,为群众提供快捷的出行方式。其次,公交质量的提升,对站点可达性的提升有积极作用,并且会有效地增加周边物业的附加值,提升项目经济可行性。

2.城市功能定位

现代化城市的复杂性不断提升。对于城市人而言,居住、就业、交通、休息是城市最基本的功能,将居住、就业、休息等有效地结合在一起,可以确保城市的正常运转,并且可以为城市的居民提供不同的功能。这充分表明,尽快改善城市的轨道沿线与站点的功能是促进城市更新功能完善的关键,也是公交目的地可达性的保障。形成以公交路线为基础的紧凑型城市区域,能够为居民提供可到达目的地的交通设施。因此,应为满足居民出行需求而努力,进而减少出行依赖汽车的情况,为缓解城市发展过程中的交通压力提供支撑。

3.项目规划设计

基于TOD模式的城市更新规划过程中,要重点考虑优化道路、建筑以及站点的衔接，为城市更新区域的居民提供更高的便利性，调整临街商铺、临街立面的装潢，增加趣味性，提高路网密度，提高安全性。

（五）城市更新"TOD+PPP"模式应用——以萧山瓜沥七彩未来社区先行先试公交TOD综合高效开发为例

1. 瓜沥七彩未来社区

萧山瓜沥七彩未来社区是TOD的一个样板，以居民步行半径为考虑原点，推动TOD功能混合建设。六层高的楼里面，底下是公交总站，上面有三层停车场，并且设置了电影院、屋顶健身中心、游泳池、老年活动中心等。不仅如此，整个综合体还引入了公共服务体系，办证、交社保、取公积金、办护照等都能在这里一步完成，打造了符合群众生活习惯的社区文化生活综合体。

2. 经验介绍

在规划前期，瓜沥七彩未来社区保留区块内原有老旧公交首末站地块不外迁，借鉴新加坡"交通+邻里"的复合式开发经验，并结合浙江现有土地政策，以居民出行便捷为出发点规划未来社区新业态，创新提出"原址提升+功能混合"公交站场TOD综合开发模式，实现有限投资、多方共赢。

瓜沥七彩未来社区创新采用土地混合出让方式，地块原为交通划拨用地，重新出让时确定主体建筑属性为"公交站场+服务设施"。其中，一楼是公交首末站，按容积率折合后以划拨方式供地，建成后无偿移交区交投集团用作公交首末站；二楼以上则用于社区公益服务、文化康养及商业运营等。

一期邻里中心已投入运营，建成TOD公交综合楼、文化客厅、24小时智慧公共服务中心、健康生活馆等功能性场所。在积累实际运营经验的基础上，瓜沥七彩未来社区持续迭代既有场景应用内涵，同时，从社区居民实际需求出发，进一步谋划提升，如打造与交通场景相融合的未来社区衍生场景。

采用公交站场TOD综合开发模式，通过政府供地、社会投资运营，能

有效盘活城市现有的公交首末站站场存量资源，从而拉动有效投资，实现多方共赢。

自我造血，破解资金困局。一方面，将划拨土地调整为"划拨+出让"的混合性质，政府可获取该部分土地出让金收入，用于公共配套及可运营物业的回购；另一方面，政府通过运营自持物业可获取长期回报，能实现基于自我造血的循环发展，有效破解原先长期存在的依靠政府财政补贴公共配套运营的困局。

以萧山瓜沥七彩未来社区核心区项目为例，通过对TOD模式在城市旧区更新改造中的具体应用进行合理分析发现，加强土地资源的综合利用、加强政策导向、合理运用经济手段等，可以显著提高城市旧区更新改造水平。

四　城市更新PPP模式应用存在的问题

（一）城市更新改造各方诉求不同，难平衡

城市更新过程中涉及的主体较多，不同的主体对利益的诉求并不相同。政府方的诉求是希望对当前城市中存在的问题加以改进，美化城市环境，更新基础设施，提高城市基础功能，获得一定的经济利润；被拆迁的主体期望能从政府、开发商的手中获得更多的赔偿；开发商则希望用最少的支出获得最多的利润，顺利地完成开发任务。在城市更新当中，不同主体之间的诉求存在较大差异，需要在项目模式设计、融资方案规划中，平衡各方利益。同时需要在项目开发中合理利用PPP和TOD模式，引入社会资本方，借助其专业的策划、运营能力，提高城市更新项目的落地性。

（二）城市更新片面追求经济利益

作为城市更新改造主体的开发商，获取利润、追求经济效益最大化是其参与城市更新项目的主要目的。开发商设法促进土地利用，导致在城市更新过程中出现了开发密度过大、容积率不断攀高等问题，造成新的城市居住环

境恶化。此外，部分地区存在错误的价值引导——强调市中心土地使用性质的高级化，在市中心规划大量商业建筑、写字楼和高档住宅小区，形成了城市割裂。

（三）城市更新过分重视城市物质环境的改造

城市更新改造实施的内容、目标、规模、形式、步骤应根据其功能作用来决定，否则就难以达到应有的目的。目前我国的城市更新改造工作存在一刀切的问题，很多城市更新项目没有从项目本身需求出发，补齐项目短板，提升项目功能，而是整齐划一，根据文件统一要求来制定更新内容。如节能保温、外墙更换窗户等，大部分只注重建筑本身的空间、形象等外观效果，而忽略了对城市整体功能的定位和更新改造，最终无法解决旧城区的根本矛盾。

（四）城市更新改造时忽视了公众参与

目前城市更新过程中，缺乏公众参与机制，导致项目改造结果和被实施主体的期望之间存在较大差距。政府、开发商与市民之间沟通不足，容易导致对立与冲突。在这种情况下，政府城市更新的好政策难以得到市民的支持。

五 城市更新与"TOD+PPP"模式融合建议

（一）城市更新过程中需要做到更新与保护相结合

城市更新要坚持更新与保护相结合的原则，运用文化、自然、生态等方法，进行城市更新与改造。既要通过改造改善人居环境，提升宜居宜业水平，又要注重保留城市在各历史时期的典型建构筑物，留下城市的发展轨迹，延续城市的文脉，保护城市的特色。

（二）城市更新改造资金需求大，需要多措并举

城市更新项目体量大，资金需求大，实施主体也不同。在城市更新项目实施过程中需要针对不同的实施内容做好融资方案的策划组合，只有政府投资、专项债、PPP、TOD多措并举，才能找到最优解决方案。

（三）城市更新模式需要创新

在城市更新项目实施过程中，涌现了PPP、TOD、"F+EPC"等不同的方式，但是在实施过程中，还是出现了不少困难。一是城市更新项目面对主体多，各主体诉求不同；二是城市更新项目对象不同，所需资金不同；三是不同区域、不同片区的城市更新项目，反哺机制不同。因此需要从项目策划、更新内容、融资筹划、城市功能定位等方面做好策划，以满足更新的需求，而不是打补丁式的更新，更新完成后，又产生新的问题。

（四）需要更多政策支持

城市更新项目涉及插花地、边角地整合，在实施过程中，各地出台了一些政策，但是缺乏更高层面的政策支持，导致在实施过程中执行标准不统一。另外，针对城市更新项目中的税收优惠、贷款金融政策贴息以及土地整合变性等方面的政策也较为缺乏，使很多项目缺乏吸引力。因此建议出台相关政策，提升城市更新项目的可实施性。

专题研究报告
Special Research Reports

B.13
加快我国PPP立法问题研究

薛起堂 冯立松*

摘　要： 目前PPP立法缺失已经成为制约PPP规范有序发展的一个重要因素。本报告首先对目前PPP政策环境、制度现状及发展趋势进行了法律分析，认为PPP立法应当首先把握诚实信用、平等协商、公平公开的大原则。关于其调整的法律关系性质，本报告主张以"二分法"切入争议解决，在为社会资本打开参与PPP项目的大门的同时，应该注重完善其退出机制，解除社会资本的"后顾之忧"。

关键词： PPP　PPP立法原则　退出机制

自2014年国家推广PPP模式以来，PPP经历了探索试点、全面铺

---

* 薛起堂，北京市惠诚律师事务所执行主任，国家发改委、财政部PPP专家库双库专家，中央财经大学PPP中心主任；冯立松，北京市惠诚律师事务所律师。

开、规范调整几个不同阶段。关于规范PPP模式应用的相关政策、法律规定繁多，但是从效力层级来看，基本以部门规章以及其他规范性文件居多，效力较低。而且国家未明确确定PPP项目的统一管理部门，财政部、国家发改委等部委纷纷出台相关文件，其中不乏重复之处，甚至与现行的《政府采购法》《预算法》等法律法规兼容性较弱，而其效力又低于法律、行政法规，导致PPP项目在各地方落地执行时法律障碍较多。

2017年7月21日，国务院法制办印发《基础设施和公共服务领域政府和社会资本合作条例（征求意见稿）》向社会各界征求意见，后"PPP条例"被纳入了国务院2018年立法工作计划，2019年《财政部对十三届全国人大二次会议第5517号建议的答复》中提到，司法部会同国家发改委及财政部根据各方面意见已对《基础设施和公共服务领域政府和社会资本合作条例（征求意见稿）》进行修改完善，形成了《政府和社会资本合作暂行条例（修改稿）》，可见，PPP已经正式进入立法阶段。但由于多方面原因，"PPP条例"一直未能正式颁布实施。财政部政府和社会资本合作中心数据显示，截至2022年10月11日，全国PPP综合信息平台管理库项目已经达到了超过16.5万亿元的庞大规模，加快PPP立法步伐刻不容缓。

一　把握立法原则

PPP立法首先要把握PPP领域应当坚持和体现的原则，其中应当包含诚实信用、平等协商、公平公开的原则。目前规范性文件中已经散见相关规定，如《财政部关于推进政府和社会资本合作规范发展的实施意见》（财金〔2019〕10号）第一条"牢牢把握推动PPP规范发展的总体要求"中第三、第四项规定，"（三）公开透明。公平、公正、公开择优采购社会资本方。用好全国PPP综合信息平台，充分披露PPP项目全生命周期信息，保障公众知情权，对参与各方形成有效监督和约束。（四）

诚信履约。加强地方政府诚信建设，增强契约理念，充分体现平等合作原则，保障社会资本合法权益。依法依规将符合条件的 PPP 项目财政支出责任纳入预算管理，按照合同约定及时履约，增强社会资本长期投资信心"。《财政部对十三届全国人大二次会议第 5517 号建议的答复》中也提到："开展政府和社会资本合作，应当遵循平等协商、风险共担、诚实守信、公开透明的原则。"①

（一）诚实信用原则

诚实信用一直以来都是民法领域的核心原则，诚实信用一方面要求当事人信守约定，对于已经达成的合同内容，应当严守履约，保护相对人的合理信赖，另一方面当一方当事人对信息或资源占有优势时，其不得利用此等优势损害相对方利益，如应尽告知或披露义务。② 此外，诚实信用原则也是行政法律关系当中应当遵循的基本原则之一，行政机关做出行政行为后不得任意撤销或变更，若出于行政行为违法原因或由于公共利益原因需要变更时，应当赔偿无过错相对人的损失。

PPP 项目整个合同群中既有民事属性的内容也有行政属性的内容，无论基于两者中哪个领域，都应当坚持诚实信用的大原则，只有这样，社会资本在参与 PPP 项目时才能够提前做合理预期，其权利才能得到保障，信赖利益才能得到保护，政府的公信力才能得到加强，社会资本对政府的信任感逐步增进，才能吸引更多优秀社会资本参与项目合作，PPP 中"Partnership"蕴含的理论意义和实践效果才能得以真正实现。

（二）平等协商原则

PPP 模式中政府方一方面承担监管职责，另一方面也是合作参与方。

---

① 《财政部对十三届全国人大二次会议第 5517 号建议的答复：关于 PPP 立法》，财政部政府和社会资本合作中心网站，2019 年 9 月 6 日，https：//www.cpppc.org/PPPyw/998962.jhtml。
② 江平主编《民法学》（第二版），中国政法大学出版社，2011，第 27 页。

另外由于其还是规则制定者，对于其自身权利义务与需要承担的风险，容易出现分配不均的情况，因此政府在实施PPP项目时，需要将平等协商原则贯彻始终，以激发社会资本的投资信心，同时从政府职能转变角度来说能够实现高位政府到服务型政府的转变。在PPP推广之初，文件便确立了平等协商原则，《国务院办公厅转发财政部发展改革委人民银行关于在公共服务领域推广政府和社会资本合作模式的指导意见》（国办发〔2015〕42号）中规定："政府采取竞争性方式择优选择具有投资、运营管理能力的社会资本，双方按照平等协商原则订立合同，明确责权利关系，由社会资本提供公共服务，政府依据公共服务绩效评价结果向社会资本支付相应对价，保证社会资本获得合理收益。"

PPP项目合同中存在的行政属性不能掩盖双方契约关系的本质，PPP项目全生命周期实际上都渗透着平等协商原则，政府方不能强制社会资本方订立合作合同，不能在PPP合同中设定不公平条款，只有体现平等、互利的项目合同内容，在采购时才能吸引供应商响应。对于非不可变更的核心条款，双方可以平等协商予以调整，若在合同履行过程中发生分歧及纠纷，平等协商也是首选解决方案，若通过协商能够解决，则可大大减少诉累并提高项目效率，保障项目平稳运行。

（三）公平公开原则

公平原则首先体现在共享利益及共担风险，如《关于印发政府和社会资本合作模式操作指南（试行）的通知》（财金〔2014〕113号）中规定"原则上，项目设计、建造、财务和运营维护等商业风险由社会资本承担，法律、政策和最低需求等风险由政府承担，不可抗力等风险由政府和社会资本合理共担"，实际上就是遵循了"由承担风险的一方控制风险；承担风险的当事人具有较大的经济利益和控制风险的动机；风险应由当事人最有效地承担"的公平原则，由各自承担自身优势方面的风险。利益共享指的是公共利益和私人利益的平衡，公共服务稳定、高效输出的同时，需要兼顾投资人利益，如出现冲突则优先保护公共利益，但需要依法依合同约定补偿投资人。

公平原则还要求平等对待PPP参与方,实现公平竞争。目前实际参与PPP项目的社会资本方多为央企或国企,民间资本参与度较低,在一定程度上还是未激发出PPP发展的全部活力。在采购社会资本时一定不得设置任何带有歧视性或不合理的要求,采购方须秉持中立,在选择时侧重社会资本的技术及运营管理能力,真正使出色的社会资本参与公共服务和基础设施建设。另外公平原则还要求在长期的合同履行过程中,基于公平原则对已经与实际情况脱节的合同的内容予以变更,复杂多变的政治、法律、社会环境是合作期10年起步的PPP项目合同订立之初各方都难以完全预见的,民事领域的"情势变更"原则便是公平原则的一个体现。

阳光是最好的防腐剂,应打造公开透明的投融资环境,PPP也不例外。《财政部关于印发〈政府和社会资本合作(PPP)综合信息平台信息公开管理暂行办法〉的通知》(财金〔2017〕1号)中对财政部门及政府相关部门开展PPP项目信息公开工作做出了具体规定,明确提出"PPP综合信息平台"是PPP项目信息集成和共享的唯一平台。信息公开一方面是对参与者及公众知情权的保障,另一方面是对参与其中的政府方及社会资本方的约束和监督,真实、全面、及时的信息公开能够对PPP市场规范发展起到有益促进作用。

二 明确PPP项目合同性质及争议解决方式

关于PPP项目合同的性质问题,理论界和司法实践中一直分歧较大,争议不断,即使2019年11月《最高人民法院关于审理行政协议案件若干问题的规定》(法释〔2019〕17号)出台后,将"符合本规定第一条规定的政府与社会资本合作协议"定性为行政协议,纳入行政诉讼受案范围,关于PPP项目合同性质的争议也未画上句号。

将PPP项目合同一概归入行政协议过于强调PPP实施中的行政因素,甚至有专家旗帜鲜明地指出"PPP合同定性为'行政协议'将颠覆PPP创新根基"①。政府在PPP项目中承担多重角色，但最本质的应属与社会资本方系平等关系的合作者、参与者。同时，PPP争议适用行政诉讼程序解决存在若干局限性：政府作为原告主体资格受限，PPP争议巨大的标的额与行政诉讼规定的管辖法院层级不匹配，目前法院行政庭审理复杂商事案件经验不足等。

对于PPP合同性质的认定关系当事人可选的争议解决路径，以及据以适用的法律规定，目前我国PPP项目合同纠纷案件数量呈现逐年上升的趋势，从已有的规定和司法认定来看并不能得出统一的处理规则。

笔者一直倾向于"二分法"处理方式在PPP项目合同履行过程中，围绕特许经营、行政许可、行政接管介入或其他行政管理的诉讼纠纷，适用行政诉讼程序，因为上述争议内容的行政属性是非常容易识别的。而除此之外，双方基于平等协商确定的权利义务对等的合作内容引发的诉讼纠纷，适用民事诉讼或仲裁程序解决。

另外值得一提的是，根据笔者参与的若干起PPP项目纠纷化解实践案例，专家调解不失为一种有效的替代性纠纷解决机制，既避免了双方冗长诉累，又能兼顾公平和效率，最大限度止损。"迟到的正义非正义"，诉讼审判周期长，漫长的一审、二审及再审后，即使司法裁判结果是公正的，无论是公共利益还是私人利益实际上也都已被减损。更何况PPP关系公共服务和产品，并不能等待双方争议告一段落后再继续实施。关于专家调解制度，域外已有成熟的制度架构以及实践经验，如法国关于PPP项目纠纷解决特别规定有"诉讼外调解程序"，其形式有斡旋、谈判等，均通过诉讼之外的第三方化解纠纷。如PPP协议约定了专家调解前置，那么该条款能够成为对相对方未经调解而提起诉讼程序的阻却事由。合同当事人可以自由选择调解第三方，同时法国针对公共事业市场领域还成立了"专家咨询决策委员会"，PPP协议当事人可以随时向专家咨询

---

① 贾康：《PPP合同定性为"行政协议"将颠覆PPP创新根基》，《中国招标》2020年第1期。

决策委员会提出诉讼外调解的要求，也可以预先设立最终调解专业裁定人士，专业裁定人士可以在指定的若干专家库中探寻和确定。此外还规定了争议解决委员会，该委员会设常用专家库，受理案件的特定专家委员会系由争议双方推荐的专家以及被推荐专家一致推荐的专家组成，类似仲裁庭的构成。[①] 这些域外经验对我国 PPP 纠纷解决机制的构建和完善有很大启示，PPP 立法部门可以结合我国具体实践案例、实操效果在我国法律框架内予以灵活借鉴。

三 完善社会资本方退出法律机制

从我国目前已有的关于 PPP 模式的规范性文件来看，社会资本的制度现状整体为"重进入轻退出"，虽然若干文件中也能体现对于丰富社会资本退出渠道的重视，但多为原则性规定，没有细化具体实施方式。社会资本存在"后顾之忧"，不免降低了 PPP 项目在投融资领域的吸引力。

PPP 项目体量巨大，对于社会资本的资金占用量很高，虽然目前实际参与 PPP 项目的多为大型央企或国有企业，但是有些项目的资金要求还是超过了一个企业的经济实力。因此很多项目中社会资本往往以联合体的形式参与。以笔者作为法律服务项目负责人参与的河北省太行山等高速公路［项目包（一）+项目包（二）］项目为例，该项目总投资 898 亿元，目前仍是全国总投资最高的 PPP 项目，其中项目包（一）总投资 470 亿元，最终中标的是中国交通建设股份有限公司、中国建筑股份有限公司与中交路桥建设有限公司组成的联合体，项目公司注册资金要求 110.8 亿元，中国交通建设股份有限公司出资 28.4 亿元，在项目公司占股 25.6%，中国建筑股份有限公司出资 23.3 亿元，在项目公司占股 21.0%，中交路桥建设有限公司出资 4.9 亿元，在项目公司占股 4.4%。本项目对资本金的要求，只有两大

[①] 徐琳：《法国公私合作（PPP）模式法律问题研究》，《中国政府采购》2016 年第 9 期。

央企发挥资金优势才能匹配。实践中组成联合体参与 PPP 项目非常常见，除一方资金不足因素外，还基于各方能够发挥自身在资金、设计、建设或运营等不同方面的优势。当其优势在一个项目中发挥完毕，应当允许其退出 PPP 项目，转而将优势投向其他项目以获取更多利益，这不仅能够使联合体优势最大化，也是社会资本营利性的必然要求。

目前社会资本退出 PPP 项目的现有渠道有以下几种。

（一）到期移交方式退出

PPP 项目合同约定的合作期满，社会资本将不设权利负担的项目全部资产和权益无偿转交给政府方或其指定部门，这属于正常情况下的退出，PPP 立法需要关注到期移交的具体程序和内容。一般特许经营类 PPP 项目，社会资本方在合作期内能获得稳定可观的利润，提前退出项目的可能性较小，政府方需要在期满移交时对移交的基础设施状态进行严格测试评估，保证移交后能够继续运营，不损害社会公共利益。

（二）股权转让方式退出

目前 PPP 项目合同通常会约定股权转让锁定期，锁定期结束后，社会资本方将其持有的部分或全部项目公司股份转让给经政府方同意的第三方，这是社会资本常见的退出方式，实务中操作也较为规范。约定锁定期主要是为了保障项目稳定运行，但锁定期的时间需要设定合理，过长则会影响社会资本方的自由意志行使。实践中多见建设期及运营期前三年不允许项目公司社会资本股东转让股权的约定。但从根本上来说，约定锁定期并不能从长远角度保障项目实施，政府方应当将目光更多投向对受让方资质的审查上来，明确受让方的能力和条件，以实现股权转让后建设或运营不中断，质量不降低；同时政府方还需要重视审查转让时项目公司资产情况、财务情况，以明确转让节点各方权利义务。实践中即使锁定期结束，股权转让一般还是会约定以政府方审批或同意为前提，若政府方无限期拖延，社会资本方便无法实现退出。因此对此处政府方审批期限、标准等权利不加以限制的话，可能会实际架空双方关于股权转让的约定。

上述为项目未完成时社会资本正常退出的一种情形，同时股权转让还存在项目未完成时社会资本非正常退出的情形。笔者参与了若干起该类争议解决法律服务，社会资本无法完成融资义务，或到期无法履行资本金出资，或有其他违约行为，严重影响项目建设及运营。锁定期虽未届满，但若僵化坚持继续锁定股权，则会因为久拖不决加剧损失的扩大以及对公共利益的侵害。若PPP项目合同关于违约责任处理中有与此衔接的可以突破锁定期的条款，直接适用，但是若PPP项目合同在预设时未对此加以考虑，则需要协议签订补充合同进行变更约定。应当注意关于股权锁定期不仅PPP项目合同中有所约定，一般股东协议及项目公司章程中也有体现，如章程中关于股权转让股东表决程序的规定等。因此实操中突破锁定期处理特殊情况，需要注意各流程的完备性和合法性。

笔者一直不赞同PPP项目合同设定绝对的股权锁定期，绝对禁止股权转让不但影响社会资本的正常退出，还会影响项目公司的正常融资。PPP项目一般是BOT模式，项目公司没有项目土地及固定资产的所有权，项目公司融资除了采用收益权质押方式，还会采用股权质押方式。但是如果PPP合同约定项目公司的股权不允许转让，融资方及出借人就不会对项目公司进行借款，进而影响到项目的建设。因此我们提倡在PPP立法时应规定，项目公司的股权可以进行有条件转让，如：项目公司以融资为目的可以进行股权质押；社会资本方无能力融资或建设时，经政府方同意可以转让给资质、能力更好的社会资本方；项目公司正常运营时，股权可以正常进行交易，转让给满足条件的社会资本方。

（三）资产证券化方式退出

资产证券化业务需要有具有稳定现金流的基础资产，而有些PPP项目具备此种财产或财产权，因此可以通过结构化等方式进行信用增级，在此基础上发行资产支持证券。① 资产证券化方式能够增强资本流动性，便于社会资本的退出，只有投资资金能进能退，才能吸引社会投资者参与，尤其是纯资金投资者，PPP融资功能也将会更为突显。PPP项目在开展资产证券化时需要遵循资产证券化业务中已有的成熟的信息披露制度，② 这在一定程度上弥补了政府监督的不足，更有利于PPP行业的规范发展。

PPP项目资产证券化多以PPP项目收益权为基础资产，根据资产证券化业务规则，基础资产应当具有可让与性和独立性。关于PPP项目收益权是否具有可让与性的相关法律规定不够明确。而关于独立性，实践中由于建设期的巨额资金需求，PPP项目往往将收益权提前质押，但这样收益权就丧失了独立性。独立性要求基础资产不能存在抵押、质押等担保负担，且PPP项目的收益权与特许经营权的紧密联系也影响PPP项目收益权的独立性。所以PPP项目收益权作为资产证券化中的基础资产，其适格性还是存在瑕疵和缺陷的。

另外，资产证券化还要求通过"真实出售"来实现"破产隔离"，即将原始权益人和投资者所要承担的风险完全隔离。但是在PPP项目中，即使在原始权益人出售基础资产后，也需要通过运营维护等工作来产生持续稳定的现金流。PPP项目公司享有的特许经营权与收益权不能完全剥离，原始权益人破产将直接影响资产支持证券的资产收益。以首批四单PPP资产证券化产品之一华夏幸福固安工业园区新型城镇化PPP项目供热收费收益权资产支持专项计划为例，九通公用事业作为专项计划的原始权益人是PPP

---

① 《证券公司及基金管理公司子公司资产证券化业务管理规定（修订稿）》第二条规定："本规定所称资产证券化业务，是指以基础资产所产生的现金流为偿付支持，通过结构化等方式进行信用增级，在此基础上发行资产支持证券的业务活动。"《机构间私募产品报价与服务系统资产证券化业务指引（试行）》第二条规定："本指引所称资产支持证券，是指具有相关业务资格、符合相关业务条件的证券公司、基金管理公司子公司以及《管理规定》规定的其他金融机构通过设立资产支持专项计划或中国证券监督管理委员会认可的其他特殊目的载体，以基础资产所产生的现金流为偿付支持，通过结构化等方式进行信用增级，并在此基础上发行的有价证券。"

② 《证监会关于政协十二届全国委员会第五次会议2915号（经济发展类144号）提案的答复》，https://www.csrc.gov.cn/csrc/c101800/c1003884/content.shtml。

项目供热收费收益权的合法拥有者，若九通公用事业破产，专项计划是无法单独享有供热收费收益权或其收益权的，PPP项目供热收费收益权的实现也可能受到不良影响。[①]

2014年底至今资产证券化业务进入快速发展阶段，但PPP项目资产证券化目前可能刚处于从试点走向常态化的发展阶段，理论依据的缺失、模糊以及矛盾之处还需要新的探索予以解决。

讨论PPP项目资产证券化问题，不得不提到近几年开始尝试的公募基础设施REITs。REITs符合广义资产证券化的定义，在国家政策鼓励PPP项目资产证券化的同时，2020年4月证监会、国家发改委发布《关于推进基础设施领域不动产投资信托基金（REITs）试点相关工作的通知》（证监发〔2020〕40号），2021年6月国家发改委又发布《关于进一步做好基础设施领域不动产投资信托基金（REITs）试点工作的通知》（发改投资〔2021〕958号），2021年12月国家发改委办公厅发布《关于加快推进基础设施领域不动产投资信托基金（REITs）有关工作的通知》（发改办投资〔2021〕1048号），公募基础设施REITs制度建设正式拉开帷幕，这无疑又丰富了我国基础设施领域投融资"工具箱"。PPP及REITs除了在各自模式下、各自领域解决资金问题，目前业界还对"PPP+REITs"呼声较高。"PPP+REITs"能够实现企业债务出表，缓解国企高负债压力；REITs对项目而言是一种融资工具，对于社会资本而言又是一种退出渠道，因此能够促进PPP项目资产流动和循环；公募REITs对底层资产的高标准，对未来准备申报REITs的PPP项目还起到了倒逼、提质增效的作用。PPP模式和REITs模式有定位和功能差异，也有结合点，这就需要打通目前制度上的冲突之处，细化两业务交叉后的空白之处，以及需要两个领域的政策、法律保持较长时间的稳定性，以对应PPP项目较长的项目周期。

关于社会资本方退出方式，讨论较多的还包括售后回租、政府回购等，其中都不乏有争议的内容。另外，关于政府回购，国家已经明令禁止"政

[①] 肖华杰：《政府和社会资本合作（PPP）法律机制研究》，博士学位论文，吉林大学，2020。

府兜底"式的做法。目前，国家正在构建 PPP 产权交易市场，2017 年我国首家全国性 PPP 资产交易平台——由财政部政府和社会资本合作中心与天津金融资产交易所合作共建的天金所"PPP 资产交易和管理平台"成立，随后上海联合产权交易所"PPP 资产交易中心"也正式成立。PPP 资产交易平台旨在为 PPP 项目落地提供一站式服务，这应该会成为社会资本未来主要的退出方式。

整体而言，目前关于社会资本退出的法律制度还是落后于实践需求的，退出机制是社会资本方参与 PPP 项目的有力保障，是 PPP 模式中的重要一环，亟待 PPP 相关立法予以重视、明确以及完善。

PPP 稳定发展亟须加快 PPP 立法进程。笔者在本报告中提出了几点对于 PPP 立法的展望，以上仅谈及了部分内容，不可忽略的还包括明确 PPP 项目统一管理部门、项目采购方式、项目准入、政府出资代表准入、社会资本准入、政府监管、项目融资等基础性问题。有一些笔者在以往文章中有所阐述，抛砖引玉，以期同业专家、从业人员进行更多专业性思考、讨论，同时，也期待着凝结立法者智慧、知识、经验和技术的"PPP 条例"早日出台。

参考文献

[1] 喻文光：《PPP 规制中的立法问题研究——基于法政策学的视角》，《当代法学》2016 年第 2 期。

[2] 胡晓莉：《区分原则与价值功能视域下对 PPP 协议法律属性的反思——兼评〈PPP 条例〉（征求意见稿）的立法价值》，《广西师范学院学报》（哲学社会科学版）2019 年第 1 期。

[3] 徐琳：《法国公私合作（PPP）模式法律问题研究》，《中国政府采购》2016 年第 9 期。

[4] 张颖芝：《论推进 PPP 立法完善》，《现代商贸工业》2020 年第 20 期。

[5] 肖华杰：《政府和社会资本合作（PPP）法律机制研究》，博士学位论文，吉林大学，2020。

［6］李朋利：《我国 PPP 项目社会资本退出的法律机制研究》，硕士学位论文，西南政法大学，2018。
［7］郭素辉：《PPP 项目中社会资本方退出的法律问题研究》，硕士学位论文，天津大学，2019。
［8］江平主编《民法学》（第二版），中国政法大学出版社，2011。

B.14 PPP项目争议解决机制研究

傅晓 周岩 王小清 石世英*

摘 要： 政府和社会资本合作（PPP）模式在我国基础设施领域和公共服务领域得到了广泛应用。但在实践中，频繁出现合作冲突、诉讼、停工谈判、合同中止等现象，引发政府和社会资本主体产生合作冲突与项目争议。通过对我国PPP项目合同属性及实践现状的梳理发现，PPP项目政府和社会资本主体的主合同和补充协议的签订时间间隔主要集中在12~36个月；PPP项目诉讼以民事案由为主，民事法律关系是PPP项目合同的主要属性。在此基础上，建议尽快建设高位阶的PPP项目法律，设置高级别的PPP项目协调部门，建设PPP项目争议解决指南，增强政府治理能力与创新治理机制。

关键词： PPP项目 争议解决机制 PPP项目法律

2014年我国中央政府提出在公共项目领域积极推广政府和社会资本合作（PPP）模式，PPP模式上升到国家战略层面，成为解决新时期我国公共服务不平衡、不充分的重要工具。截至2022年4月，我国财政部政府和社会资本合作中心管理项目库中的PPP项目已有10304个，投资额16.4

---

* 傅晓，博士，副教授，贵州大学人民武装学院组织与行为研究院副院长，研究方向为PPP项目管理；周岩，贵州大学人民武装学院副教授，研究方向为马克思主义政治理论；王小清，贵州大学管理学院讲师，研究方向为公司治理；石世英，博士，河南理工大学工程管理系讲师，研究方向为PPP项目管理。

万亿元,累计签约落地率超过75%,已有12.9万亿元的PPP项目通过物有所值评价和财政承受能力论证并将进入项目采购与执行阶段,这进一步表明PPP模式将在未来相当长的一段时间内成为基础设施和公共服务供给的主要模式。然而,在PPP项目实践中,频繁出现合作冲突、争议诉讼、停工谈判、合同中止等现象,导致PPP项目价值损耗和合作中止。[①] 比如某污水处理厂PPP项目因合作双方对收费有争议,项目运营公司最终决定停止生产,对项目、公众和社会造成巨大的价值损失和严重的不良影响。此外,截至2022年6月19日,中国裁判文书网公布PPP项目涉诉频次7105次,其中法院判决书5752份(占比约80.96%)、调解书13份(占比约0.18%),这也反映了PPP项目执行中合作关系的稳定性、争议问题日益突出。

鉴于PPP项目合同的不完全性、信息不对称及合作周期长等特性,政府和社会资本主体为了PPP项目的顺利开展而陆续投入专用性资源,在保障项目按照合同要求顺利执行的同时形成"锁定"合作关系,这是PPP项目中政府与社会资本主体之间发生纠纷或再谈判的重要因素。对于大规模PPP项目落地、万亿级投资总量形成的基本事实与项目落地实践,我国PPP项目学术领域对PPP项目合同的法律属性、激励约束机制、争议解决原则及途径等关键基础问题的研究还需要进一步深化和加强,尤其是PPP项目实践中纠纷或争议的解决机制在我国政府部门协调机制、法律体系和工程惯例等方面的应用需要进一步研究,这些薄弱环节直接影响PPP项目各参与主体的权利、义务、责任的划分以及风险分担与利益分配机制设计。因此,调查研究我国PPP项目的合作争议或纠纷处置现状、争议解决路径、风险分担情况以及争议制度建设情况是非常必要的,这有利于保障PPP项目各参与主体合法权益、规范PPP项目交易行为和降低争议的交易成本。

---

① 王守清:《政企合作(PPP):王守清核心观点》,中国电力出版社,2021;陈婉玲、胡莹莹:《我国PPP模式的功能异化、根源与解决方案》,《上海财经大学学报》2020年第3期。

一 PPP项目争议分析

（一）PPP项目合同特征

合同是PPP项目合作主体进行风险分担与利益分配、争议解决、资源配置等的基础，也是解决合作冲突与项目争议的重要依据。王乐通过对PPP项目理论进行分析与实践研讨，认为"PPP项目合同争议解决的法律逻辑起点归结于PPP项目合同的法律属性界定"。[①] 虽然PPP项目合同中既涉及行政内容又涉及民事要素部分，但是在大多数情形下，PPP项目合同签订、合同履行、合同再谈判以及违约等环节均适用民法调整。孙学致等认为PPP项目合同的法律属性本质上应该是民事合同，是合作双方为了实现合同目标而建立的伙伴关系，其重要任务是政府和社会资本主体合作供给公共产品或公共服务。[②] 如北京地铁4号线项目，北京市人民政府和香港铁路有限公司以PPP模式建设与运营北京地铁4号线项目，特许经营期为30年。

在政府与社会资本主体合作过程中，公共利益、企业利益能够合法合规合理地有效融合是PPP模式的显著优势；在公共利益与企业利益实现过程中也共存着民事法律关系和行政法律关系，这也是影响PPP项目合同法律属性精准研判的主要难点。虽然PPP项目合同和"政府特许经营协议"在内容、范围、责权利等方面存在交叉，但将PPP项目实践中所有涉及的"政府特许经营协议"均认定为《最高人民法院关于审理行政协议案件若干问题的规定》中规定的"政府特许经营协议"，需要进一步从学理层面讨论。[③] 从立法定位视角，专家学者对于PPP项目合同争议属性界定，"属于

[①] 王乐：《公私法融合视角下的PPP协议争议解决》，《北方法学》2022年第1期。
[②] 孙学致、宿辉：《PPP合同的法律属性：一个解释论的立场》，《山东社会科学》2018年第7期。
[③] 孙学致、宿辉：《PPP合同的法律属性：一个解释论的立场》，《山东社会科学》2018年第7期。

民事诉讼受案范围还是行政诉讼受案范围"存在截然不同的两种认知与态度，这也可能给 PPP 项目合同参与主体在解决争议时的庭审选择、诉讼地位与诉权等方面带来诸多难题。付大学结合 PPP 项目基本特征、合同属性和项目实际情景，认为民事诉讼不利于公共利益的充分保护，因为政府不具有优势地位；行政诉讼不利于社会资本主体利益的充分保护，因为政府可能利用公共利益干预项目公司或社会资本主体的项目经营。[①] 以上关于 PPP 项目合同属性的研究成果虽然讨论了 PPP 合同的法律属性，但是关于 PPP 项目争议解决的讨论仍然较少。

（二）PPP 项目争议解决方式

对于 PPP 项目，从项目阶段来看，PPP 项目识别阶段主要涉及项目发起、项目筛选、物有所值评价和财政承受能力论证等重点工作（见图1），这些工作是政府部门依法行使行政职权的行政行为，政府和社会资本主体之间因为项目识别阶段的合法工作关系而形成具有行政属性的法律关系。由具体行政行为引起的争议为行政争议，可以依据《行政诉讼法》的相关规定，采取协商、调解、行政复议和行政诉讼等方式解决争议。比如《基础设施和公用事业特许经营管理办法》明确规定了因特许经营协议而产生的争议问题，应采取行政复议和行政诉讼的方式解决。对于 PPP 项目的项目准备阶段、项目采购阶段、项目执行阶段和项目移交阶段，政府和社会资本主体会因实施方案审核、资格预审、实施机构绩效评估以及移交管理等工作的申请或审核或行政审批发生关联关系。

从合作行为角度来看，根据 PPP 项目特征和全寿命周期规律，从 PPP 项目决策和执行两个视角分析我国 PPP 项目政府和社会资本主体的合作关系行为。第一，决策过程，即 PPP 项目是否运用 PPP 模式。这一过程将涉及政府、社会公众、行业主管部门，公众将公共权力委托给政府，政府委托行业主管部门代表政府选择合作伙伴并与之谈判签约。第二，执行过

[①] 付大学：《PPP 合同争议解决之司法路径》，《上海财经大学学报》2018 年第 5 期。

程，政府委托行业主管部门与社会资本主体建立合作关系并组建项目公司，同时政府委托职能部门（如财政、审计、质检等）监管，完成PPP项目的建设与运营全过程。在项目建设与运营过程中会产生认知差异、行为偏差和利益冲突等问题。此外，在PPP项目合同签订后，政府和社会资本主体依法开展合同履行事宜，根据PPP项目合同进行项目融资、建造、运营等关键活动，并形成民事法律关系。民事法律关系引起的PPP项目争议可采用协商、调解、仲裁和民事诉讼等方式解决。综上所述，结合《民法典》对于争议的处理方式，总结争议解决途径的基本信息见表1。

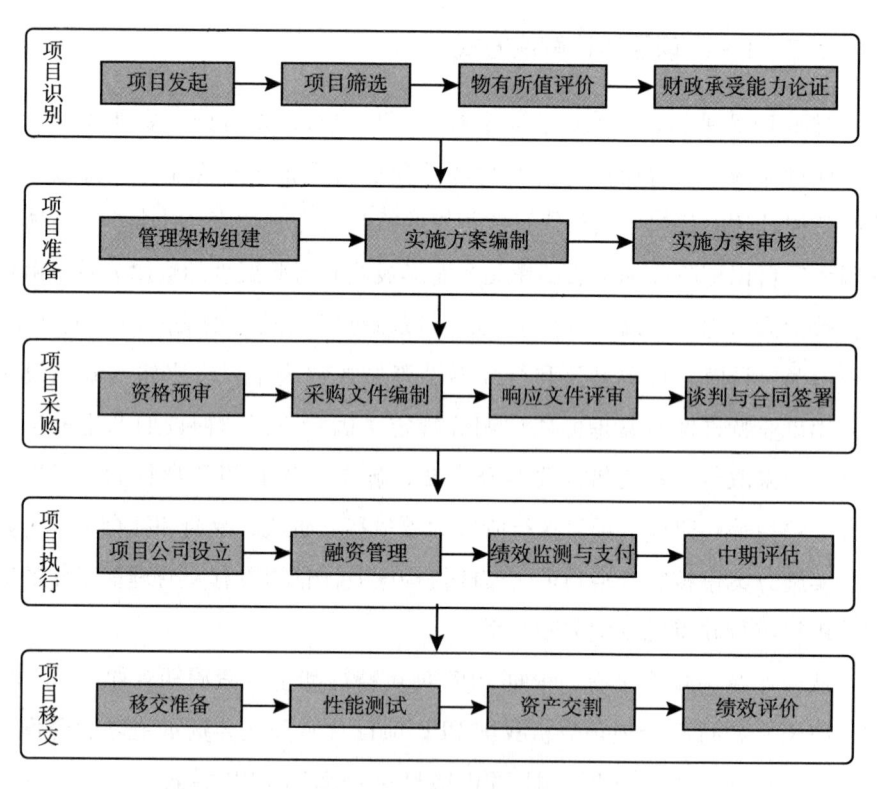

图1 PPP项目操作流程

资料来源：财政部《关于印发政府和社会资本合作模式操作指南（试行）的通知》（财金〔2014〕113号）。

表1 PPP项目争议解决途径

途径	处理结果反馈	机构
诉讼	法院裁判文书	人民法院
仲裁	裁决书	人民法院/仲裁机构
调解	调解书	第三机构/专家等
协商	补充协议	合同当事人

资料来源：基于《民法典》及PPP项目实践总结。

二 我国PPP项目争议解决制度建设情况

自2014年我国中央政府提出在公共项目领域积极推广PPP模式以来，PPP项目管理主要以政府政策性文件为依据开展相关工作。在PPP项目采购与项目执行阶段，合作主体专业知识与运营能力、绩效评估有效性以及咨询机构服务能力等方面差异较大，导致政策内涵与目标具有认知模糊性、政策执行的差异性和政策效果评价的复杂性。为了进一步促进PPP项目规范化发展，国务院于2016年7月第140次常务会议再次研究了PPP立法问题，对相关立法工作做出了行政机构职责分工，后续发布了《国务院法制办关于〈基础设施和公共服务领域政府和社会资本合作条例（征求意见稿）〉公开征求意见的通知》《中华人民共和国政府和社会资本合作法（征求意见稿）》，进一步研讨PPP立法建设问题。

近年来，我国PPP模式的制度建设（尤其是立法建设）陆续推进，指导实践的主要法律法规文件集中于财政部和国家发改委等部门的规章指南以及最高人民法院发布的司法解释文件（见表2），这些具有法律约束力的官方文件对推动PPP项目落地实践发挥了非常重要的作用。然而，我国PPP项目在实践中仍然出现了再谈判、合同中止/终止、诉讼、公众不满意等现象，在一定程度上妨碍了我国PPP项目可持续发展和物有所值目标的实现。在法律层面，现有项目规制文件大部分具有临时性质，法律位阶较低，并且在合同属性、争议解决等方面存在不一致、不衔接甚至相互冲突的问题;① 尤其是在PPP项目争议解决方面,利用民事法律关系的争议解决方式的经验多于行政方式。对PPP项目实践影响最深远的法律法规仍然是2004年前后形成的市政基础设施特许经营管理政策和制度,② 在城市基础设施领域(比如市政道路等)更为明显。另外,PPP争议解决规范以部门规章和部分规范性文件为主,制定规范的主导机构是财政部和国家发改委,不同部门主导推进的PPP争议解决必然存在不同的利益导向和其他考虑,导致规范的内容和指向有所不同。

表2 关于PPP项目争议解决的政策文本分析

文件	相关规定	备注
《国务院办公厅转发财政部发展改革委人民银行关于在公共服务领域推广政府和社会资本合作模式指导意见的通知》	健全合同争议解决机制,依法积极协调解决争议。确需变更合同内容、延长合同期限以及变更社会资本方的,由政府和社会资本方协商解决,但应当保持公共服务的持续性和稳定性	国办发〔2015〕42号
《基础设施和公用事业特许经营管理办法》	第四十九条、第五十条、第五十一条	协商解决、调解、行政复议或者行政诉讼
《政府和社会资本合作项目通用合同指南(2014年版)》	第十四章争议解决	协商、调解、仲裁或诉讼
《最高人民法院关于审理行政协议案件若干问题的规定》	第二条公民、法人或者其他组织就下列行政协议提起行政诉讼的,人民法院应当依法受理:(一)政府特许经营协议;(二)土地、房屋等征收征用补偿协议;(三)矿业权等国有自然资源使用权出让协议;(四)政府投资的保障性住房的租赁、买卖等协议;(五)符合本规定第一条规定的政府与社会资本合作协议;(六)其他行政协议	法释〔2019〕17号
《财政部办公厅关于印发污水处理和垃圾处理领域PPP项目合同示范文本的通知》	协商、调解、仲裁、诉讼	财办金〔2020〕10号

---

① 秦树东:《PPP争议解决:"二阶+多层"的多元争端解决机制构建》,《税务与经济》2019年第6期。
② 于安:《我国实行PPP制度的基本法律问题》,《国家检察官学院学报》2017年第2期。

总之，现行的法律、法规、规章中对PPP项目合同性质界定、效力判断和政府方变更解除协议之情形等均未做出明确、详细的规定。虽然2019年12月《最高人民法院关于审理行政协议案件若干问题的规定》颁布，明确界定了行政协议案件的审理规则，其第2条将符合其第1条所规定之行政协议要件的政府与社会资本合作协议纳入行政协议之中，在一定程度上弥补了PPP协议立法之不足。但是《最高人民法院关于审理行政协议案件若干问题的规定》对PPP项目合同的法律性质认定、效力判断等仍未给出清晰标准，[①] 也没有对PPP项目合同中的行政法律关系和民事法律关系进行详细区分与界定的争议处理机制。

三　我国PPP项目实践现状

（一）PPP项目合同签订情况分析

在实践中，PPP项目执行中的机会主义行为和绩效风险导致合作伙伴关系并不容易形成，进而产生项目价值损耗和管理失控。[②] 为了克服合作困境，可以通过再谈判等途径签订补充协议维系PPP项目合作可持续。截至2022年底，全国入库PPP项目总数为21918个（见图2）。[③]

为了进一步梳理PPP项目争议现状，以财政部PPP中心管理库中国家级示范项目为例，以签订补充协议为统计参数，课题组收集了882个国家级示范项目的信息，通过筛选、清洗与分析，最终筛选了签订了补充协议的133个PPP项目，并对每个PPP项目的主合同签订时间和补充协议签订时间进行了统计分析（见图3）。对于补充协议签订时间，课题组发现PPP项

[①] 张青波：《〈行政协议规定〉下PPP协议的司法审查》，《法律适用》2021年第11期。
[②] 邵颖红、朱堃源、韦方：《PPP模式中民营企业合作意愿的影响研究：基于机会主义感知和合作风险感知的链式中介模型》，《管理工程学报》2021年第6期。
[③] 财政部PPP中心管理库（截至2022年4月）、财政部PPP中心项目储备清单（截至2022年6月）、国家发改委全国PPP项目信息监测服务平台项目统计（截至2022年6月）。

目主合同和补充协议的签订时间间隔最短的是 1 个月，最长的是 77 个月，主要集中在 12~36 个月。

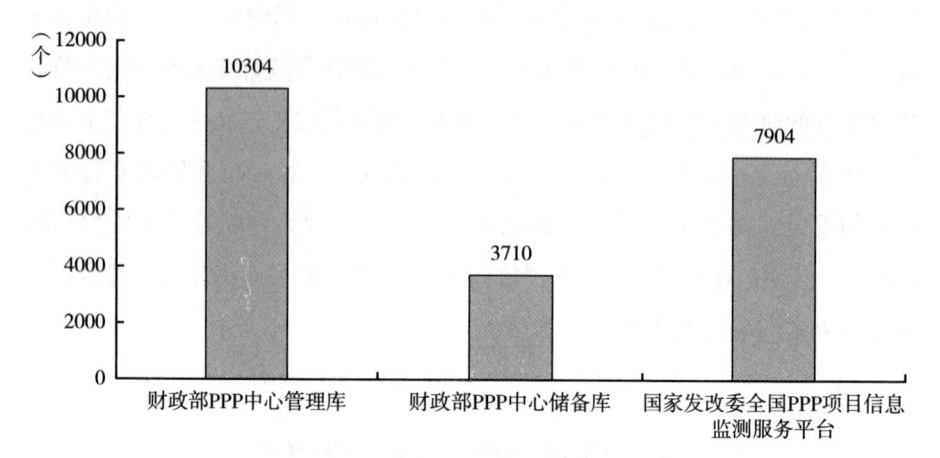

图 2　截至 2022 年底全国入库 PPP 项目数量统计

资料来源：财政部 PPP 中心管理库、财政部 PPP 中心项目储备清单和国家发改委全国 PPP 项目信息监测服务平台。

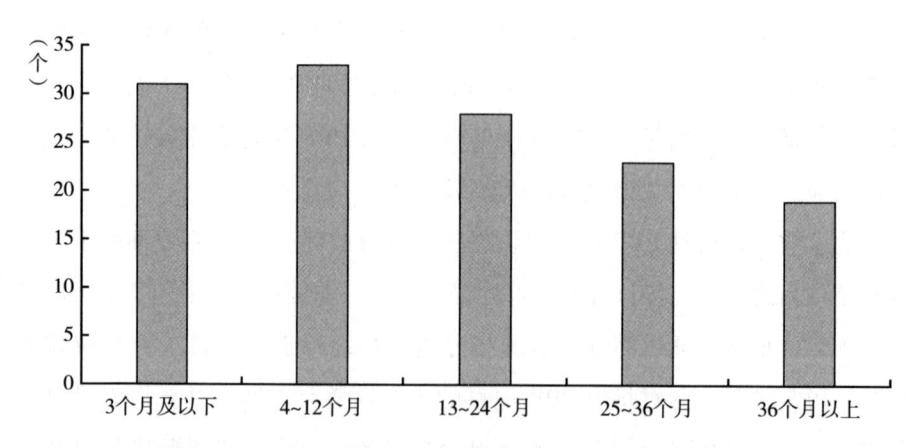

图 3　PPP 项目主合同与补充协议的签订时间间隔差异分布

资料来源：财政部 PPP 中心国家级示范项目统计分析。

签订补充协议的 PPP 项目的其他参数分析见表 3。在回报机制方面，采用可行性缺口补助方式的 PPP 项目，为了项目顺利开展和合同可持续实施，政府和社会资本主体多以补充协议的形式解决合作冲突或争议。对于PPP项目所处的行业维度，市政工程行业比其他行业更多地采用补充协议形式解决问题。此外，对于签订补充协议的133个PPP项目，为了更进一步厘清签订补充协议的实现路径，课题组利用中国裁判文书网专门对每一个项目进行信息收集、识别与分析，最终发现上述133个PPP项目均未出现在中国裁判文书网的数据库内，这表明133个PPP项目在签订补充协议之前的时间内均未发生诉讼问题。

表3 PPP项目补充协议的特征分析

单位：个，%

科目	类型	项目个数	占比
回报机制	政府付费	34	26
	使用者付费	9	7
	可行性缺口补助	90	68
行业	城镇综合开发	6	5
	交通运输	27	20
	教育、科技、能源	13	10
	体育、文化、旅游	10	8
	生态建设和环境保护	10	8
	市政工程	59	44
	养老、医疗卫生	8	6

资料来源：基于财政部PPP中心公布的示范项目信息整理。

（二）PPP项目争议解决情况

诉讼是解决PPP项目争议的最终途径。为了掌握我国PPP项目争议解决路径使用情况，课题组在中国裁判文书网中收集PPP项目涉诉信息。经过仔细收集与识别，一共收集了7105件，其中多以民事案由进行人民法院裁判，其次是行政案由的裁判。这说明PPP项目既涉及行政法律关系又较多包含民事法律关系，在争议解决时需要综合考虑PPP项目合同或主体行为关系的法律关系或法律属性，最终确立恰当的法律属性。此外，在涉案的主要关键词中,合同及合同相关术语占比较高(超过70%),这也间接证明PPP项目合同是争议解决的重要文件,也是影响争议解决方式选择的重要因素(见表4)。

表4 我国PPP项目裁判信息统计(截至2022年6月19日)

单位:件

	类型	数量	备注
涉案主要关键词	解除合同	291	其中涉及合同/协议/合同约定的涉诉频次占比大于70%
	变更	379	
	驳回	1214	
	清偿	390	
	强制性规定	627	
	利息	936	
	赔偿责任	446	
	违约金	640	
	违约责任	354	
案由	刑事案由	438	其中:最高法院裁判16件,高级法院裁判214件,中级人民法院裁判2196件,基层法院裁判4659件
	民事案由	5825	
	执行案由	148	
	国家赔偿案由	6	
	行政案由	599	

资料来源:中国裁判文书网,https://wenshu.court.gov.cn/。

四 争议解决机制构建的建议

(一)完善PPP项目法律体系,尽快建设高位阶的PPP项目法律

高位阶的PPP法律是调整不同领域PPP项目法律关系和政府职能部门关系,尤其是协调财政部和国家发改委之间的关系的重要保障。在我国PPP项目实践中,政府和社会资本合作过程中的争议解决在法律层面面临诸多宏观和微观问题。在宏观层面,PPP法律体系亟须厘清《政府采购法》《招投

标法》《民法典》《行政诉讼法》等法律之间的关系，需要理顺PPP项目中不同干系人之间的法律关系，也需要明确PPP立法的关键基础要件（比如立法模式、法律效力、执法主体、法律位阶等）。在微观层面，PPP法律需要明确PPP项目合同的法律定位、法律关系（民事法律关系或者行政法律关系）、合作主体责权利、争议解决途径等关键问题。

（二）设置高级别的PPP项目协调部门

当前我国PPP项目应着重解决的一个重要问题是要进行省区市级PPP项目政府及组成部门的职能管理顶层设计并明确相应的职能范围。只有构建职责明晰、层级分明和高效的合作伙伴机制，才能更好地促进PPP项目伙伴合作可持续发展，提升政府公信力、合作效率与效益，落实PPP项目规范的行政程序、市场调协和公众意愿相结合的办事机制，以及提高公共资源的利用效率与公共服务供给效率。此外，在PPP项目执行中，财政部和国家发改委是PPP项目的两个主导部门，两个部门也分别出台了相应的部门规章，对PPP的规范化发展具有重要作用。但是，因为具体PPP项目的行业归属存在差异，具体项目在执行过程中会出现立法和实践的冲突。综上所述，我们建议，PPP项目协调机构的设置要权责明确、执行便利，在借鉴国际先进经验的基础上，紧密结合我国PPP项目实际情况，兼顾中央与地方、政府部门之间的关系，使上下级关系对应，部门之间权责明晰和灵活协作。这样才能使PPP相关工作有序开展，使系统信息反馈畅通。

（三）提升政府治理能力是解决PPP项目争议的重要保障

在PPP项目政府和社会资本合作系统中，政府的主导作用是不可忽视的。目前，我国公共项目公私合作机制建立在政府行政管理的基础之上，面临经济结构转型、政府职能转型的严峻挑战，政府管理目标将从控制管理向伙伴管理转变，从职能式模式向伙伴型模式转变。政府定位为伙伴关系后，具有多重角色：行政监管、协调管理、协同管理。因而，创新PPP项目的

政府伙伴治理关系,是实现监管公共利益、协调合作伙伴价值和协同解决争议的重要保障。在目前尚未出台国家顶层PPP法规体系的情况下,地方政府有责任和能力率先创新地方PPP项目制度体系,探索新型PPP项目政府和社会资本合作治理指南,明晰界定合作主体决策的权利、职责,构建伙伴型政府的诚信、守约和促进合作的机制。因此,本报告认为,PPP项目争议解决的重要保障是创新政府治理体系和提升政府治理能力。建议主要从以下途径进行提升:第一,加强政府在PPP模式中法制赋予的监管职责;第二,改进与创新政府治理机制和治理能力;第三,有效促进政府治理与社会治理有机融合。

(四)探索PPP项目争议解决指南

"没有规矩不成方圆",政府与市场都是法治规则下的资源配置主体。在公共项目资源配置领域,政府与社会资本主体是法治规则下的合作伙伴关系。应结合我国不同地区社会经济发展现状和公共管理特征,探索PPP项目争议解决指南,并就政府与社会资本主体合作争议解决指南的基础理论、立章观念、指导原则和基本结构进行研究,形成我国政府与社会资本合作共同遵循的行为准则和实践指导,为我国政府制定法规提供决策依据,为社会资本主体合作决策、争议解决与实践提供理论和行为依据,也为从事PPP事业的专业人员提供职业经验。

B.15
PPP项目税收配套政策优化路径研究

应文杰 耿卫新 马 圆*

摘 要： 本报告从税收原则出发，首先，对西方税收原则的发展概况、新中国成立以来至党的十八届三中全会确立的税收原则变迁情况进行分析。其次，运用税收原则理论，从PPP项目全生命周期各阶段特点及其复杂性出发，分析了在PPP税收优化路径设计中运用税收原则的必要性及可行性。再次，立足"统一税制、公平税负、促进公平竞争"，分析PPP税收管理现状，指出因为缺乏专项税收政策规定而产生的税收"不便利"、税收征管空白、重复征税以及没能针对PPP项目特有风险发挥调控作用等诸多问题。最后，运用税收原则，对PPP项目税收配套政策提出了消除税收"不便利"、遵循税收公平原则、坚持效益原则、兼顾税收效益与稳定原则等四条优化建议。

关键词： PPP项目 税收政策 税收原则

一 引言

自2014年以来，国务院及其相关部委制发一系列规范性文件，对我国

---

* 应文杰，中天运会计师事务所合伙人，中国注册会计师协会第六届专业指导委员会委员，中央财经大学政信智库专家，研究方向为PPP实操方案研究；耿卫新，河北省社会科学院副所长、副研究员，中央财经大学政信智库专家，研究方向为PPP宏观政策、理论研究；马圆，中国注册会计师协会服务部副主任，中国注册会计师协会第六届培训教育委员会委员，研究方向为PPP实操方案研究。

PPP运作模式进行了系统性设计,大力推广和鼓励PPP发展。截至2021年底,全国PPP综合信息平台管理库入库项目达10243个,累计投资金额16.2万亿元,2017~2021年年均复合增长率达15.6%,在稳增长、惠民生、补短板,支持科技创新、乡村振兴、绿色发展、"两新一重"、区域协调、民生服务等重点领域的发展中起到重要作用。分年度数据来看,2017~2021年入库PPP项目数量与投资金额均逐年下行,2021年净入库项目289个,是2017年的10%,投资金额年均下降25.8%,投资逐步趋于理性,PPP市场已逐渐进入规范平稳发展阶段。

PPP项目数量及投资金额的下降,既是2017年以来我国防范地方债务风险的一系列财政、金融调控手段的成果,也是社会资本在PPP项目中受到政策环境、政府信用、合约履行、融资渠道、运营管理等诸多风险因素倒逼的结果,其中税收政策也是影响我国PPP发展的一个风险因素。

二 税收原则概述

税收原则是指政府在税制建立、税收政策运用及征税过程中应遵循的基本准则。它可以判断税收制度和税收政策是否合理。

(一)西方税收一般原则

20世纪以来,现代西方基本形成税收三大一般原则,即效率原则、公平原则和稳定原则。一是效率原则。效率原则要求在设计税收制度时讲求效率,须在税务行政、资源利用、经济运转的效应三个方面讲求效率,以促进经济的稳定与发展。二是公平原则。公平原则是指税收负担应公平地分配给所有的纳税主体。它包含两个含义:平等和普遍。平等是指以纳税人的税收负担能力为纳税标准;普遍就是所有的公民都要缴纳税款,其缴纳税款的多少并不因其身份而异。三是稳定原则。税收稳定原则是指在经济周期性波动过程中,通过税收加强对宏观经济的干预,发挥税收调节经济的作用,促进经济稳定发展。

（二）我国税收原则的历史演进

新中国成立以来，根据不同时期经济建设任务的不同，为适应不同经济体制的需要，我国的税制设计与税收征管实践也遵循了不同的原则，形成了阶段分明的税收原则演进路线。第一阶段，计划经济"区别对待，合理负担"原则阶段。从新中国成立初期至1994年国地税分设改革前，在这一时期国家对经济进行高度集中的管控，税收上则采取"区别对待，合理负担"的原则，有力地配合国家计划进行资源配置、调节经济关系，发展社会主义经济。第二阶段，社会主义市场经济"公平税负"原则阶段。我国在1994年以"统一税法、公平税负、简化税制、合理分权"为指导思想，开始实施税收制度改革并分设了国、地税，分别负责中央、地方税收的征收。在"公平税负"的原则指导下，增值税对有形动产及修理修配劳务实行普遍的税负等同的初次调节；用消费税对奢侈品、高能耗产品实行补充调节，用营业税对提供服务的营业活动进行辅助调节；统一内资企业所得税，实行同一税率。新税制对不同所有制关系、登记注册类型的纳税人平等对待，统一了税收负担。第三阶段，十八届三中全会"统一税制、公平税负、促进公平竞争"原则阶段。党的十八届三中全会通过的《中共中央关于全面深化改革若干重大问题的决定》，提出"按照统一税制、公平税负、促进公平竞争的原则，加强对税收优惠特别是区域税收优惠政策的规范管理"，体现了税收公平原则、效率原则、稳定原则在社会主义市场经济体制下的运用。

三 PPP税收优化路径设计中运用税收原则的必要性

（一）PPP交易涉税内容的复杂性需要运用税收原则统领其税收政策设计

PPP交易的形式多样，根据《关于印发政府和社会资本合作模式操作指南（试行）的通知》（财金〔2014〕113号）及《国家发展改革委关于开

展政府和社会资本合作的指导意见》（发改投资〔2014〕2724号）的规定，我国的PPP运作模式有委托运营（O&M）、管理合同（MC）、"建设—运营—移交"（BOT）、"建设—拥有—运营"（BOO）、"转让—运营—移交"（TOT）、"改建—运营—移交"（ROT）、"建设—拥有—运营"（BOOT）、"设计—建设—融资—运营"（DBFO）等，在每一种运作模式中，政府与社会资本的合作内容、交易形式均不相同。参与交易的各方签订的合同涉及投资、工程承包、运营服务、产品（服务）购买、融资、保险以及相关的咨询、技术、财税服务等，涉及的税收几乎包括现行所有税种，部分交易内容与形式，现行税种甚至未做明确规定。对内容庞杂的PPP交易进行税收配套政策优化需要运用税收原则统领其税收政策设计，若没有确定的税收原则予以指导，极易陷入复杂交易的细枝末节中，造成税收政策设计"头痛医头、脚痛医脚"，缺乏系统性、全局性，甚至各项政策设计互相矛盾，出现顾此失彼的现象。

（二）PPP项目复杂多样的参与者及涉税环节需要税收公平原则

PPP项目全生命周期包括项目准备、合同签订、项目建设、项目运营和项目移交等多个环节。各个环节的交易参与者、涉及的税种众多，征管链条长。为PPP项目专门设立的项目公司，在股权结构、资本构成、运营方式、付费补偿机制、退出安排上形式多变，使得PPP项目全生命周期内涉税环节、征税对象、计税依据变化多样，内容丰富。因此，对PPP项目进行税收配套政策优化，必须要以税收公平原则平等对待每一个交易者与每一种交易形式；必须要着眼于项目的全生命周期，对PPP项目中的纳税人及其交易行为的涉税特征、在全生命周期中所处的环节和作用，运用税收一般原则进行分析，按照公平税负、促进公平竞争的要求，结合现行税收政策规定，顺应国家经济发展方向，统筹项目全生命周期各个环节税收政策设计，避免对交易实质相近，但交易形式不同、交易对象不同的PPP项目赋予不同的税收负担。

(三) PPP 项目的双重特性需要运用税收原则协调资源配置

PPP 项目的合同兼具行政合同和经济合同的性质，需要运用税收原则协调资源配置的市场与行政力量。从经济合同性质上看，其应当遵循市场规律，通过市场充分竞争，实现资源有效配置。税收政策上，对市场行为应按照税收效率原则，保持税收中性，避免干扰 PPP 的市场竞争，不能使税收超越市场机制成为 PPP 项目资源配置的决定性因素。从行政合同性质上看，PPP 项目投资的方向是投资大、见效慢的公共产品和公共服务，政府引入社会资本，以特许经营授权的方式，为公众提供公共产品和服务。而公共产品和服务的特性，决定了其不能完全依赖市场竞争方式获得有效资源配置，需要辅之以行政调控手段引入社会资源。在税收政策上，要依照税收稳定原则，发挥税收作为宏观调控工具的作用，通过税收政策引导社会资源向公共领域倾斜。PPP 项目的行政和经济双重特性，决定了我国 PPP 项目税收配套政策优化，必须要充分考虑税收效益原则与稳定原则的协调。

四 运用税收原则优化 PPP 税收配套政策的可行性

目前，我国对 PPP 项目税收尚无全国性统一政策及征管规定，PPP 项目诸多内容的税收征管尚属空白，现行税收政策在许多方面也与 PPP 项目的运行特点不相符，存在一些需要专门改进的地方。运用税收原则统筹设计、制定我国 PPP 项目税收配套优化政策，不仅能规范 PPP 项目税收征管，实现"统一税制、公平税负，促进公平竞争"目标，而且不存在旧有体系的阻碍，税收行政成本低。

(一) 我国 PPP 相关税收政策基本情况

PPP 项目涉及的主要税收政策如下。

1. 项目合同签订环节

社会资本投资方一般还未成立专门的 PPP 项目公司，仅是竞标成功，

与政府签订了PPP项目的整体框架性合同，通常不会涉及各项税收。但PPP项目合同兼具行政合同与经济合同的双重特性，对于其是否属于印花税征税范围存在模糊认识，有可能在实践中被要求按照建设工程合同或产权转移数据按0.03%的税率征收印花税。

2.项目公司成立环节

政府与社会资本合作模式，项目公司设立的形式、投资方式、投资资产转移方式会影响项目所涉及的税种。项目公司成立初期对前期投资方与政府签订的整体框架性合同内容进行进一步的细化、分解，对项目的设计、建设甚至运营等进行招投标、签订合同、接收项目用地转让等，会涉及增值税、企业所得税、契税、印花税及土地增值税。如TOT模式下，项目公司取得政府存量资产，采用购买资产形式的，要缴纳购买合同的印花税、不动产交易的契税，动产转移涉及增值税进项税额，各项资产的购入价值可以企业所得税前扣除；若采用股权投资形式购买项目标的的股权，则可避免缴纳契税，也不涉及动产转移的增值税等税收。

3.项目建设环节

PPP项目建设环节主要包括两个方面的内容：一是土地征用；二是工程施工。项目用地取得方式分为划拨和出让两种。常见的PPP项目，如高速公路、城市轨道交通、市政道路、广场等，取得土地的方式一般为国家划拨；棚户区改造、商业、旅游开发等，取得土地的方式一般为出让。无论哪种土地取得方式，均涉及契税、印花税。但为建设饮水工程，饮水工程运营管理单位承受土地使用权的，可以享受契税免征的优惠。如果项目公司作为用地申请人占用耕地，还需要缴纳耕地占用税。对于港口、航道、水利工程、飞机场跑道、停机坪、铁路线路、公路线路占用耕地，可依据《耕地占用税法》规定，减按每平方米2元的税额征收耕地占用税。除从事城市轨道交通等项目外，PPP项目建设单位还需要缴纳城镇土地使用税。

在项目建设阶段，若涉及拆迁的，土地拆迁、安置及补偿工作通常由政府负责，项目公司负责提供资金。项目公司的资金支出回报包括自负盈亏和固定收益两种。"营改增"后，对项目公司为政府拆迁、补偿、安置工作提供资金取得的回报，如何征收增值税，没有明确规定。同时，项目拆迁资金通常占项目总体支出的较大部分，该部分支出无论是政府还是被拆迁人都无法出具增值税发票，无法在增值税前扣除。在企业所得税前扣除，实践中也存在一定困难。

若项目建设阶段的工程施工交由项目公司以外的其他方承包，则承包方需要按建筑业税目缴纳增值税，并可以向项目公司开具增值税专用发票。在此情形下，项目公司能够获得大量增值税进项税额。若工程施工由项目的社会资本方自行建设，建设环节发生的采购物资和固定资产也会涉及增值税进项税额。

4. 项目运营环节

PPP 项目在运营环节开始获得收入，需要按照有关税法规定缴纳增值税和企业所得税以及相应的城市建设维护税、教育费附加、印花税等各类税收。本报告对 PPP 项目涉及的增值税征税规定（见表1）及优惠政策（见表2）进行了汇总归纳。

企业所得税在运营环节统一对项目运营所得征税，法定税率25%，但对 PPP 项目从事公共基础设施运营等，规定了从取得第一笔经营收入所属年度起，前三年免征企业所得税，第四至第六年按50%征收企业所得税等优惠。项目运营期间涉及的企业所得税优惠详见表3。

表1 常见 PPP 项目增值税适用税目税率

单位：%

PPP 项目类型	收入描述	税目	适用税率
土地一级开发	建筑物拆除、平整土地	建筑服务	9
	提供资金	现代服务—鉴证咨询服务—咨询服务	6
	经纪、中介、代理服务	现代服务—商务服务—经纪代理服务	6
地下综合管廊项目	入廊费	建筑服务	9
	日常维护费	现代服务	6

续表

PPP项目类型	收入描述	税目	适用税率
地下综合管廊项目	管廊可用性服务费	建筑服务/现代服务业	9/6
	管廊运维服务	建筑服务	9
海绵城市项目	主要是政府付费项目，包括可用性付费和运维费	按照支付服务的内容适用相应的税目、税率	
污水处理项目	污水处理费	增值税劳务	13
	管网可用性服务费	建筑服务/现代服务业	9/6
	管网运维服务费	现代服务	6
	委托运营服务费	管理服务	6
收费高速公路项目	车辆通行费收入	不动产经营租赁服务	一般计税:9 简易计税:3
	加油站特许经营	销售其他权益性无形资产	6
	沿线广告业务	不动产经营租赁服务(出租广告牌)	9
	其他服务	销售其他权益性无形资产(广告公司自行安装广告牌)	6
		按具体服务内容适用税目、税率	—
城市综合开发项目	与单一类别的PPP项目相比，城市综合开发项目包含的子项目非常多，如道路新建与整治、回迁房、保障房、电力、给排水、热力等地下管网、污水处理及垃圾焚烧，广场、公园绿化等	需要按具体城市综合开发的内容，按照运营期收费的性质，确定适用税目、税率	
城市轨道交通项目	票务收入	交通运输业	一般计税:9 简易计税:3
	提供广告位出租车或车体广告收入	不动产经营性租赁(墙体广告等)	9
	通信、商业等非票务收入	有形动产经营性租赁(轨道交通车体广告)	13
		按具体服务内容适用税目、税率	

资料来源：根据国家税务总局网站（http://www.chinatax.gov.cn/）信息整理。

表 2 常见 PPP 项目增值税优惠政策

项目类型	优惠内容	文号
民生类项目	医院、供热、学校等项目取得的收入免税	财税〔2016〕36 号 财税〔2016〕94 号
资源综合利用类	垃圾以及利用垃圾发酵产生的沼气生产电力、热力即征即退 100%；污水处理厂生产再生水即征即退 70%；污水处理后产生的污泥以及用污泥发酵产生的沼气生产的微生物蛋白、土壤调理剂、燃料、电力、热力即征即退 90%；垃圾处理劳务、污泥处理处置劳务、污水处理劳务即征即退 70%	财政部 税务总局公告 2021 年第 40 号

资料来源：根据国家税务总局网站（http://www.chinatax.gov.cn/）信息整理。

表 3 常见 PPP 项目企业所得税优惠政策

优惠名称	优惠内容	规定或文号
公共基础设施项目	自项目取得第一笔生产经营收入所属年度起，第一年至第三年免征企业所得税，第四年至第六年减半征收企业所得税	《中华人民共和国企业所得税法》及其实施条例
环保、节能节水项目	自项目取得第一笔生产经营收入所属年度起，第一年至第三年免征企业所得税，第四年至第六年减半征收企业所得税	《中华人民共和国企业所得税法》及其实施条例
资源综合利用	以《资源综合利用企业所得税优惠目录》规定的资源作为主要材料，生产国家非限制和禁止并符合国家和行业相关标准的产品取得的收入，减按 90% 计入收入总额	《中华人民共和国企业所得税法》及其实施条例
专用设备投资抵免	购置并实际使用符合规定的环境保护、节能节水、安全生产等专用设备的，该专用设备的投资额的 10% 可以从企业当年的应纳税额中抵免；当年不足抵免的，可以在以后各年度结转抵免	《中华人民共和国企业所得税法》及其实施条例
专项用途财政资金	企业从县级以上各级人民政府财政部门及其他部门取得的应计入收入总额的财政性资金，凡同时符合以下条件的，可以作为不征税收入，在计算应纳税所得额时从收入总额中减除： （一）企业能够提供规定资金专项用途的资金拨付文件；	财税〔2011〕70 号

续表

优惠名称	优惠内容	政策或文号
专项用途财政资金	(二)财政部门或其他拨付资金的政府部门对该资金有专门的资金管理办法或具体管理要求; (三)企业对该资金以及以该资金发生的支出单独进行核算。 上述不征税收入用于支出所形成的费用,不得在计算应纳税所得额时扣除;用于支出所形成的资产,其计算的折旧、摊销不得在计算应纳税所得额时扣除	财税〔2011〕70号
不动产投资信托基金(基础设施REITs)	证监会、国家发改委根据有关规定组织开展的基础设施REITs试点项目:设立基础设施REITs前,原始权益人向项目公司划转基础设施资产相应取得项目公司股权,适用特殊性税务处理,原始权益人和项目公司不确认所得,不征收企业所得税。 基础设施REITs设立阶段,原始权益人向基础设施REITs转让项目公司股权实现的资产转让评估增值,当期可暂不缴纳企业所得税,允许递延至基础设施REITs完成募资并支付股权转让价款后缴纳。其中,对原始权益人按照战略配售要求自持的基础设施REITs份额对应的资产转让评估增值,允许递延至实际转让时缴纳企业所得税	财政部　税务总局公告2022年第3号

资料来源:根据国家税务总局网站(http://www.chinatax.gov.cn/)信息整理。

此外,项目运营期间分配项目经营所得的,根据项目公司组织形式不同,投资方涉及的所得税不同。如果PPP项目公司是有限责任公司,投资方取得的股息红利符合免税条件的,可以免征企业所得税;如果PPP项目公司是有限合伙企业,有限合伙企业本身不缴纳所得税,而是由各个合伙人对其获得的合伙企业经营所得,按照"先分后税"原则,缴纳企业所得税或个人所得税。

5.项目移交环节

PPP项目移交有两种形式:一是资产移交;二是股权转让。资产移交是目前我国PPP项目移交的主要方式。在资产移交方式下,对于资产自项目公司无偿移交给政府或新中标的项目公司，是否征收增值税、企业所得税，我国现行税收政策尚未明确规定。若是被认定为需要征税，可能涉及按6%（项目资产按金融资产、无形资产核算）或13%（项目资产按固定资产核算）税率征收增值税，并按资产转让所得征收企业所得税。在股权转让方式下，项目公司存续，纳税义务人是项目公司的投资人。投资人转让股权的收入不属于增值税征税范围，不征收增值税；股权转让收入扣除取得时的成本及相关费用后的所得额，按规定缴纳企业所得税；股权转让合同还需要按合同金额的0.05%缴纳印花税。

此外，在资产移交环节，原有项目公司可能需要清算注销，需要按照《中华人民共和国企业所得税法》的规定，就清算所得计算缴纳企业所得税。

（二）PPP税收征管存在的问题

从我国PPP项目实践情况来看，PPP项目运行周期长、交易结构复杂以及我国PPP项目没有专项征管规定的特点，造成我国PPP税收征管存在政策、征管空白多，重复征税，税负过重等问题，未能很好地实现"统一税制，公平税负，促进公平竞争"的要求。

1. PPP项目税收政策缺乏专项规定，税收"不便利"

PPP作为推动公共基础设施建设、提高公共产品与服务供给效率的模式，在政府承担的公共产品与服务供给领域引入市场竞争机制，兼具公益性及市场性的特征，与普通的市场行为天然存在不同的运行机制与管理特点。目前，我国对PPP项目没有建立与其运行机制及管理特点相适应的税收征管规定，完全"随行就市"地直接引用现有管理市场行为的税收政策。首先，从税种设计上看，没有针对PPP项目适用税种、税目、税率及征税范围、税收优惠的专门税收政策规定，在增值税、企业所得税等"大"的税种上，尚可找到可供参照的税收执行政策，也存在一些散布于各个不同政策文件中，针对公共基础设施、资源综合利用的税收激励政策。但这些优惠政策并非针对PPP项目设计，而是针对所有符合条件的企业实施。对于房产税、印花税、城镇土地使用税等"小"的税种，在PPP项目运行全生命周期均有涉及，但多个环节的交易、运营行为没有明确对应的税收政策，导致税种间的不匹配。其次，从纳税环节上看，PPP项目全生命周期各个阶段参与人众多，涉及业务繁杂，特别是项目投资架构、融资方式、项目施工安排、项目运营收益分配以及项目退出机制等核心环节的税收征管需要进一步完善，以形成统一配套的税收政策体系。

2. PPP项目税收征管存在空白，有违税收"确定性"原则

（1）可行性缺口补助、政府付费如何征税不明确

PPP项目存在使用者付费、可行性缺口补助和政府付费三种不同付费方式。除使用者付费外，其余两种类型项目全部或部分收入来源于政府部门。截至2022年3月，财政部入库PPP项目中，采用可行性缺口补助和政府付费方式的项目有9669个，投资额14.8万亿元，分别占全部项目的94%和90.2%。可行性缺口补助和政府付费在税收上如何定性以及如何进行税务处理，是PPP项目在实施过程中的一个重大问题。

首先，从定性上看，可行性缺口补助和政府付费是属于项目运营收入，还是政府补助、投资回报，既无明确税收规定，实践中也存在较大争议。定性不同，与之相应的增值税、企业所得税的处理方式也不同。若定性为运营收入（如北京市），则需要参照项目提供的产品（服务）缴纳增值税、企业所得税等税收；若定性为政府补助，按照《国家税务总局关于取消增值税扣税凭证认证确认期限等增值税征管问题的公告》（国家税务总局公告2019年第45号）规定，"纳税人取得的财政补贴收入，与其销售货物、劳务、服务、无形资产、不动产的收入或者数量直接挂钩的，应按规定计算缴纳增值税。纳税人取得的其他情形的财政补贴收入，不属于增值税应税收入，不征收增值税"。企业所得税上，符合不征税收入条件的，可以作为不征税收入，不缴纳企业所得税，但该收入用于支出形成的成本、费用不能税前扣除，且五年内没有支出完的部分需重新计入企业所得税收入总额；若定性为投资回报，是按照保本收益还是非保本收益征收增值税、企业所得税，将该收益归属于哪类收入，也存在理论分歧。

其次，按什么税率征税也是操作过程中的一个难点。税率，尤其是增值税税率对政府补贴额及项目收益率水平影响很大。项目公司的大额支出主要来自前期项目用地及其拆迁支出、项目建设支出以及融资成本。由于项目用地及其拆迁支出交易对象为政府，难以取得增值税发票，相关支出无法在增值税前扣除进项税额。若对项目公司取得可行性缺口补助和政府付费按照较高的税率征税，项目公司则可能承担较高的税负；若按照服务业6%的较低税率征收，项目建设期支出存在的大量进项税额，则可能超过政府付费计算的销项税额，形成大量待抵扣进项税额。

（2）特殊机制安排的税收认定不确定

从PPP发展来看，其交易结构与形式不断创新，尤其是涉及回报机制、投融资结构等方面，创新举措不断。这些不断推陈出新的特殊安排，其税收认定也较为复杂。例如在回报机制的设定上，政府为鼓励社会资本方进行PPP项目的投资经营，在日常的资金补助外，还可能提供无偿划拨土地、让渡项目公司中政府股东全部或部分分红权等。对政府让渡其应获得的股息红利的行为，经济性质如何确定？税收该如何认定？尤其是在企业所得税上，该部分让渡的股息、红利是作为税后投资所得免税，还是作为无偿获得的捐助，按接受捐赠所得征税？这直接关系社会资本方的税收负担。

（3）政府与社会资本间资产转移是否征税不确定

在PPP项目运作过程中，可能存在两次资产转移的情形。一种情形是政府以存量资产与社会资本进行合作（如TOT模式），在项目公司成立初期，政府将其所属的存量资产转移给项目公司运营。另一种情形是项目运营期满后，项目公司将项目整体资产无偿移交给政府或政府指定的单位。在PPP实践中，项目资产在政府与社会资本间的转移，多数是资产的经营权、收益权转移，资产的所有权属一般保持在政府名下，并不随着资产移交而发生变更。在项目运营期间，项目公司使用并维护资产，项目结束时按照约定的标准移交资产。此类未发生所有权变更的资产移交是否属于增值税、企业所得税的征税范围，现行税收政策没有明晰的规定。"营改增"前，各地方政府及税务部门立足当地发展要求而制定了不同的营业税属地政策，"营改

增"后,各地对涉及项目移交的税务征管实践依然不同。并且,若各地将项目资产移交确认为增值税,视同销售行为征税,通常会据此一并征收企业所得税、契税、印花税、土地增值税等税种。这使得相同项目在不同地区间可能面临不同的税收待遇,甚至在同一地区内也可能存在不同的税收待遇,增大了PPP项目纳税的不确定性。

(4) 社会资本投资额形成的项目公司资产定性模糊

政府与社会资本合作,无论采用O&M、BOT、ROT还是其他形式,社会资本通常是通过合作投入资金,取得某项公共产品或服务项目的特许经营权,对于该经营权资产是确认为金融资产、无形资产还是固定资产,该项资产如何在企业所得税前摊销扣除等,目前均无明确税收规定,增大了PPP项目纳税的不确定性。

3. 实践中PPP项目存在重复征税问题,有违"公平竞争"原则

PPP项目交易结构存在复杂性、多样化特点。相同交易内容,可能存在不同交易形式与交易结构。按现行税收政策规定,交易形式与交易结构不同有可能带来不同的税收征收结果。如PPP项目资产证券化,其本质上是盘活存量资产、缓解社会资本方资金压力、提高项目资产使用效率的一种创新模式。多数资产证券化业务并未改变社会资本方作为项目资产运营管理方的运营责任和义务,项目资产及其经营权并未发生实质上的转让,属于项目融资的一种创新方法,但其形式上通常存在PPP资产证券化原始权益人基础资产的转让及对资产证券化设立的特殊目的公司(SPV)股权转让。这些实质上无所有权变更的转让形式,按现行税收政策规定需要征税。此外,资产证券化为防范风险,通常会搭建多层的嵌套投资架构,交易结构复杂,其投资收益在各层级投资主体间传递,可能被税务机关按照流转环节逐一征税,形成重复征税。同时,资产专项支持计划中投资者取得收益的性质及运营收益属于保本性或非保本性的确定,也直接影响投资者的税收负担,对投资者运用交易创新、盘活资产、提高效率、防范风险的行为形成一定阻碍。

在PPP项目公司组织架构搭建上,有限合伙企业能否"穿透"也影

响投资者收益。一是社会资本投资方若成立有限合伙企业作为项目公司投资方，社会资本作为有限合伙企业的有限合伙人（LP），项目公司运营所得通过有限合伙企业分配给社会资本方，该经营所得能否穿透合伙企业享受居民企业间股息红利免税政策，关系该笔股息红利是否被重复征收所得税，进而影响不同组织架构下社会资本方的税负。二是项目公司若设立为有限合伙企业，按现行税收政策规定，有限合伙企业不缴纳所得税，而是由其合伙人分别就来源于合伙企业的所得缴纳企业所得税或个人所得税。如此，项目公司符合有关企业所得税公共基础设施项目经营所得"三免三减半"的优惠政策能否传递给其有限合伙人享受，直接影响涉税资本方的税负。

此外，对政府与社会资本间二次资产转移、政府让渡其应获得的股息红利给社会投资方等 PPP 项目的特殊事项，在实践中如若被税务机关认定为需要征税的，也必然会形成重复征税问题，增加 PPP 项目的税收负担，有违税收效益原则和十八届三中全会确定的公平竞争原则。

4. 针对 PPP 项目特有风险，税收没有发挥调控作用，有违稳定原则

PPP 模式作为基础设施领域的重要建设模式和融资方式，是我国深化供给侧改革，加快新型城镇化建设、化解地方政府债务风险的重要手段。其本身也存在政策环境风险、政府信用风险、合约商务风险、项目融资风险、建设管理风险、运营管理风险。[1] 对于政府信用风险、政策环境风险，考虑到 PPP 项目的公共性和公益性，应当运用政策调控手段，适度帮助社会资本方提高风险耐受度。目前，税收作为宏观调控工具之一，在对 PPP 项目特定风险的调控中，没有很好地发挥作用。如对于政府付费、可行性缺口补助项目，发生政府信用风险，不能按期支付费用的，根据现行税收政策规定，增值税、企业所得税均按照合同约定的收款日期作为纳税义务发生日期，无论是否实际收到款项，都要确认当期收入，按规定计算

---

[1] 沈广军：《基础设施 PPP 项目投资风险分析——从社会资本方角度》，《中国总会计师》2022 年第 2 期。

缴纳税款。即在政府未支付项目费用、补助的情况下，社会资本方需要先行垫付税款，造成项目公司日常营运资金紧张，加大了项目公司运营管理风险。如PPP领域民营企业第一股华夏幸福基业股份有限公司，2016~2020年PPP项目应收政府支付的园区结算款，由92.14亿元上升到640.94亿元，占同期营业收入（不含住宅地产收入）的比例由52%上升到165%（见图1）。

图1 2016~2020年华夏幸福营业收入（不含住宅地产收入）与应收园区结算款

资料来源：根据华夏幸福的上市公司年度报告数据整理。

另外，部分税收政策的有关条件对于PPP项目难以适用，客观上加大了PPP项目的经营风险。如有关关联方资金借贷资本弱化的规定，《财政部 国家税务总局关于企业关联方利息支出税前扣除标准有关税收政策问题的通知》（财税〔2008〕121号）要求，金融企业以外的企业接受关联方债权性投资与其权益性投资比例超过2∶1的，超过部分的利息支出不得在发生当期和以后年度企业所得税前扣除。PPP项目公司的资本金通常只占总投资额的20%~30%，资金缺口大，融资额高，如果融资对象主要为社会资本方的关联方，关联债资比必然大于2∶1，相应超出部分的利息就不能税前扣除，给本就资金紧张、融资难的项目公司增添了不必要的支出，降低了项目公司资金流动性，增加了融资风险和运营风险。

五 运用税收原则设计 PPP 项目税收配套政策优化路径的建议

针对我国 PPP 项目税收配套政策存在的问题，本报告以税收原则为视角，提出对 PPP 项目税收配套政策优化路径的设计建议。即以统一税制、公平税负、促进公平竞争为目标，遵循税收公平原则、效益原则，兼顾稳定原则为指导思想，对 PPP 项目出台专门的税收征管指引，实现统一征管，便利税收征纳；对政策空白进行明确，补充完善 PPP 投资、融资及资产证券化的税收政策，消除 PPP 模式市场竞争的税收障碍，促进公平竞争；对 PPP 项目各环节、全流程、整个生命周期的流转税和财产行为税，合理设计征收环节和征税范围，减少征税环节，予以适当减免，减轻项目税负。在所得税方面，着重消除项目所得重复征税问题，实现公平税负；针对 PPP 项目兼具经济性与行政性的特征，兼顾税收效益与稳定原则，在保持财政收入规模和税收公平环境的前提下，对于关乎民生和公共基础、环保节能等特定领域或行业的项目，发挥税收调控职能，加大优惠力度。

（一）出台 PPP 税收征管指引以消除税收"不便利"

正如前文分析，我国对 PPP 项目的税收管理没有建立与其运行机制及管理特点相适应的税收征管规定，造成税收征纳"不便利"。随着 PPP 模式不断规范发展，项目总量、投资总额不断增加，参与者越来越多，交易结构不断创新，涉及的行业领域广泛覆盖公共产品与服务各个领域，亟须出台全国统一的 PPP 税收征管指引，对 PPP 项目全生命周期涉及的各个税种、税目、税率等税法要素以及征收管理进行梳理。一方面要完善税收政策，弥补法规空白，消除重复征税，规范优惠，降低税收遵从风险，体现税收公平与效益原则，便利投资人准确分析 PPP 项目投资收益与财务风险，给行业带来稳定发展，满足社会公共需求，增加社会福利；另一方面要约束税务机关的征管行为，让 PPP 项目各个涉税事项均

可"按图索骥"进行征管,降低税务机关自由裁量权,降低税收执法风险,提高税收行政效率。

(二)遵循税收公平原则,完善税收规则,填补政策空白

基于税收公平原则,从经济实质出发,对PPP项目政府付费等特殊事项进行分析、定性,明确相应的税收规则,填补先行税收政策的空白点,增强税收确定性。

1.明确可行性缺口补助与政府付费征税规则

目前,我国对PPP项目中使用者付费应当作为项目公司提供产品(服务)的收入征税,在理论及实务界基本不存在争议。回归PPP是政府在公共产品(服务)领域引入市场竞争机制,与社会资本合作,共同提供公共产品(服务)这一基本逻辑,既然项目公司提供公共产品(服务)时向使用者收取费用需要纳税,那么,从税收公平原则出发,项目公司提供公共产品(服务)获得的政府付费、可行性缺口补助是项目公司的同一经济行为(提供公共产品与服务)从不同渠道获取的收益,应当公平地适用相同的税收规则,比照使用者付费纳税的规定执行,不得因付费者身份不同而适用不同的税收规则。因此,项目公司按照合同约定提供公共产品(服务)从政府取得的可行性缺口补助、政府付费,应作为项目公司的营业收入按规定计算缴纳增值税、企业所得税及其他税收。

2.完善特殊机制安排的税收政策

政府为鼓励社会资本方进行PPP项目的投资经营,在可行性缺口补助、政府付费外,还无偿划拨土地、让渡项目公司中政府股东全部或部分分红权等。从经济实质来看,项目公司在合作期内取得的政府无偿划拨土地的性质并无经济利益的实际转移,让渡分红权并未实际支出补助资金,且该让渡的股息红利在项目公司已经缴纳了各项税收,若将该类政府补助认定为项目公司或社会资本方的应税收益,则可能存在重复征税,违背税收公平、中性原则。此外,按照现行规定,增值税、企业所得税属于中央、地方共享税收,其入库税款分别按5∶5、6∶4的比例在中央和地方之间分配,若对地方政

府给予项目公司、社会资本方的补助征收增值税、企业所得税,地方财政补贴的一部分随着税款征收进入中央国库,无形中形成了一种变相的地方财政掏钱补中央财政的现象,加重了地方财政负担。综上,建议从交易实质出发,对于项目公司来源于政府的,与提供公共产品(服务)数量、销售额无直接关联的各类补助,作为增值税、企业所得税的不征税收入;对于因政府让渡股息红利的分红权,社会资本方取得超投资比例的股息红利,可认定为社会资本从项目公司直接分得的股息红利,符合企业所得税相关免税条件的,可以享受居民企业间股息红利免税政策。

3. 明确资产转移税收规则

社会资本方在整个PPP项目中只是拥有项目经营权,其资产所有权一直都在政府手中。PPP项目的两次资产转移,资产由政府移交到项目公司(TOT等模式下),项目运营期结束,项目公司将运营资产移交给政府,实质上并未发生所有权的转让,形式上也没有资产转让的对价支付。若在资产转移时对"资产交易"征税,不仅使社会资本方承担了大额税收成本,还会造成社会资本方现金流短缺,增加社会资本方负担。另外,社会资本方在项目运营期间已就项目资产运营收入缴纳了各项税收,将运营资产移交政府时,对运营资产移交行为征税,在某种程度上是对资本本身及资本投资所得进行双重征税。这不仅没有体现税收的公平原则,还增加了社会资本方的税收压力和税收征管成本。因此,建议按照税收公平原则,尊重交易实质,对PPP项目的两次资产无偿移交不适用税收的"视同销售",不认定为销售行为,也不认定为视同资产租赁,明确政府与社会资本方(项目公司)间无偿移交资产不属于增值税、所得税的征税行为,不征收增值税、所得税;但应对于资产有偿移交行为、对于有偿移交的部分作为增值税、企业所得税收入,按规定征税,并根据有偿移交资产公允价值占全部资产公允价值的比例,计算可在企业所得税前扣除的资产转让成本。

4. 明确项目公司运营资产的税收定性

如前所述,项目公司从政府接收(TOT、ROT等模式下)或建设(BOT等模式)形成的资产,其所有权不属于项目公司。社会投资方投资取得的通常是某项公共产品（服务）的特许经营权。该项资产在项目公司税收上应定性为哪类资产，其计税基础如何确认、计量和扣除，极易引起税企之间的争议。目前，实务中存在金融资产、无形资产——特许经营权和固定资产三种不同观点。在某些需要社会资本方投资建设的BOT等模式下，项目公司运营的资产体现为社会资本方投资建设的项目资产，其形式上具有固定资产的某些特征；而政府与社会资本方达成的项目合同中，往往将合作项目规定为特许经营，具备确认无形资产——特许经营权的要件；在产业新城建设等BOT模式中，社会资本投资形成的资产又具有相对明显的金融资产特征。对此，若税收定性上"一刀切"地将项目公司运营资产认定为某类资产，必将与PPP项目实际经营相距甚远，不能体现经济业务实质；若对PPP项目采取"一事一议"，依据不同项目合同内容及要件来具体确认项目资产税收性质，则超出税务机关专业知识范畴，增加税收征管成本，造成税收"不经济"，也给纳税人纳税造成"不确定"与"不便利"，进而影响税收公平。建议对社会资本方投资获得资产，在税收定性上，允许纳税人进行自由选择，税收征管按照纳税人会计核算确认的资产类别进行定性，并按照相应定性确定其计税基础及税前扣除方法。

（三）坚持效益原则，促进公平税负的实现

坚持税收效益原则，保持税收中性，对PPP项目各环节、全流程、整个生命周期合理设计征收环节和征税范围，减少征税环节，避免重复征税，减轻项目税负。

1. 减少征税环节

一是建议对PPP项目政府与项目公司间无偿转移资产不征收增值税、企业所得税。二是针对社会资本方从政府取得的资产无法取得进项税额税前扣除，项目公司运营收入计算增值税时缺少进项税额抵扣、增值税链条不完整问题，建议对PPP项目公司取得政府转移的资产、划转的土地使用权等可以核定进项税额在税前扣除；对项目公司自行承担项目运营资产建设工程设计、施工等工程的，由于项目公司无法给自己开具发票，建议对其自行承

担运营资产建设工程设计、施工等工程服务不征收增值税、企业所得税，但项目公司因提供服务而外购的商品、服务可以凭发票抵扣增值税进项税额。三是建议减少 PPP 项目生命周期内契税、印花税的征税环节。对项目初期，政府与社会资本方的框架协议，明确不征收印花税；对政府划拨项目建设用地或出让建设用地，凡项目运营期结束后，建设用地需要无偿移交给政府或政府指定单位的，不征收契税。

2. 避免重复征税

一是建议对有限合伙企业的有限合伙人，从有限合伙企业取得的 PPP 项目公司运营所得，可以"穿透"有限合伙企业，视同有限合伙人从 PPP 项目公司取得的股息红利，享受居民企业间股息红利免税政策，避免重复征税；对项目公司是有限合伙企业的，其有限合伙人从项目公司取得的所得，可以按规定享受应由项目公司享受的企业所得税"三免三减半"等税收优惠。二是对 PPP 项目资产证券化的税收处理，建议从交易实质出发，运用"穿透"方法，紧紧围绕交易资产的实质确定纳税义务。对于资产证券化中基础资产的转让实质，建议以是否附"回购"义务为判断标准。若基础资产的转让合约中存在转让方的"回购"义务，则判定基础资产未实质转让，不征收增值税；企业所得税可以参照《财政部 税务总局关于基础设施领域不动产投资信托基金（REITs）试点税收政策的公告》（财政部 税务总局公告 2022 年第 3 号）规定，原始权益人划转基础设施资产相应取得股权，适用特殊性税务处理，不确认所得，不征收企业所得税。原始权益人向资产专项计划的承载主体 SPV 公司转让股权实现的资产转让评估增值，当期可暂不缴纳企业所得税，允许递延至资产专项支持计划完成募资并支付股权转让价款后缴纳。

对 SPV 公司运营期间取得的收益，若资产证券化合约约定了固定收益、保底收益，建议按照贷款服务缴纳增值税；若未约定固定收益、保底收益，或约定的内容判定为非保本收益，则视为投资行为，无须缴纳增值税。

针对资产证券化的多层嵌套投资架构，建议明确资产证券化各层级架构中的投资者获得来自下层架构分配的税后所得，不属于增值税征税范围，企

业所得税可以"穿透"底层资产的税后经营所得，享受居民企业间股息红利所得免征企业所得税的优惠政策。

（四）兼顾税收效益与稳定原则，审慎优惠，适当激励，优化资源配置

兼顾税收效益与稳定原则、保持财政收入规模和税收公平环境，在现有PPP项目的税收优惠政策基础上，对PPP实施中市场机制能发挥作用的事项，由市场竞争调节；对市场竞争难以发挥作用的痛点、堵点，应发挥税收调控职能，审慎制定优惠政策，给予社会资本适当激励，优化公共基础设施建设、公共产品（服务）提供方面的资源配置。

针对政府信用、政策环境风险，政府不能按期支付费用的，建议参照《国家税务总局关于金融企业贷款利息收入确认问题的公告》中，有关金融企业利息收入逾期未收回的可以冲减当期利息收入的规定，逾期90天以上未收回的政府付费、可行性缺口补助，可以冲减逾期90天当期的收入，降低政府信用风险给企业带来的影响。

针对项目资金需求量大、融资比例高的问题，建议出台规定，项目公司不受《财政部 国家税务总局关于企业关联方利息支出税前扣除标准有关税收政策问题的通知》（财税〔2008〕121号）关联债资比的限制，PPP项目公司接受关联方债权性投资与其权益性投资比例超过2∶1的，超过部分的利息支出可以在发生当期和以后年度企业所得税前扣除。

针对PPP项目投资额大、经营年限长、收益率不高等特点，对项目公司发生亏损的，建议将其亏损弥补的年限由5年调整为10年。

如前文所述，我国目前没有专门针对PPP项目的税收优惠政策，仅在PPP项目集中的公共基础设施以及垃圾、污水处理等公用事业、环保领域项目等，规定了相关税收优惠政策。这些优惠政策的覆盖面有限，PPP中常见的旅游开发、医疗卫生、教育、体育、社会保障、城镇综合开发项目缺乏专门的优惠政策。建议将增值税、企业所得税对公共基础设施以及垃圾、污水处理等公用事业、环保领域项目等的优惠政策扩围到以上领域。

参考文献

[1] 申山宏:《PPP 模式下税收优惠政策研究》,《时代经贸》2020 年第 3 期。
[2] 岳贤峰:《政府和社会资本合作模式的税收激励政策研究》,《西部财会》2018 年第 3 期。
[3] 张晶、张鹏:《基础设施领域 PPP 模式下税收优惠政策探究》,《财会学习》2021 年第 27 期。
[4] 王经绫、赵伟、黄燕娜:《浅析 PPP 项目公司的增值税问题》,《中国财政》2017 年第 16 期。
[5] 王经绫、张京:《PPP 项目的增值税成本效应问题研究》,《税务研究》2018 年第 4 期。
[6] 韩冰、夏强:《增值税对 PPP 项目全生命周期的影响分析》,《中国物价》2019 年第 1 期。
[7] 杨万壮:《浅析 PPP 投资项目全过程税务筹划》,《财经界》2020 年第 3 期。
[8] 刘学强:《PPP 项目全过程税务筹划管理研究》,《建筑经济》2020 年第 11 期。
[9] 赵辉:《建筑施工企业 PPP 项目税务筹划研究——以石家庄某 PPP 项目为例》,《建筑经济》2021 年第 5 期。
[10] 王景鹏:《PPP 模式下建筑企业施工项目税务问题探讨》,《知识经济》2018 年第 13 期。
[11] 张杰、王叶:《PPP 项目中明股实债投资的税政及税负分析》,《财会通讯》2019 年第 5 期。
[12] 徐珊:《PPP 资产证券化税收制度的中性设计》,《长春大学学报》2019 年第 5 期。
[13] 唐祥来、康锋莉:《税收政策促进农业农村领域 PPP 模式发展研究》,《税务研究》2020 年第 11 期。
[14] 杨复卫:《税收优惠激励养老产业发展的法律效果评估》,《大连理工大学学报》(社会科学版) 2020 年第 4 期。
[15] 刘正航:《PPP 项目风险管理问题探析——基于 D 市海底隧道项目的案例分析》,《中国注册会计师》2019 年第 6 期。
[16] 吉富星:《PPP 项目税收的难点及解决思路》,《财务与会计》2019 年第 1 期。
[17] 李大光、许小平、陈钦:《PPP 项目公司涉税风险管理重点》,《财务与会计》2020 年第 13 期。
[23] 沈广军:《基础设施 PPP 项目投资风险分析——从社会资本方的角度》,《中国总会计师》2022 年第 2 期。
[19] 高萍、郑植:《PPP 项目税收政策研究——基于 PPP 模式全生命周期税收影响的分析》,《中央财经大学学报》2018 年第 12 期。

[20] 吴静、雷正:《我国 PPP 项目全生命周期的税收政策研究》,《财政监督》2022 年第 5 期。

[21] 侯卓:《重识税收中性原则及其治理价值——以竞争中性和税收中性的结合研究为视角》,《财政研究》2020 年第 9 期。

[22] 武丹:《税收原则理论的历史演变及评价》,《对外经贸》2015 年第 1 期。

[23] 倪红日:《我国税收原则的历史性转换及对宏观经济调控的作用》,《税务研究》1997 年第 6 期。

[24] 邓远军:《我国当代税收原则新论》,《扬州大学税务学院学报》2005 年第 1 期。

[25] 鲍灵光:《西方税收原则理论述评》,《经济学动态》1997 年第 5 期。

[26] 吕敏、廖振中:《税收中性视野下 PPP 的税收制度嵌入路径》,《税务研究》2017 年第 5 期。

[27] 卢佳烨:《减税目标下 PPP 项目税收政策优化分析》,硕士论文学位,中南财经政法大学,2020。

B.16 存量PPP项目资产转让与特许经营权转让问题研究

李贵修 安秀梅 汪耿超*

摘　要： 本报告采用多种研究方法，首先界定了存量PPP项目的内涵，分析了存量PPP项目资产转让与特许经营权转让的关系，针对当前存量PPP资产转让中存在的问题，提出了存量PPP项目应用资产转让的实质是资产形态的一种改变，应当遵循价值守恒的原则和市场价值规律，而违背市场原则、人为提高交易价格的行为属于虚增政府收入，会构成政府隐性负债，压低交易价格转让则会造成国有资产流失。存量PPP项目资产转让的目的是创新公共服务提供方式，而公共服务的运营需要特许经营权的授予等。

关键词： 存量PPP　资产转让　特许经营

习近平总书记在中央财经委员会第十一次会议上强调："要推动政府和社会资本合作模式规范发展、阳光运行，引导社会资本参与市政设施投资运

---

* 李贵修，财政部PPP专家，中央财经大学政信研究院PPP中心副主任，上海市建纬（郑州）律师事务所副主任，郑州仲裁委员会政府和社会资本合作仲裁院副院长、仲裁员，招投标中心副主任，建设工程评审委员会委员、评审专家，中国商业法研究会理事，河南省律师协会财政税收专业委员会副主任；安秀梅，中央财经大学政信研究院院长，教授，博士生导师，研究方向为财税理论与政策、政府投融资管理等；汪耿超，棕榈生态城镇发展股份有限公司董事长，河南省豫资保障房管理运营有限公司执行董事，河南省中豫城市投资发展有限公司董事长。

营。"财政部《关于规范政府和社会资本合作（PPP）综合信息平台项目库管理的通知》（财金〔2017〕92号）第二条规定，各级财政部门应认真落实相关法律法规及政策要求，对新申请纳入项目管理库的项目进行严格把关，优先支持存量项目，审慎开展政府付费类项目，确保入库项目质量。存量PPP项目在整个PPP应用中占比很大，有序推进存量PPP资产转让可以有效盘活政府存量资产，化解地方政府债务，转化政府职能，提高公共服务效能，实现公共服务增量有效提升，有效解决我国地方政府债务负担过重以及基础设施投资瓶颈问题。然而，近几年存量PPP项目资产转让与特许经营权转让实践中，确实存在很多隐患和问题，亟须从理论和实践两个层面深入研讨，查摆原因，形成共识，帮助决策部门精准施策。

一 存量PPP项目及资产转让的界定

关于存量PPP项目的界定，目前在学理层面并没有形成统一、完整的定义，不同专家、学者、管理部门等对此有多种不同的解释。财政部PPP专家杨捷认为，存量PPP是指已建成或已运营的项目，采用PPP实施的一种模式。财政部PPP专家曹珊认为，在我国PPP项目的发展历程中，存量PPP项目的概念是一个动态变化的过程，PPP模式的推广初期，存量PPP项目更多指向为了盘活存量资产而采用PPP模式开展的项目，这类项目的前身往往是采用BT模式或特许经营模式开展的基础设施项目。[①] 财政部PPP专家徐向东认为，存量PPP项目的核心是合作期开始项目公司（社会资本）即有运营现金流收入。存量PPP项目的具体方式与项目公司（社会资本）是否拥有资产的所有权其实关系并不大，只要项目公司（社会资本）在合作期初即有运营现金流收入即可，这种现金流收入可以通过委托、租赁、买卖、转让等多种方式获取。因此，不应该排除政府方签署租赁合同由

[①]《【专家库交流实录】存量PPP项目应该如何设置运作方式？有哪些具体的相关建议？》，"道PPP"微信公众号，2020年9月15日，https://mp.weixin.qq.com/s/-n20mPpR-ii-QqA-7axq1w。

项目公司（社会资本）进行运营维护（LOT）等方式。[①]

本报告认为，存量PPP项目是与新建PPP项目相对应的一个概念，以项目是否建成并投入运营为判断依据。存量PPP项目资产是地方政府通过PPP模式已经实际投资建设完成并具有完整使用功能的国有资产，指地方政府通过行政机关、事业单位、国有融资平台以PPP模式投资、负债、划拨等形成的或法律规定归属于其的国有资产。政府融资平台市场化转型之前以负债形成的国有资产一般视为政府隐性负债形成的资产，而融资平台市场化转型后形成的国有资产应视为企业资产，不能作为存量PPP项目资产。[②]

所以，存量PPP项目资产转让是通过存量PPP项目的所有权与经营权的合规分离实现地方政府国有资产由固定资产、股权资产形态转化为货币资产形态的运作方式，存量PPP项目资产转让不应理解为地方政府的举债融资。[③]

二　存量PPP项目资产转让和特许经营权转让行为适用规则

存量PPP资产转让是公共产品提供模式的创新，其目的是通过有效盘活政府存量资产，转化政府职能，增加公共产品的供给能力。要防止存量PPP在资产转让过程中造成虚增政府收入，形成政府隐性债务。存量PPP项目资产转让必然伴随特许经营权的转让。通过存量PPP项目特许经营合同（或条款），政府授予社会资本提供公共服务特许经营的权利，为特许经营行为提供政府差额补贴，获得公共服务使用者付费，同时规定提供公

---

① 《【专家库交流实录】存量PPP项目应该如何设置运作方式？有哪些具体的相关建议？》，"道PPP"微信公众号，2020年9月15日，https://mp.weixin.qq.com/s/-n20mPpR-ii-QqA-7axq1w。

② 《【专家库交流实录】存量PPP项目应该如何设置运作方式？有哪些具体的相关建议？》，"道PPP"微信公众号，2020年9月15日，https://mp.weixin.qq.com/s/-n20mPpR-ii-QqA-7axq1w。

③ 《预算法》规定地方政府债权为地方政府唯一举债通道。

共服务应当遵循的质量、安全、价格等义务。因此，存量PPP项目资产转让和特许经营权转让行为应严格遵循以下法律规则，做到依法实施，规范实施。

（一）严格遵循国有资产交易管理的相关规定

存量PPP项目资产转让和特许经营权转让行为是国有资产的一种交易模式，应当遵循国有资产交易管理的相关规定。国务院国资委、财政部《企业国有资产交易监督管理办法》（国务院国有资产监督管理委员会 财政部令第32号），财政部颁布的《行政单位国有资产管理暂行办法》（财政部令第35号）、《事业单位国有资产管理暂行办法》（财政部令第100号）等均对存量PPP项目涉及国有资产转让应当公开进行并进场交易做出了明确规定。PPP存量项目，不论其构成内容是在建工程，还是固定资产或无形资产，抑或是资产组，也不论是资产所有权的转让，还是资产经营权的转让，只要是涉及国有资产的转让，根据《资产评估法》、《企业国有资产法》以及《国有资产评估管理办法》的有关规定，就属于法定评估事项。①

（二）严格遵守《预算法》等国家和地方政府相关债务管理的政策规定

PPP模式中的政府支出责任与政府债务之间的关系历来是管理界争论的一个焦点问题。不规范的政府支出责任，本质上就是政府债务。因此，存量PPP项目应用中资产和特许经营权转让行为要遵守《预算法》和国家地方政府相关债务管理的规定。同时，要严格执行《政府采购法》《政府投资条例》《招标投标法》等国家关于采购管理、投资管理的规定。防止存量PPP应用触碰法律的红线。此外，还要严格执行财政部、国家发改委等国家部委关于PPP管理的各项规范。存量PPP资产及特许经营权转让行为还

---

① 《【专家库交流实录】存量公共资产采用PPP模式如何在采购阶段利用存量资产评估报告进行交易定价？若未开展存量资产评估将存在哪些影响？》，"道PPP"微信公众号，2019年7月30日，https://mp.weixin.qq.com/s/qsJw8XwNJpmRcXkle7UxkQ。

要严格遵循国务院、国家发改委、财政部等国家部委关于特许经营权转让的规定，做到依法转让特许经营权，需要办理相关许可手续的要办理相关手续。

三 存量 PPP 项目资产转让和特许经营权转让过程中存在的问题及政策建议

（一）针对应用模式选择不当问题的政策建议

存量 PPP 项目应用通常有委托运营、管理合同、"转让—运营—移交"（TOT）、"改建—运营—移交"（ROT）、"转让—拥有—运营"（TOO）等多种模式。存量 PPP 资产转让应采取哪些方式应当充分考虑存量项目的特性，对项目是否具备经营性、资产权属是否清晰、项目权属/权益转让是否易于操作、项目实施成本及税负差异等各方面因素进行综合考虑后，确定适合的具体运作方式。例如，对于供排水、垃圾处理、收费公路等权属清晰、经营性较强的存量项目，更适宜采取 TOT、ROT 等运作方式；而对于非经营性的存量市政道路等项目，因其资产所有权转让并不具备明确的法理依据，而经营权转让实际上又缺少与该权能相对应的使用者付费来源基础，采取委托运营类的运作方式更为适宜。运作模式的选择，取决于政府的实际需求，如果是希望引入先进的运营主体，提高区域公共服务事业的运营效率和经营效果，则可以直接采用委托运营的方式或者 ROT 方式；如果需要盘活存量资产、融通资金来解决其他项目建设财政支出的资金缺口，TOT 方式则是最佳选择。[①] PPP 模式普遍应用于能源、交通、市政、医疗卫生、养老、环保、城镇开发等不同行业领域，涵盖资产转让、改扩建、运营、移交等项目全生命周期风险分配、权责分担和收益分享，涉及

---

① 《【专家库交流实录】存量 PPP 项目应该如何设置运作方式？有哪些具体的相关建议？》，"道 PPP"微信公众号，2020 年 9 月 15 日，https：//mp.weixin.qq.com/s/-n20mPpR-ii-QqA-7axq1w。

271

政府、社会资本、金融机构、建设单位、社会公众等各参与方的权益，分布在全国各地，地域特征明显，应综合考虑以上因素并结合项目回报方式、定价机制、收益水平、风险分配、融资需求、改扩建需求和期满处置等实际情况，合理选择运作方式。

存量PPP资产按项目的资产权属归属可以分为政府资产和政府全资或控股的国有企业资产两大类。本报告建议，对前一种资产，政府拥有直接的所有权，可以直接处置，这类资产可以直接提供转让项目资产的所有权、使用权、收益权等，直接进行PPP转化的运作。第二种资产政府并不当然地拥有资产的所有权，政府应当通过其所有的股权来行使权利，而不能对资产进行直接处置，这种情况下的资产PPP转化只能通过转让相应的国有股权进行。实务中很多存量PPP项目将国有企业资产直接进行所有权、经营权等转让的行为是错误的，甚至是违法的。[①] 应结合存量PPP资产的权属、性质、现金流、政府需求、社会需求、人民满意度等多方面因素综合考虑，不能为了增加政府融资一律采用TOT模式。

（二）针对资产权属不清晰问题的政策建议

一般来讲，进入市场交易的资产应该产权清晰，不动产应该有完整的资产权属登记，只有登记权人有资格转让该资产。事实上，存量PPP转让的资产要达到该权属要求的标准很难。地方政府用于存量PPP转化的资产通常并没有权属登记，有的项目立项、规划、用地、建设许可、竣工验收等手续缺失，有的甚至是国有企业资产，其相关手续均登记在国有企业名下。

本报告认为，存量PPP资产的权属要求对规范存量PPP资产转让极为重要，不符合实际的权属要求标准会导致存量PPP资产转让没法顺利实施。鉴于存量PPP项目资产权属不太清晰，建议对于那些建设手续齐全、权属清晰，对债权债务做了妥善处置、职工安置等工作已经完成或具有切实可行

---

① 《【专家库交流实录】存量PPP项目应该如何设置运作方式？有哪些具体的相关建议？》，"道PPP"微信公众号，2020年9月15日，https://mp.weixin.qq.com/s/-n20mPpR-ii-QqA-7axq1w。

方案的项目，优先进行资产转让。对于产权本身有争议，相关的立项、规划、用地、建设许可、竣工验收等手续都缺失的项目，应首先依法进行产权界定，明晰资产的产权归属，否则坚决不能采用存量 PPP 模式，以防后患。

（三）针对债权人利益保护缺失问题的政策建议

存量 PPP 项目资产转让和特许经营权转让行为中存在债权人利益保护缺失问题。有的地方政府在不征求债权人意见、不对债权依法清偿或担保的情况下将国有企业的资产直接作为存量 PPP 资产进行 TOT 转化，并将有关公司债务悬空。国有企业资产不同于国有资产，政府并不拥有全部资产的所有权，政府只能通过其持有的国有股权来行使权利，而不能对企业的全部资产进行直接处置。实务中很多存量 PPP 项目将国有企业中的全部资产所有权、经营权等直接转让的行为是错误的，甚至是违法的。①

本报告建议，存量 PPP 项目资产转让前，应首先对国有企业中的债务依法进行清理，对债权人的债权做出妥善处置。对存量 PPP 项目进行评审和入库审核时要重点关注其债务处置和清偿情况，没有对债务进行合法处置，采取依法清偿、担保等措施的 PPP 项目不得经过评审和入库，以保护债权人的合法利益。

（四）针对职工利益保护不到位问题的政策建议

存量 PPP 项目在资产转让中的另一个重要问题就是没有对职工安置等问题做出妥善处置。有的存量 PPP 项目资产转让方案中根本就没有涉及职工的安置，或者一笔带过，缺乏切实的制度安排和资金保障。这种做法的合法性不足，也容易造成很大的社会矛盾。

本报告建议，存量 PPP 项目应当对职工安置做出切实可行的详尽规定，并履行相应的民主表决和报批程序。对存量 PPP 项目进行评审和入库审核

---

① 《【专家库交流实录】存量 PPP 项目应该如何设置运作方式？有哪些具体的相关建议？》，"道 PPP" 微信公众号，2020 年 9 月 15 日，https：//mp.weixin.qq.com/s/-n20mPpR-ii-QqA-7axq1w。

时要重点关注其职工安置方案的合法性、可行性。没有切实落实职工利益保护措施、违反《劳动法》规定的项目，不得经过评审和入库。

（五）针对交易定价不规范问题的政策建议

存量PPP项目涉及国有资产所有权或经营权的转让，为保证国有资产的保值增值，确保PPP项目的公平公正，应当科学、合理、依法确定交易底价和交易价。然而在实践中，资产评估机构对存量资产的评估通常是指对资产所有权的价值评估，而针对资产经营权有偿"转让"的资产评估相对不成熟，包括评估依据及评估方法都未达成共识及形成统一标准。[①] 许多存量PPP项目采用转让经营权的模式进行，但是评估报告仅仅是对所有权的评估，导致资产的交易定价不规范。

本报告认为，对转让经营权形式的存量PPP项目不应该仅以所有权的评估报告为依据。[②] 资产评估常见的几种评估方法为：成本法、市场法、收益法及实物期权法等。其中收益法的分析思路与PPP模式的投资逻辑契合度高。关于存量资产在PPP采购环节的交易定价，根据国有资产交易的相关规定，存量资产交易定价建议采用以下方式进行。一是通过产权交易机构定价。企业国有资产通过产权交易机构定价，行政事业单位资产比照执行。二是通过市场测试方式定价。结合PPP项目的市场测试流程，对行政事业单位存量资产价值进行市场测试。其定价比照产权交易机构定价要求。三是将产权交易机构（或市场测试）的最终定价作为PPP项目采购阶段存量资产的竞标底价。[③]

[①] 《【专家库交流实录】存量公共资产采用PPP模式如何在采购阶段利用存量资产评估报告进行交易定价？若未开展存量资产评估将存在哪些影响？》，"道PPP"微信公众号，2019年7月30日，https://mp.weixin.qq.com/s/qsJw8XwNJpmRcXkle7UxkQ。

[②] 《【专家库交流实录】存量PPP项目应该如何设置运作方式？有哪些具体的相关建议？》，"道PPP"微信公众号，2020年9月15日，https://mp.weixin.qq.com/s/-n20mPpR-ii-QqA-7axq1w。

[③] 《【专家库交流实录】存量公共资产采用PPP模式如何在采购阶段利用存量资产评估报告进行交易定价？若未开展存量资产评估将存在哪些影响？》，"道PPP"微信公众号，2019年7月30日，https://mp.weixin.qq.com/s/qsJw8XwNJpmRcXkle7UxkQ。

此外，对各方反应比较强烈的转让资产中土地使用权是否应该作价评估进入总价的问题，本报告建议：存量资产采用转让所有权模式的，其土地使用权是转让资产不可分割的部分；转让经营权形式的存量资产转让价值评估一般应采用收益法而非成本法，土地使用权的价值自然不能直接作为存量资产的部分价值构成。

因此，在 PPP 项目审核入库等关键环节，要认真审核转让资产的评估方法是否科学合理，定价机制是否符合法律规定。防止错误估值带来的虚增政府收入，以及不合理定价导致的国有资产损失。

（六）针对虚增政府收入、形成政府隐性债务问题的政策建议

存量 PPP 资产转让虚增政府收入、构成地方政府隐性债务是管理当局最为担心的问题。本报告认为，从理论上讲，存量 PPP 项目资产转让是政府资产形态的一种转化，通过资产所有者或使用主体的改变实现了资产形态的改变，其总价值是不应该改变的，只要依法规范运作就不会虚增政府收入，形成政府隐性债务。存量 PPP 资产转让之所以会引起大家的强烈担忧，是因为部分地方政府滥用存量 PPP 模式。例如，按照存量资产是否具有运营价值可以分为具有运营价值的 PPP 资产和不具有运营价值的 PPP 资产，实务中发现有的地方政府对即将淘汰废弃的基础设施进行存量 PPP 资产转化，这种转化既不能实现 PPP 提供公共产品之功能，更是违规之行为，是变相的违规举债。[①] 地方国有企业的国有资产，主要靠企业举债融资形成，政府拥有的是国有企业的股权并不是资产所有权。而有的地方政府将债务和职工安置抛开，直接将公司资产采用 TOT 模式转化，就是虚增了政府收入，形成了政府的隐性债务。还有的项目在对存量 PPP 资产转让时采用成本法评估资产，转让的却是经营权，直接抬高了转让价，也虚增了政府收入，增加了政府隐性债务。还有的地方政府滥用使用者付费项目，如在有些污水处

---

① 《【专家库交流实录】存量 PPP 项目应该如何设置运作方式？有哪些具体的相关建议？》，"道 PPP" 微信公众号，2020 年 9 月 15 日，https：//mp.weixin.qq.com/s/-n20mPpR-ii-QqA-7axq1w。

理和自来水项目中，政府把多年形成的管网全部或大部分打入项目包，甚至将废弃使用的一些管网也打包进来，形成"头重脚轻"的局面，变相抬高了转让价格，这是虚增政府收入，形成了政府隐性债务。

本报告建议，在存量PPP项目资产转让中要严格审核转让资产与特许经营权的评估方法和定价机制，防止故意抬高转让价格、虚增政府收入和借道违规举债，坚决禁止该类项目经过评审和进入项目库。

（七）针对税费过重问题的政策建议

我国现行的增值税等税种通常是针对交易行为征收的，理论上必然会产生较多的税费支出。本报告认为，存量PPP项目资产转让通常至少有两次交易，存量PPP应用实务中很少有实际转让资产所有权的情况，因为存量PPP特别是TOT、ROT等运营期满后资产还要移交政府，所有权的过户对社会资本并无实际意义，因此绝大多数通过转让经营权和股权来实现。这样的转让行为，一方面降低了交易价，从而降低应税额；另一方面由于资产所有权本身不转让，不需要过户登记，避免了资产过户带来的税赋问题。所以，存量PPP项目资产转让事实上并不存在税赋过重的问题。

（八）针对预算收支不规范问题的政策建议

存量PPP项目资产转让会产生国有资产交易收入，按照《预算法》及其实施条例的规定，该项收入应该列入国有资本经营收益，其支出应该用于国有资本投资和安置补偿国有企业职工等。有的地方政府在存量PPP项目资产转让中的确存在收支未列入预算管理或不规范列支问题。本报告建议，存量PPP项目管理中应重点检查其预算收支情况，严格执行存量PPP项目的预算管理规定。

为了实现存量PPP资产转让的规范操作，切实加强预算管理，建议尽快制定颁布"存量PPP资产转让操作规范"，严格按规范要求执行，特别是要加强对存量PPP项目资产转让和特许经营权转让行为的监督和管控措施，提高项目运行的公开透明度,广泛接受社会各界监督。让存量 PPP 项目资产转让和特许经营权转让行为有矩可循,严格守距,操作透明。

参考文献

[1] 王润泉:《我国 PPP 模式的演进发展历程》,《农业发展与金融》2018 年第 12 期。

[2] 韩上尚:《PPP 项目特许协议再谈判机制研究》,硕士学位论文,西南科技大学,2018。

[3] 郝春水:《供给侧改革的想象力空间有多大——以存量文化体育资产的盘活为例》,《企业观察家》2018 年第 8 期。

[4] 赵福刚:《关于对政府融资平台公司存量债务处置化解方法的工作思路》,《财经界》2019 年第 5 期。

[5] 张映军、王辛杰:《产权市场新的历史使命和发展蓝图》,《产权导刊》2017 年第 2 期。

[6] 闫文鑫:《我国 PPP 环保项目合同的法律问题研究》,硕士学位论文,南华大学,2018。

[7] 陈渊鑫:《〈行政单位国有资产管理暂行办法〉部分条文的理解与适用(三)》,《财政监督》2017 年第 22 期。

[8] 严雅馨:《基于社会资本方视角的城市轨道交通 PPP 项目收益风险管理研究》,硕士学位论文,重庆大学,2017。

[9] 张融:《污水处理厂存量项目改扩建工程 PPP 咨询案例浅析》,《中国工程咨询》2018 年第 9 期。

[10] 张向东:《我国高校财务问题研究》,博士学位论文,吉林大学,2009。

[11] 钱卫清、邓定远:《国企规范改制系列专题 改制中的职工权益维护》,《企业管理》2004 年第 9 期。

[12] 李妍茹:《湖北省发展 PPP 模式存在问题及对策建议研究》,硕士学位论文,中南民族大学,2018。

B.17 基础设施领域 REITs 发展现状及创新路径研究

王铭磊[*]

摘　要： 当前，我国基础设施领域 REITs 正处于试点先行、稳步扩容的发展期，随着我国新型城镇化的步伐不断加快，基础设施投资需求也随之增加，PPP 作为近年来发展基础设施的主要形式也得以迅速发展。本报告梳理 REITs 概念、基本情况、发展历程和现状，基础设施领域 REITs 政策法规、准入标准及监管要求，并在此基础上对 "PPP+REITs" 的创新路径进行研究，从可行性和必要性、基础资产选择、交易结构和实践案例等不同维度进行分析，思考存在的问题，进而提出优化交易程序、完善税收政策、健全定价机制和做好信息披露等相关建议，具有重要的现实意义。

关键词： REITs　不动产　基础设施　PPP 项目

基础设施 REITs 作为我国基础设施投融资体系的重大创新，贯彻落实党中央重要战略部署，有利于促进投融资良性循环，助力实体经济发展。将基础设施 REITs 应用于 PPP 领域，有助于盘活存量资产，提升地方投融资效率。同时，公开透明的市场机制会促使 PPP 项目进入专业化的管理运营，不断提升基础设施项目的建设水平。

---

[*] 王铭磊，北京金融控股集团资本运营部总经理助理。

一 REITs 的概念及基本情况

（一）概念

不动产信托投资基金（Real Estate Investment Trusts，REITs），最早起源于美国，是一种按照信托原理设计的金融产品，采用发行收益凭证的方式募资，交由专业机构对不动产进行投资经营管理，并将投资收益按比例分摊给投资者。

简单来讲，REITs 是把非证券、流动性低且现金流较好的不动产，转变为可以交易和流动的证券资产的金融化过程。其中不动产资产主要包含传统意义上的商业地产，如写字楼、酒店、商场等，以及产业园区、机场、港口、铁路、高速公路、数据中心等基础设施。

（二）分类情况

REITs 在不断发展过程中形成了多种不同类型的产品，其在资金投向、组织形式、募集方式、运作方式等诸多方面各有特点（见表1）。

表1 REITs 产品类型及内容

划分方式	类型	内容
资金投向	权益型	以入股方式投资不动产，获取所有权和经营权，其收入来源主要是运营所得和股权出售收益
	抵押型	向不动产所有者发放贷款或购买二级市场抵押贷款，拥有不动产债权，贷款利息是其主要收益来源
组织形式	公司型	依据《公司法》成立，作为主体发行股份募资投资不动产，收益来自股利
	契约型	依据信托契约发行收益凭证募资，投资不动产，收益为基金分红和信托收益
募资方式	私募	以非公开形式，向特定投资人募资
	公募	以公开发行方式，向广大投资人募资
运作方式	封闭型	不允许投资人随意增加和赎回份额
	开放型	允许投资人随时买入和赎回份额

资料来源：根据公开资料整理。

（三）产品特点

REITs作为创新融资品种，相比于股票、债券、大宗商品等大类资产，具有独特的产品特点。

投向明确。一般投资成熟运营的不动产，主要为商业地产和基础设施，依托长期稳定的现金流进行收入分配。

强制分红。通常会约定强制分红比例，英美等国家要求每年至少把90%的可分配收入作为分红向投资者分配，投资人一般能够获取持续稳定的收益回报。

税收中性。为避免双重征税，多数国家或地区在REITs层面对项目公司免征所得税，部分国家或地区还会对投资者层面的所得税进行优惠或免征。

低杠杆运作。大部分国家和地区的REITs杠杆率通常不高，往往会对杠杆率加以限定，如在新加坡和中国香港就规定杠杆率不得超过50%。

二 REITs发展历程及现状

1961年首期REITs诞生于美国，经过60余年的持续发展，REITs已成为仅次于股票和债券的全球第三大类基础性金融产品，在全世界形成了规模巨大的市场。截至2021年末，共有865只REITs在全球运营，总市值约2.5万亿美元。[1] 发行区域也遍布全世界各地，其中北美地区市值规模最大，其他区域市场也在蓬勃发展，特别是亚洲地区，近年来发行规模出现较快增长。截至2021年末，亚洲地区市场上共发行198只，总市值达3041亿美元，主要集中在日本、新加坡和中国香港等国家和地区。[2]

---

[1] 《2022年中国REITs市场投资研究报告》，"艾瑞"微信公众号，2022年7月18日，https://baijiahao.baidu.com/s?id=1732319479348013909&wfr=spider&for=pc。

[2] 《亚洲房地产投资信托基金（REITs）研究报告》，原创力文档网站，2022年5月8日，https://max.book118.com/html/2022/0507/7024013110004120.shtm。

相比国外 REITs 市场，国内市场发展相对较晚，但发展速度较快，主要经历了探索和研究、私募 REITs 发展和公募 REITs 发展三个阶段。

（一）探索和研究阶段（2001~2013年）

该时期，我国境内并没有正式发行 REITs 产品，主要是以探索研究为主。2004 年，国务院印发《关于推进资本市场改革开放和稳定发展的若干意见》，开启了探索研究的先河。2007 年，央行牵头成立 REITs 专项研究小组，设立监管部门，进一步推动了 REITs 市场建设研究。2008 年，国务院先后发布"金融国九条"和"金融三十条"，提出"开展 REITs 试点"，从国务院政策层面首次提出 REITs 发展，为下一阶段的 REITs 产品推出奠定了良好基础。

（二）私募 REITS 发展阶段（2014~2019年）

该阶段，我国 REITs 市场逐步发展，产品以私募 REITs 为主。随着《关于进一步做好住房金融服务工作的通知》和《住房城乡建设部关于加快培育和发展住房租赁市场的指导意见》等文件陆续印发，REITs 试点又得到进一步的推动。2014 年 5 月，中信启航 REITs 成功发行，成为我国交易所市场首单私募 REITs 产品，之后在交易所和银行间市场陆续发行多期私募 REITs，产品涵盖零售物业、办公物业、公寓、物流仓储、基础设施和酒店等不同业态，产品形式也在持续创新。

（三）公募 REITs 发展阶段（2020年以来）

该时期，我国 REITs 市场发生了重大创新。2020 年 4 月，证监会和国家发改委联合印发《关于推进基础设施领域不动产投资信托基金（REITs）试点相关工作的通知》，标志着我国境内基础设施公募 REITs 试点正式启航。2021 年 6 月，首批 9 只基础设施 REITs 产品正式上市交易，进入落地阶段。截至 2022 年 4 月末，共有 12 只基础设施 REITs 上市，发行规模近 500 亿元，底层资产涵盖了清洁环保、产业园区、高速公路、仓

储物流等多种基础设施类型。资产主要分布于京津冀、长三角、粤港澳大湾区等重点区域。

三 基础设施REITs是创新基础设施投融资的有效路径

我国基础设施建设通常面临资金来源单一、投资回报率较低、社会资本参与度低、退出困难等挑战。REITs作为与基础设施特点高度匹配的创新金融工具，对于缓解基础设施建设挑战压力具有重要作用。

（一）重要意义

基础设施REITs作为投融资机制的重大创新，在国家、地方政府、企业和资本市场等多个层面，均具有重要的现实意义。

一是金融战略新选择。基础设施REITs作为深化金融服务供给侧改革的重要抓手，深入贯彻落实国家重大决策部署，为我国基础设施投融资提供了可持续的金融战略，同时进一步提高直接融资比例，深化资本市场服务实体经济。

二是资产盘活新方式。基础设施REITs能够有效盘活存量资产，建立新型基础设施投融资机制，地方政府可以将其持有的低流动性不动产资产转变为高流动性的金融资产，实现轻资产运营，逐步优化存量债务问题。

三是运营模式新工具。基础设施REITs推动基础设施专业化运营，为基建类企业开拓新的融资渠道，改善融资结构，有效减轻企业投融资压力。同时建立企业产融结合平台，通过扩大企业有效运营的资本规模，助力社会资金投入基建类项目，实现良性的投融资循环。

四是投资融资新产品，填补当前金融产品空白。基础设施REITs主要投资现金流充裕、运营良好的优质资产，为个人和金融机构提供新的投资渠道，进一步拓宽社会资本投资渠道。

（二）政策法规

我国基础设施REITs政策法规体系涉及诸多监管部门，是以国家发改委和证监会为顶层制度设计部门，以交易所、行业协会为执行保障机构的双层结构体系。目前政策逐渐由顶层制度细化至实际操作与行业规范，相关主要政策法规如表2所示。

表2 我国基础设施REITs主要政策法规

时间	文件	发布单位
2020年4月	《关于推进基础设施领域不动产投资信托基金（REITs）试点相关工作的通知》	证监会、国家发改委
2020年7月	《关于做好基础设施领域不动产投资信托（REITs）试点项目申报工作的通知》	国家发改委
2020年8月	《公开募集基础设施证券投资基金指引（试行）》	证监会
2021年7月	《关于进一步做好基础设施领域不动产投资信托基金（REITs）试点工作的通知》	国家发改委
2022年1月	《财政部 税务总局关于基础设施领域不动产投资信托基金（REITs）试点税收政策的公告》	财政部、国家税务总局
2022年3月	《深入推进公募REITs试点 进一步促进投融资良性循环》	证监会
2022年5月	《国务院办公厅关于进一步盘活存量资产扩大有效投资的意见》	国务院办公厅

资料来源：根据公开资料整理。

（三）交易架构

基础设施REITs是在交易场所公开发行交易，将具有持续稳定收益的存量基础设施资产或权益，通过资产证券化方式，转化为高流动性、标准化、强制分红，权益类型的封闭式公募基金。

我国基础设施REITs通常采用"封闭式公募基金—资产支持证券—项目公司—项目"的架构，交易结构涉及主体众多，其基本操作流程为：第

一步，原始权益人将项目公司全部股权纳入资产支持证券；第二步，注册公募基金，并发售份额募资；第三步，公募基金将80%的募集资金投向资产支持证券，并持有全部份额；第四步，公募基金通过资产支持证券持有项目公司全部股权，获取项目所有权或经营权；第五步，基金管理人运营管理项目，获取租金等收益；第六步，基金封闭运作，逐年分配收益（见图1）。

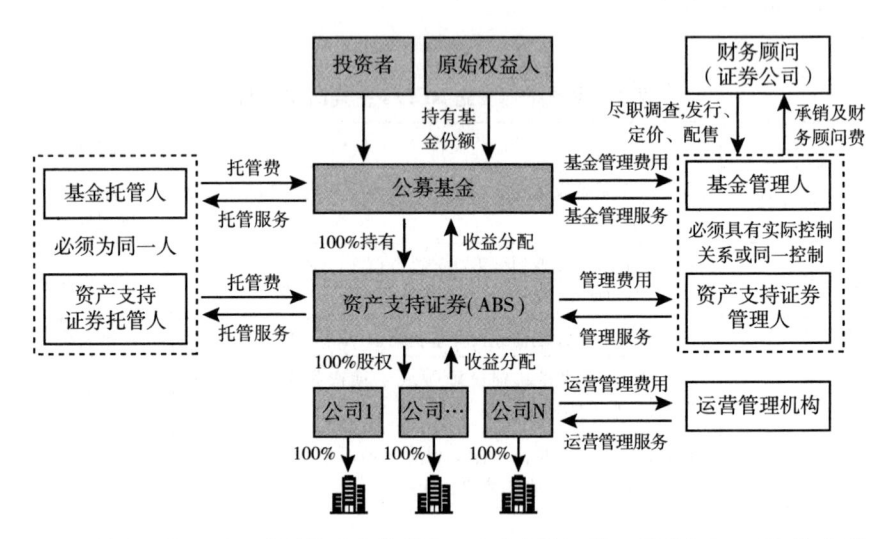

图1　基础设施REITs"封闭式公募基金—资产支持证券—项目公司—项目"架构

资料来源：上海证券交易所网站，http://www.sse.com.cn/。

相比私募REITs，基础设施公募REITs拓宽了投资者范围，公众投资者也能参与认购，而且满足特定条件的公募基金可以上市和进场交易，为资本退出提供了新通道。同时对项目管理人的运营及专业化管理等提出了更高要求。

（四）试点区域及行业

目前全国区域符合条件的项目均可以申报，重点支持京津冀、粤港澳大湾区、长三角以及长江经济带发展，海南全面深化改革开放，黄河流域生态保护和高质量发展等国家重大战略。

试点行业方面，主要优先民生领域的基础设施，包含能源、生态环境保护、园区、交通、市政、仓储物流、新型基础设施、保障性租赁住房等基础设施，并积极探索具有发电、供水等功能的水利设施，以及自然文化遗产、国家5A级旅游景区等收益较好的旅游基础设施。酒店、写字楼、商场等商业地产未被纳入本次试点。其中需要特别指出的是新型基础设施，高度契合目前国家数字经济发展战略，主要涵盖数据中心、人工智能、5G、工业互联网、物联网、智慧能源、智能交通、智慧城市等领域。

四 PPP和REITs的融合是未来发展的创新路径

我国自2014年正式开展PPP项目以来，储备了大量基础设施类PPP项目。REITs作为把不动产转换成具有流动性资产的证券化工具，可以探索"PPP+REITs"的有效组合，将其作为未来发展的创新路径。

（一）可行性和必要性

目前大量PPP项目已逐步完工，并进入稳定运营期，可作为基础设施REITs的底层资产，提升金融服务实体经济的效率。

一是政策有力支持。财政部、证监会、国家发改委等部委陆续印发多个推进PPP项目资产证券化的相关制度文件，特别是2022年3月，《国家发展改革委办公厅关于进一步做好社会资本投融资合作对接有关工作的通知》，明确提出基础设施REITs优先支持具备持续盈利能力的PPP项目，为推动PPP与REITs的融合提供了政策支持。

二是内在高度契合。存量PPP中有大量基础设施类项目，截至2022年4月末，全国累计入库PPP项目1.03万个，投资额16.4万亿元，为REITs发展奠定了项目基础。[①] PPP项目一般期限较长，风险较低，现金流较为稳定，与基础设施REITs有很多契合之处。

---

① 财政部PPP中心。

三是优化退出路径。PPP 项目通常具有较强的公益属性，REITs 可以通过盘活存量资产、拓宽融资渠道，满足社会资本对长期稳定回报的要求，提升项目落地率，同时为 PPP 社会资本方提供新的退出通道和盈利模式。

（二）基础资产选择

底层资产应优先选择 PPP 项目库项目，PPP 项目除满足一般基础设施项目所需符合的行业、区域和发起人等要求外，还需符合以下要求（见表3）。

表3 PPP 项目发行基础设施 REITs 要求明细

要求	内容
项目权属清晰	原始权益人依法合规直接或间接拥有项目所有权、特许经营权或经营收益权，项目公司依法持有拟发行产品的底层资产
土地使用合规	原始权益人和基金管理人应承诺：项目估值中不含土地使用权市场价值，基金存续期间不转移土地使用权（政府相关部门另有要求的除外），基金清算时或特许经营权到期时将按照特许经营权等协议约定以及政府相关部门的要求处理相关土地使用权
具有可转让性	相应协议签署机构、行业主管部门应对项目以 100% 股权转让方式发行产品无异议
项目成熟稳定	收入来源以使用者付费（包括按照穿透原则实质为使用者支付费用）为主。收入来源含地方政府补贴的，需在依法依规签订的 PPP 合同或特许经营协议中有明确约定。项目运营稳健、正常，未出现暂停运营等重大问题或重大合同纠纷。运营时间原则上不低于 3 年，近 3 年内总体保持盈利或经营性净现金流为正
资产规模适中	首次发行的项目，当期目标不动产评估净值原则上不低于 10 亿元；原始权益人具有较强扩募能力，以控股或相对控股方式持有、按有关规定可发行产品的各类资产规模原则上不低于拟首次发行基础设施 REITs 资产规模的 2 倍
其他相关要求	2015 年 6 月以前采用 BOT、TOT、股权投资等实施的特许经营类项目，应符合当时国家相关规定；2015 年 6 月以后批复实施的特许经营类项目，应符合《基础设施和公用事业特许经营管理办法》规定。2015 年 6 月以后批复实施的非特许经营类 PPP 项目，应符合国家关于规范有序推广 PPP 模式的规定，已批复 PPP 项目实施方案，通过公开招标等竞争方式确定社会资本方，并依照法定程序规范签订 PPP 合同

资料来源：REITs 相关法规。

（三）交易结构设计

基础设施REITs在PPP领域的"投""融""管""退"方面发挥着重要作用，交易架构也随着产品创新而不断优化。前期私募REITs产品主要采用"私募基金+资产支持证券"的架构，随着公募REITs的推出，引入公募基金，对于REITs市场的发展具有重要的意义。

目前阶段，"PPP+REITs"可以优选"公募基金+资产支持证券"的结构。一是"PPP+REITs"作为新的基金类型，可以通过公开发行的方式，采取市场化定价，吸引更多元化的投资者参与。二是可以引入公募REITs市场化运营管理机制，推动PPP项目标准化、专业化运营，提高服务质量和效率。三是可以通过REITs平台退出，完成资金回流，用于PPP项目的循环投资。

未来，可以尝试开展对REITs证券的研究和探索，推动拥有真正优良资产且运营良好的公司构建资本运作平台，突破主体信用瓶颈。同时，持续完善REITs相关法律法规，随着市场逐步发展，适时推行更专业、更成熟的REITs证券。

（四）实践案例分析

2021年6月，首批试点的9只基础设施REITs已顺利发行上市交易。从产品情况来看，其中有4只的底层资产涉及PPP项目，特别是富国首创水务封闭式基础设施证券投资基金的底层资产之一，就有污水处理PPP项目。具有很强的借鉴意义。

1. 项目概况

富国首创水务REITs基金以深圳污水处理BOT特许经营项目和合肥污水处理PPP项目为等底层资产，采取"公募基金+资产支持证券"的基金架构，进行封闭式运作，主要条款内容见表4。

表4 富国首创水务REITs基金项目概要

基金名称	富国首创水务REITs基金
基金架构	公募基金+资产支持证券
运作模式	封闭式运作,不开放申购与赎回
原始权益人	北京首创股份有限公司
基金管理人	富国基金管理有限公司
基础设施资产	深圳污水处理BOT特许经营项目和合肥污水处理PPP项目
募集规模	18.50亿元
募集资金用途	以资本金方式投资于新增污水处理厂和生态水环境治理PPP项目
上市场所	上海证券交易所

资料来源：基金招募说明书及公开资料。

2. 产品结构

从交易架构来看，该基金的产品架构分为以下几个阶段。

发行准备阶段。由原始权益持有人北京首创股份有限公司（以下简称"首创股份"）持有项目底层资产。资产重组之后，富国资产管理（上海）有限公司（简称"富国资产"）代持资产支持证券。

产品发行阶段。基础设施REITs通过资产支持专项计划，自原始权益人首创股份收购项目公司深圳首创和合肥首创100%股权，并偿还项目公司原有债务，完成架构设立。

产品存续阶段。委托首创股份作为运营管理机构，为该项目提供运营管理服务（见图2）。

3. 取得积极效果

环保行业是基础设施REITs试点优先支持的领域，原始权益人首创股份作为发起方和资金需求方，通过本次发行，盘活了存量资产，将回收的资金以资本金形式又投资于环保产业项目。此外，作为该项目的经营管理方，首创股份实现相关资产出表的同时，获得了相应资产管理收入。首创股份借助基础设施REITs，实现了"投资—建设—运营—退出—投资"的闭环转换，打造了"PPP+REITs"的创新融资典范。

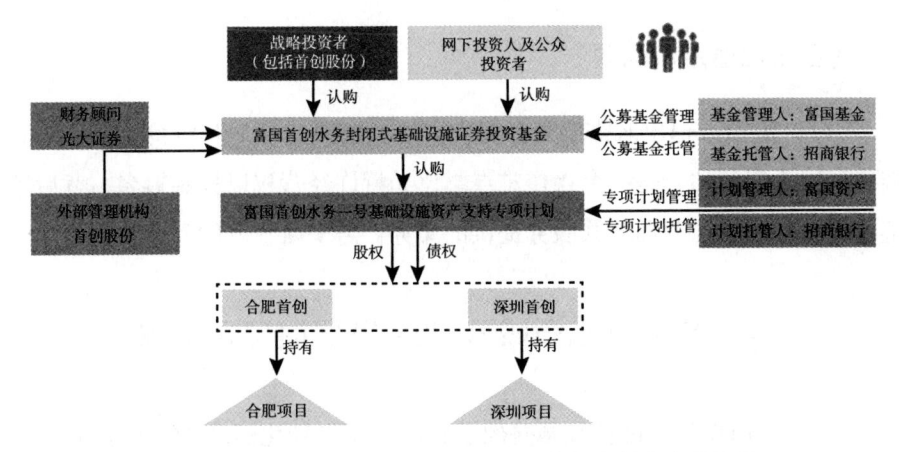

图2 富国首创水务封闭式基础设施证券投资基金交易架构

资料来源：基金招募说明书。

五 基础设施领域REITs发展存在的问题和挑战

PPP与REITs相融合的创新融资模式，将形成"双循环"的新发展格局，对我国基础设施投融资体制改革有重要积极意义。但同时要看到，该创新模式的推广，依然存在一些问题和挑战。

（一）股权转让问题

在"PPP+REITs"架构中，涉及项目公司原股东转让股权。实操中，PPP项目一般会对股权转让设置锁定期，会导致项目公司股东在此期间难以转让公司股权。同时，国有资产转让流程相对复杂，在实操中还存在不少难点。

（二）税收优惠问题

税收优惠对于国际REITs市场迅速发展起到非常大的驱动作用，"PPP+REITs"涉及环节和主体复杂，对应税种较多，在多层嵌套结构没有特别明显的税收优惠的情况下，会降低原始权益人参与发行的积极性。

（三）估值定价问题

REITs上市或退出时需要处置资产，涉及资产的评估和定价，如何对其准确开展价值评估，是一个操作难点。比如特许经营权以权利冠名，背后还蕴含着基础设施运营和公共服务提供的义务，需平衡各方的利益和诉求。

六 基础设施领域REITs发展展望和建议

"PPP+REITs"是推动我国基础设施进一步市场化运作的有效措施，基于其所面临的问题和挑战，只有实现业务真正大规模落地，才能助力经济高质量发展。建议从以下方面进行优化和完善。

一是优化交易程序。REITs在上市、挂牌交易、退市的整个流程中，都涉及国有产权交易。建议在试点过程中，对相关程序给予一定的灵活度，并加强和地方政府的沟通协调，在锁定期、经营权益、股权转让等政策层面给予支持。

二是完善税收体系。2022年1月印发的《财政部 税务总局关于基础设施领域不动产投资信托基金（REITs）试点税收政策的公告》，对REITs设立、转让等涉及的企业所得税进行明确，有效降低了企业前端税负。由于公募REITs具有不同于公司企业的组织架构，经营收益源自基础设施领域运营，建议进一步研究优化，减少重复征税，给予税收优惠。比如可对发行阶段资产重组等环节的土地增值税等予以免征或递延，并参考境外经验，对于REITs项目公司存续期满足90%分配条件下的企业所得税给予免征。

三是健全定价机制。为更好地精选优质底层资产、吸引投资者，建议进一步完善公募REITs市场的定价机制，通过市场化机制，充分体现底层资产的价值，提升信息有效性，助力REITs市场平稳发展。

四是做好信息披露。阳光化操作是防范风险、促进发展的有效措施。规范的信息公开机制有利于控制资本运作中的道德风险，明确上市交易产品的信息披露内容，提高产品的规范化、流程化和透明化水平，维护市场有序健康发展。

总之,在我国基础设施 REITs 试点取得成功的基础上,进一步优化相关制度及配套体系,充分调动各行业参与的积极性,有助于实现我国基础设施领域 REITs 市场的持续稳健发展,助力我国经济高质量发展。

参考文献

[1] 林华:《中国 REITs 操作手册》(第二版),中信出版社,2022。
[2] 李耀光:《公募 REITs 发展现状与建议》,《中国外汇》2022 年第 10 期
[3] 周兰萍、陈芳:《政府和社会资本合作(PPP)项目开展基础设施 REITs 的机遇与挑战》,《中伦视界》2022 年第 6 期。
[4] 章锐:《我国发展基础设施 PPP REITs 的模式设计与选择》,硕士学位论文,南京大学,2021。
[5] 贾大钊、邓海龙、张蒙迪:《REITs 在基础设施建设投融资中的应用》,《交通企业管理》2021 年第 4 期。
[6] 北京市发改委:《基础设施 REITs 试点政策及申报辅导手册》,2021 年 12 月。
[7] 张捷:《公募 REITs:基础设施融资新方式》,《宏观经济管理》2021 年第 8 期。
[8] 曹珊:《基础设施公募 REITs 的要点、难点与重点》,《项目管理评论》2020 年第 6 期。
[9] 李雪灵、王尧:《基础设施投资管理中的 REITs:现状、问题及应对策略》,《山东社会科学》2021 年第 10 期。
[10] 中国房地产业协会、戴德梁行:《亚洲房地产投资信托基金 REITs 研究报告》,2022。
[11] 周兰萍、陈芳:《基础设施 REITs 新规出台,对 PPP 领域影响几何?》,《中国建筑装饰装修》2020 年第 7 期。
[12] 王雨杭:《首创水务公募 REITs 案例研究》,硕士学位论文,河北经贸大学,2022。
[13] 《富国首创水务封闭式基础设施证券投资基金招募说明书》,2022 年 6 月。
[14] 王铜璐:《谈 PPP 与基础设施 REITs 融合的制约因素与建议》,《大众投资指南》2021 年第 6 期。
[15] 左雅琪:《PPP 项目与 REITs 的适配性研究》,硕士学位论文,天津理工大学,2021。
[16] 李波:《2021 年资产证券化发展报告》,《债券》2022 年第 2 期。

［17］谭德彬:《高速公路项目公募REITs底层资产估值的问题及建议——基于原始权益人的视角》,《交通财会》2022年第7期。

［18］崔敏等:《我国交通基础设施领域投融资困境与REITs探索》,《公路》2022年第1期。

［19］Liu B. et al., "Asset-Backed Securitization of PPP Projects: The Case of China," *Chinese Economy* 4 (2021): 249-261.

B.18
PPP项目绩效管理与财政预算绩效管理深度融合的路径和机制研究

满莉 祝诣茗*

摘　要： 根据财政部PPP中心数据，2014年4月至2022年4月，PPP入库项目达到10304个，投资额达16.4万亿元。PPP迈上了一个新台阶，但从大体量项目发展为高质量PPP项目，充分发挥其潜在的经济和社会效益仍迫在眉睫。PPP高质量发展的核心抓手为有效的绩效管理，实现PPP项目绩效管理与财政预算绩效管理深度融合，对于财政预算管理全面深化落实、公共服务提质增效、项目全生命周期强化管理等方面意义非凡。为探寻两者深度融合的可行路径和机制，本报告从PPP项目绩效管理与财政预算绩效管理的发展历程出发，阐述两者融合的必要性，深入剖析其在衔接和融合上的不一致性等难点痛点，提出进行零基预算改革、构建全链条预算绩效管理闭环系统、运用预算编制方法优化PPP项目财务承受能力评价、精细化编制PPP合同条款等可行路径和机制，以期实现PPP项目规范且高质量发展。

关键词： PPP项目　绩效管理　财政预算　履约监管

---

* 满莉，经济学博士，北京华夏新供给经济学研究院特约研究员、海南师范大学经济与管理学院硕士研究生导师，研究方向为财政与税收政策、地方政府预算、生态环境资产价值评估、海绵城市绩效评价；祝诣茗，北京市万商天勤律师事务所高级合伙人，研究方向为地方政府投融资、市政基础设施和建设工程投融资。

《关于印发〈政府和社会资本合作（PPP）项目绩效管理操作指引〉的通知》（财金〔2020〕13号）明确了对PPP项目全过程、全周期的绩效考核管理，并以此作为财政预算支出的重要依据，意味着PPP项目绩效管理与财政预算之间亟须搭建一座加强联系而又互为补充的桥梁。但是由于两者发展具有不同的历史背景和应用目的，两者在衔接和融合上存在不一致性和不协调性。本报告拟从破解两者协调发展的瓶颈出发，探寻两者深度融合的可行路径和机制。

一 PPP项目绩效管理与财政预算绩效管理的发展历程

（一）财政预算绩效管理

财政为国家治理的基础和重要支柱，政府治理绩效中的重要组成部分则为财政预算绩效管理，财政预算绩效管理并非近年来出现的全新事物，从2000年开始开展财政预算支出评价至今，其经历了多个发展阶段，逐渐形成独具特色、符合预算管理要求的绩效管理体系。为了财政资金使用效率的提升和财政资源配置的进一步优化，我国建设性地提出项目支出绩效考评[1]、预算支出绩效考评[2]、财政支出绩效评价[3]、绩效预算管理[4]等概念，建立预算绩效评价体系的要求应运而生。2017年党的十九大指出全面实施预算绩效管理的必要性，建立透明标准、科学规范、约束有力的预算制度对绩效管理意义重大。2018年9月，《中共中央 国务院关于全面实施预算绩效管

---

[1] 参见《财政部关于印发〈中央级行政经费项目支出绩效考评管理办法（试行）〉的通知》（财行〔2003〕108号）。
[2] 参见《财政部关于印发〈中央部门预算支出绩效考评管理办法（试行）〉的通知》（财预〔2005〕86号）。
[3] 参见《关于印发〈财政支出绩效评价管理暂行办法〉的通知》（财预〔2009〕76号）、《关于印发中央部门财政支出绩效评价工作规程（试行）的通知》。
[4] 参见《关于印发〈绩效预算管理工作规划（2012—2015年）〉的通知》（财预〔2012〕396号）。

理的意见》，明确指出推进国家治理体系和治理能力现代化，加快深化财税体制改革，建立完善现代化财政制度，进一步优化资源配置等的关键在于实施全面的预算绩效管理，积极推动全流程、多维度、深覆盖的预算管理体系的构建和完善。

当前，百年变局和世纪疫情交织叠加，我国经济发展面临诸多复杂因素，国际贸易形势不明，特别是受新冠肺炎疫情的影响，经济下行压力不断加大。因此，从收支端、体制机制的绩效管理方面解决财政收支矛盾的需求更为迫切，积极财政政策提质增效的要求不断加码，促使新时期财政预算绩效管理内涵更加丰富，这对实操流程完善度、绩效管理覆盖度的要求更高更迫切。

（二）PPP项目绩效管理

PPP项目绩效管理，即在PPP项目全生命周期开展的绩效目标和指标管理、绩效监控、绩效评价及结果应用等项目管理活动。绩效管理是PPP高质量发展的核心。自2014年PPP模式开始推广运用以来，PPP项目绩效管理从最初的总体原则和宏观层面，逐步构建了绩效管理基本框架。虽然部分行业或领域有其项目产出评价标准（如污水、垃圾处理行业），但并非基于PPP项目全流程、全方位的绩效管理。因此，本报告基于PPP项目政策文件，从评价主体、目标、指标、监控、流程、应用等方面，整理回顾PPP项目绩效评价管理的发展历程（见表1）。

表1 PPP项目绩效管理发展历程

阶段	主体	目标	指标	监控	流程	应用	特点
第一阶段(2014~2016年)	√	√				√	原则、概括
第二阶段(2017~2019年)	√	√				√	部分细化
第三阶段(2020年)	√	√	√	√	√	√	全面、具体

资料来源：PPP项目相关法规和政策。

PPP注重绩效和提质增效的特点有别于其他公共产品和服务提供方式。2014年至今，国家出台的各类有关PPP项目的政策文件均提到开展绩效考

核或绩效评价[1]（下称"绩效评价"），直到财金〔2020〕13号文件问世，PPP绩效评价发展可划分为三个阶段。其中，第三阶段PPP正式从制度和实操层面全面实施预算绩效管理，PPP绩效评价相应纳入"全方位、全过程、全覆盖"预算绩效管理体系，全新的PPP绩效管理体系至此形成。

1. 第一阶段（2014~2016年）规定绩效评价总体原则和宏观框架

自2014年起，为促进基础设施和公共服务市场化发展，PPP上升为国家意志。国务院及相关部门先后出台了一系列PPP相关政策文件，其中多有提及PPP项目绩效评价事项。但分析该阶段政策文件中关于绩效评价的表述，发现其主要论证强调其重要性、必要性，规定限于总体原则和宏观框架层面，并没有对PPP项目绩效评价工作如何开展提出清晰明确的要求。

（1）绩效评价主体不明确

财金〔2014〕113号[2]文第二十六条规定，根据项目合同约定，社会资本或项目机构的监督机构为项目实施机构，并规定了项目产出绩效等定期监测相关指标。财金〔2016〕92号[3]文规定了"各级财政部门应当会同行业主管部门开展PPP项目绩效运行监控，对绩效目标运行情况进行跟踪管理和定期检查"。

这一阶段的相关政策文件虽基本界定了包括财政部门、实施机构和行业主管部门在内的责任主体框架。但在实践中，往往由多个相关部门组成绩效评价工作组并明确牵头部门，或者根据PPP项目运行的不同阶段设置相应牵头部门。相关政策文件对于绩效评价主体的规定并不完全一致，不统一、不明确的弊端在项目全流程绩效管理工作中也易造成监督缺失、职责缺位等问题。

---

[1] 此处PPP绩效考核或绩效评价主是指财金〔2014〕76号、财金〔2014〕112号、财金〔2014〕113号等文件所指的提法，有别于财金〔2020〕13号文件所提的"PPP项目绩效管理"概念。
[2] 《关于印发政府和社会资本合作模式操作指南（试行）的通知》。
[3] 《关于印发〈政府和社会资本合作项目财政管理暂行办法〉的通知》。

（2）绩效评价目标不明晰

财金〔2014〕76号[①]文中提出建立综合性评价系统，共同参与者为政府和服务使用者，对项目的绩效目标实现程度、资金使用及运营情况、公共服务质量和满意度等进行绩效评价。有效绩效管理以明确目标为导向，指标设计围绕目标实现，其中绩效评价指标设计包含评价指标及标准、指标权重等，影响评价实施及结果。该阶段政策文件对绩效评价目标要求模糊不清，易造成绩效评价工作流于形式，不利于实现按效付费，更加无法实现履约监管作用。该阶段绩效评价目标并不明晰，导致政策落实难度加大。

（3）绩效评价结果应用规则笼统

国办发〔2015〕42号[②]文中规定，在PPP模式下，社会资本提供服务以获得政府运营补贴为对价，对价支付依据绩效评价结果判定。绩效评价与政府和使用者付费相挂钩，调价以绩效评价结果为导向。

项目公司或社会资本方依据绩效评价的结果取得相应的项目回报，绩效评价结果的重要程度不言自明。但若绩效评价结果应用规则不清晰、政府支出责任固化，则无法实现绩效评价对项目公司或社会资本方的履约监管作用，也不利于对其他相关部门开展监督、约束工作。

2. 第二阶段（2017~2019年）进一步完善绩效评价相关规范

从2017年下半年开始，一系列PPP规范政策陆续出台，政策文件除了对PPP项目前期准备工作、组织实施、财政支出责任、信息披露等方面提出规范要求外，同时对PPP项目绩效评价提出了进一步的要求。

财办金〔2017〕92号[③]文中明确指出项目建设成本应与绩效考核挂钩，但实际与绩效考核结果挂钩的不足30%，须固化指出政府责任。强调建立按效付费，即要求项目建设成本与运营绩效考核结果挂钩部分占比不得少于

[①] 《财政部关于推广运用政府和社会资本合作模式有关问题的通知》。
[②] 《国务院办公厅转发财政部发展改革委人民银行关于在公共服务领域推广政府和社会资本合作模式指导意见的通知》。
[③] 《关于规范政府和社会资本合作（PPP）综合信息平台项目库管理的通知》。

30%。财金〔2019〕10号[①]文强化了项目与产出绩效挂钩，提出要建立完全与项目产出绩效相挂钩的付费机制，避免提前固定政府支出责任，固定考核内容，不轻易降低标准。

该阶段政策对于绩效评价主体、目标等方面并未提出新的具体规范要求，主要完善了绩效评价结果的应用规定。从项目建设成本占比不得少于30%改为项目产出绩效100%挂钩的付费机制。采取严格规范绩效评价结果应用的方式，强化项目运营绩效评价的约束力，避免提前锁定政府支付义务。但是这些政策文件也仅仅对PPP项目绩效评价中的某一具体要点提出要求，对于实操问题的解决仍缺少明确的指引，缺少完整的PPP项目绩效管理框架体系。

3. 第三阶段（2020年以来）确立了中国特色的PPP项目绩效管理基本框架

2019年5月，为建立贯穿PPP项目全生命周期的绩效管理，PPP绩效管理顶层指导文件广泛征求行业意见。2020年3月16日，财政部正式印发财金〔2020〕13号[②]文，确立了在财政预算管理的大前提下，中国特色的PPP项目绩效管理基本框架，规范了PPP项目全生命周期绩效管理工作，理顺了绩效管理全过程各环节工作内容和程序等。PPP项目绩效管理基本框架见表2。

表2 PPP项目绩效管理基本框架

有目标	绩效目标
有方法	绩效指标管理
有行动	绩效监控和评价
有结果	绩效评价结果应用

资料来源：PPP项目相关法规和政策。

[①] 《关于推进政府和社会资本合作规范发展的实施意见》。
[②] 《政府和社会资本合作（PPP）项目绩效管理操作指引》。

（三）PPP项目绩效管理与财政预算管理深度融合要求提高

2020年以后，PPP项目绩效管理与财政预算管理深度融合的要求逐渐提高。进一步追求在财政预算管理的大前提下，开展有针对性的PPP项目绩效管理的同时，要求PPP项目绩效管理的成果能在财政预算管理体系中得到有效应用。

财金〔2020〕13号文直接援引《预算法》《中共中央 国务院关于全面实施预算绩效管理的意见》等法律和政策文件，新时期预算绩效管理的要求得到全面落实，该文详细规定了PPP全过程的绩效目标、指标管理、绩效监控、绩效评价等项目管理活动，与财政预算绩效管理全流程各环节衔接。至此，PPP项目绩效管理正式与财政预算管理全方位接轨融合。

二 PPP项目绩效管理与财政预算绩效管理深度融合的必要性

PPP项目绩效管理是实施机构和项目公司基于PPP合同约定，对双方各自权利和义务的一种安排，这种安排往往涉及公共社会利益和财政资金的使用，需在财政预算框架内合法合规开展。另外，财政预算在各行各业以及各地区积累了丰富的绩效管理经验和办法，对指导和规范PPP项目绩效管理具有重要意义。

（一）是《预算法》等上位法律法规必然的法治要求

PPP项目由于其公共服务属性，自我造血的功能先天弱于纯商业项目，因此，PPP项目的建设和运营或多或少需要政府资金的支持。众所周知，政府的所有收入和支出纳入预算是确定且必需的，这也是《预算法》的本质要求。各级政府、各部门、各单位应当对预算支出情况开展绩效评价，并加强对预算支出的管理和监督，PPP项目也不例外。同时，《中共中央 国务院关于全面实施预算绩效管理的意见》也进一步强调，从质量、数量、成本等方面全方位多维度加强绩效管理，加强正常追求项目预算资金使用效益成果。全周期跟踪问效主要针对实施期较长、重大的政策和项目，通过采取动态评价调整的方式对政策到期、绩效低下的项目进行及时清理，建立动态评价调整机制。由此可见，从中央到地方，无论是法律法规还是政策文件，均要求全面履行财政预算绩效管理，将PPP项目绩效管理纳入财政预算绩效管理体系，是建设法治型政府，规范政府依法执政、依法管理公共事务的重要体现。

（二）是促进财政部财金〔2020〕13号文有效落地实施的需要

在财政部财金〔2020〕13号文出台之前，各地的实施机构和项目公司对PPP项目绩效评价管理的范围、内容、标准及具体实施等内容没有统一的参照依据，造成部分PPP项目绩效考核指标粗放，流于形式，失去了绩效考核应有的履约监管作用。该文件的生效，为PPP项目绩效管理的有序开展规制了路径，有效治理了PPP项目绩效考核的乱象。但是在实践操作中，由于过于注重财金〔2020〕13号文中评价指标体系设置的规定，往往忽略了其他有关指标应用和管理的条款。该文件第23条强调，各级财政部门为了加强对财政资金的使用合规及有效监督，应在结合预算绩效管理要求，且充分考虑本级财政承受能力的情况下，认真审核PPP项目财政收支预算申请及PPP项目绩效目标和指标体系，合理安排财政预算。因此，以财政预算绩效管理的要求来把控PPP项目绩效管理，是财金〔2020〕13号文件的题中应有之义。

（三）是提高政府财政资金使用效益的需要

对于一般公共预算绩效管理等财政预算绩效管理体系，政府重点关注其收入结构、征收效率和效益政策实施效果、支出预算资金配置和使用效益，其中重点关注转移支付预算绩效管理是否符合财政事权和支出责任划分规定，重大政策、项目实施效果和地区间财力是否协调以及区域是否均衡发展。而PPP项目绩效管理的双方主体往往只关心本项目的建设、运营等履约情况以及资金的使用情况，很少会关注区域内其他公共服务设施的设置情况，这样引起的结果就是占用财政预算的 PPP 项目带来的资源配置和资金使用效率有可能劣于投资建设其他公共服务设施。将有限的财政预算均衡到最亟须完善和提升服务品质的项目上，是财政预算绩效管理的目的之一。所以，PPP 项目绩效管理和财政预算绩效管理应深度融合，以财政预算绩效管理的视角来看待和处理 PPP 项目绩效管理，推动财政资金的每一分钱都用在刀刃上。

（四）是公平公正开展 PPP 项目绩效管理的需要

按效付费是 PPP 项目绩效管理的初衷，项目公司对于 PPP 项目绩效管理的态度可以形容为"爱"与"恨"的交织。爱，是因为通过作为 PPP 项目绩效管理的核心与基础的绩效评价后，就可以有理有据而又底气十足地向实施机构和财政部门申请财政资金；恨，是因为评价指标体系在建立之初的不确定性，个别指标在打分阶段受主观客观因素影响较大，评价结果上下浮动、左右摇摆的幅度和随意性较大，而实施机构和财政部门往往作为 PPP 项目绩效管理的主导者，项目公司要想真正获得政府付费，还要做许多工作，这在一定程度上违背了 PPP 项目绩效管理的公平公正原则。应将 PPP 项目绩效管理与财政预算绩效管理深度融合、有效并轨，综合运用财政预算绩效管理在法律层面的严肃性以及政策层面的连续性，推动 PPP 项目绩效管理依法合规开展，公平公正实施，切实保障实施机构和项目公司双方的合法权益。

（五）绩效运行监控是全过程预算绩效管理的重要环节，是加快部门单位预算执行进度、确保绩效目标实现的重要手段

跟踪、监测、收集和管理项目日常运行和定期绩效目标实现程度，包括目标实现程度和保障措施、目标偏差及纠错等内容是 PPP 项目绩效运行监控的有效手段。而财政预算运行监控通过对绩效跟踪，对问题政策项目进行督促并监督落实整改，否则采取暂缓或停止预算拨款，发现问题及时纠正，

确保项目保质保量实现。因此，两者有天然的内在关联性，将PPP项目绩效管理，特别是PPP项目绩效运行监控内嵌入全过程预算绩效管理链条，有助于预算执行和监管部门及时介入PPP项目的履约监管工作当中，以绩效目标结果实现为导向，发现PPP项目在运行中存在的问题，及时予以纠正。另外，由于提前跟进PPP项目，对PPP项目履约有全面深入的了解，在PPP项目绩效评价后，可以加快部门单位预算执行进度，确保全过程预算绩效管理有效而又快速实施。

（六）是推动PPP项目持续健康发展的需要

PPP项目经历了从早期野蛮粗放式扩张发展阶段到强规范强约束的低速发展阶段。PPP项目的起伏，给对政策信息敏感度高的市场预期和信心都带来了不小的挑战。加之，部分代表政府的实施机构在与社会资本方合作推进PPP项目的过程中，存在轻视双方基于平等自愿签订的PPP合同，利用自身的优势主导地位和监管权力，损害社会资本方投资效益的情形，导致社会资本方参与PPP项目的积极性和热情不高。然而社会资本方是推动PPP项目持续健康发展的重要主体和关键因素。PPP项目绩效管理与财政预算绩效管理深度融合，在规范和约束实施机构和财政部门依法行使权力、促进各方公平公正开展PPP项目、提振市场信心的同时，有利于优化基础设施和公共服务设施的资源配置效率，提高财政预算资金的使用效益，让PPP项目发挥其真正的作用，即促进经济转型升级和政府职能加快转变。

三 PPP项目绩效管理与财政预算绩效管理深度融合的难点

（一）主体不一致

财政部财金〔2020〕13号文件规定，PPP项目绩效管理主要由项目所属行业主管部门指导项目实施机构开展，第三方机构协助开展工作则由行业主管部门判断,在必要时委托。相关部门和机构开展PPP项目绩效管理制度建设,对PPP项目进行业务指导及再评价、后评价工作。财政预算绩效管理的主体包括财政部门和预算部门,财政部门主要从宏观层面出发,落实到部门和重大支出,其中对财政政策、整体和部门支出规划、重大民生项目(特别是上级对下级转移支付)等展开绩效评价,侧重于完善财政结构、促进部门履职、落实民生政策等;预算部门为了提高项目资金效益,加快特定工作任务的完成进度,更好地履行特定职能,对本部门及所属单位的各项支出开展绩效评价,评价的内容包含部门重点项目、下属单位整体评价等内容。因此,管理主体的不一致,导致权责划分的不统一,从而成为绩效管理深度融合需要破解的难点之一。

(二)对象不一致

PPP项目绩效管理的对象是项目公司,属于市场主体,财政预算绩效管理的对象则为预算单位和部门。项目公司作为PPP项目真正的操盘手和实施者,实施机构通过对其加强绩效管理,从而倒逼项目公司自觉提升管理水平,增强服务意识,提高PPP项目作为公共产品或服务带来的社会效益。将一个纯商业化运作的项目公司列为财政预算绩效管理的直接对象,似乎不太现实。财政部财金〔2020〕13号文件通过引入对实施机构的绩效指标评价体系,间接建立了财政预算绩效对PPP项目管理的纽带。不过,在实践中,实施机构和项目公司在进行合同谈判时,往往只关心对项目公司的绩效评价指标体系的设置,而忽视了对实施机构的绩效管理,甚至有些PPP合同直接略去了相关内容。

(三)流程不一致

PPP项目绩效管理的目的是使其相比于其他公共产品和公共服务提供机制更为物有所值。着眼于微观层面特定的PPP项目提供服务的好坏问题,申请资金的顺序是自下而上申报拨付。财政预算绩效管理则追求提高财政资源配置效率和使用效益,改变预算资金分配的固化格局,促进地区间财力协

调和区域均衡发展。财政资金拨付的流程是自上而下的。两者的资金流向不同，导致在操作过程中既有融合又有交叉。所以要在宏观供给和微观需求上双管齐下，两手发力，深度融合。

（四）重点不一致

2018年，中共中央、国务院提出要加快建成全方位、全过程、全覆盖的预算绩效管理体系，为了构建事前、事中、事后绩效管理闭环系统，采取绩效理念和方法深度融入预算编制、执行、监督全流程的方式。PPP项目绩效管理则偏重执行阶段的事中绩效管理，特别是早期的PPP项目，为了项目尽快实施，在项目识别阶段和准备阶段，对项目的必要性和可行性研究不深，也缺乏有效的事前绩效管理。所以说，绩效评价和结果应用环节是PPP项目绩效管理的侧重点。应有机整合统一绩效目标的运行监控、绩效评价实施和结果应用，闭环发展预算管理，实现财政预算绩效管理的监管职能。正因如此，打通PPP项目事前、事中、事后的绩效管理成为两者深度融合的关键。

（五）范围不一致

PPP项目绩效管理是指在PPP项目全生命周期开展的绩效目标和指标、绩效和评价，包括结果应用等项目管理活动，重点是对项目公司在项目管理活动中履约情况的监管，主要包括提供公共服务的数量和质量，项目可能对经济、社会、生态环境等带来的影响情况，以及项目全生命周期内的监督等所有公开环节内容的管理情况。财政预算绩效管理则涵盖了政府预算管理和部门预算管理的资金即所有"财政性"资金，具体又包括公共财政预算、政府性基金预算、国有资本经营预算、社会保障基金预算管理的资金以及部门自有资金。例如，若PPP项目采用使用者付费方式，并不直接使用"财政性"资金，如何将PPP项目履约监管过程中的绩效管理目标结果纳入财政预算绩效管理体系当中并与之挂钩，成为需要深入讨论的问题之一。

（六）依据不一致

虽然，财金〔2020〕13 号文件对 PPP 项目绩效管理的范围、管理内容和标准进行了细化，但是 PPP 项目绩效管理在绩效指标管理、绩效监控及绩效评价等实际操作过程中，依据的还是实施机构和项目公司双方签订的合同，该合同基于双方平等自愿达成的合意以及"契约自由"精神，受到法律保护。财政预算绩效管理则是在《预算法》的框架内，由各级政府制定具体的政策文件并执行实施。如前所述，两者在主体、对象、流程、重点和范围方面的不一致，会导致各级政府的预算政策执行文件所要求的事项与合同约定的事项有所冲突。若为了两者的深度融合，而执意要求对既成事实的合同条款进行修改调整，就有可能矫枉过正，影响正在执行的合同效力，甚至影响政府的公信力。因此，财金〔2020〕13 号文件在最后一条款也进行了说明，即"本指引施行前已发布中标通知书的项目，沿用采购文件或项目合同中约定的绩效评价指标及结果应用等条款"。

四 深度融合的实施路径及机制

第一，进一步深化预算体制改革，推动进行零基预算改革。建议在全口径预算前提下从中央级开始积极试编 3~5 年中期滚动预算，优先保障由政府付费但与民生息息相关的 PPP 项目。

第二，加快构建全过程、全链条的预算绩效管理信息闭环系统。进一步完善健全县域基本财力保障机制。建立动态保障、分级负责、注重实效、公开透明的长效机制，提高县级政府 PPP 的支付水平。优化 PPP 项目财务承受能力评价，加强事前评估。

第三，加强绩效评价指标体系研究，进一步提高指标设置的科学性、合理性、公正性、效率性，加快 PPP 项目绩效管理信息系统建设，健全专家库、中介库以及指挥库、标准库等各类数据库的建设。加大培训力度，提高能力素质。引入专业的第三方考核机构。合理设置 PPP 项目考核程序及绩

效指标。精细化编制PPP合同条款，打通合同履约的市场契约精神与财政预算政府强监管之间的壁垒。

第四，不断提高PPP项目库数据资源分析利用水平，为决策提供参考，为社会资本投融资提供决策依据。加快财政信息化建设，深化预算制度改革，加强绩效的重要技术保证，形成公共事务科学设计政策、做出决策的公共信息支撑平台，打破所有部门之间的信息壁垒，形成更有效率、更注重绩效追求的预算一体化调控管理局面。加大公开绩效信息和绩效评价结果的力度。

第五，绩效监控结果与预算安排、调整挂钩，让规范监控结果应用成效更加显著。首先，为了提升财政绩效管理效能，加大财政监督力度。通过在线系统编报年度预算，预算单位可以掌握动态的用款计划、资金流向、年度预算指标等，以便安排活动。其次，作为外部监督的财政部门采用在线系统实时查询账目变动，有效监控财政及相关资金流向等情况。采取资金支出等留痕管理。PPP项目资金等所有业务信息都详细记录在案，绩效监控的结果规范化，成效更加显著，如此一来财政资金透明运行，从源头减少腐败滋生。

第六，预算体制机制创新，减小二者摩擦系数，协调具体考核的。强化预算约束，提升资金使用效率，更加准确和完整的预算编制子系统覆盖全部收支内容，各子系统严格执行预算、强化各子系统的相互制约，加快预算执行进度，包括预算约束开展部门预算，预算执行分析银行支付等。当然，通过对资金支出等情况的动态监督和管理，也大大提高了财政资金使用效益。二者摩擦系数协调，具体考核一致，效率也将大大提升。

第七，强化引导约束，加强重点领域预算绩效管理，明确分类转移支付绩效管理重点。建议对PPP所涉及的公共预算进行具体界定，分行业制定不同的PPP绩效评价标准。正视基础设施和公共服务公益性民生属性强的特征，要算综合帐，不仅要算经济投入产出绩效评价指标，还需要算生态环境绩效评价指标、历史文化评价指标。分类分策有的放矢。根据行业项目轻重缓急，科学系统安排财政支出与支付。

参考文献

［1］ 马海涛主编《中国PPP行业发展报告（2021）》，社会科学文献出版社，2021。
［2］ 曹珊：《PPP运作重点难点与典型案例解读》，法律出版社，2018。
［3］ 财政部预算评审中心：《中国财政支出政策绩效评价体系研究》，经济科学出版社，2017。
［4］ 袁竞峰、李启明、邓小鹏：《基础设施特许经营PPP项目的绩效管理与评估》，东南大学出版社，2013。
［5］ 孙洁：《PPP项目的绩效评价研究》，经济科学出版社，2010。
［6］ 贾康、刘薇：《财税体制转型》，浙江大学出版社，2015。
［7］ 〔美〕陆毅、凯瑟琳·威洛比：《公共绩效预算原则与实践》，马蔡琛等译，东北财经大学出版社，2020。
［8］ 满莉：《文物保护绩效管理研究——基于文物保护经费投入的视角》，经济管理出版社，2018。
［9］ 满莉、李雨霏：《海绵城市生态环境的绩效评价》，《城市住宅》2018年第8期。

B.19
ESG 理念下 PPP 项目可持续发展路径研究

李士宗*

摘　要： ESG 和 PPP 项目可持续发展之间有共同的联系，ESG 和可持续发展都旨在促进经济、环境和社会的可持续发展，PPP 模式也处于实现经济、社会和环境可持续发展的新阶段。但是当前 PPP 模式应用过程中面临诸多问题，如 PPP 项目与地区经济发展的适配性、PPP 项目本身的可持续发展。虽然，专家学者就 ESG 理念与 PPP 项目可持续发展等问题已经进行了一定的研究，但是在 ESG 理念下，PPP 项目可持续发展的实现路径尚不明朗。因此，本报告就 ESG 理念下 PPP 项目可持续发展的路径进行研究。这一研究既有利于增强 PPP 市场活力，又有利于提升 PPP 项目社会、经济、生态等综合效益，更好地满足人民日益增长的美好生活需要，为推动高质量发展做出积极贡献。

关键词： ESG　PPP 项目　可持续发展

一　研究背景

2004 年联合国全球契约组织将十项可持续发展的价值观和原则归纳为

---

* 李士宗，北京驰标科技有限公司总经理，财政部、国家发改委 PPP 专家库双库专家，研究方向为政府平台投资、园（片）区综合开发 ABO、PPP、"投资人+EPC"、EOD、专项债项目。

环境（Environmental）、社会（Social）、公司治理（Governance）三个维度，ESG术语首次在联合国研究报告Who Cares Wins中提出。ESG理念作为一种方法和路径，是可持续发展在我国实践应用的体现，其要求企业在发展中注重环境保护、履行社会责任、完善公司治理。

我国ESG系统性发展起步较晚，但其核心思想与我国长期发展战略是相符的，如"可持续发展""绿色发展"。我国之前在环保的信息披露和绿色金融等方面的探索较为广泛，随后正式深入探索国外ESG理念和体系。中国证券投资基金业协会在2018年11月发布了《中国上市公司ESG评价体系研究报告》和《绿色投资指引（试行）》，这两个文件开启了我国ESG实践新进程。

PPP作为公共服务的创新提供模式，主要应用于污水、垃圾处理、流域治理、基础设施等19个行业，生态、社会责任和公司治理是这些行业PPP项目的必然要求，因此PPP项目自身具有天然的ESG属性，ESG理念与PPP项目具有高度契合性。财政部出台的《关于印发〈政府和社会资本合作（PPP）项目绩效管理操作指引〉的通知》（财金〔2020〕13号）中就引入ESG等先进理念，对PPP项目绩效目标编制提出明确要求。与此同时，鼓励社会资本参与PPP项目，通过政府、社会资本等多方合作扩大公共产品和服务供给，也为在治理层面应用可持续发展创造了机遇。

二　相关理论

（一）PPP相关理论

20世纪80年代，英国在进行公用服务或基础设施建设时引入私营资本，由此产生了PPP模式。对于PPP模式的概念，比较有代表性的定义如下。联合国培训研究院认为，不能单一理解PPP理念，其是在公众需求日益增长过程中自然而然形成的，由政府等行政机构提出，引入社会资本广泛参与有一定收益的公共服务项目。其产生也简化了大型工程项目建设中存在的复杂问题。欧盟委员会认为，PPP是连接政府、社会、企业及团体等多方，进行以满足公众需求为目的的公共项目的建设。我国国家发改委指出，PPP是政府机构与社会资本以委托代理的形式建立的合作关系。两者通过合作实现双赢的局面，政府等行政机构通过引入的社会资本方更好满足公众需求，提高自身的公共服务产品的供给水平，社会资本也可通过项目运营收取一定费用来获取收益。从以上具有代表性的定义中可以发现PPP模式的共同特征：首先是以多方合作为基础的；其次是以满足公众需求而提供公共服务产品为核心；最后是在合作过程中，各参与方坚持风险共担、收益共享原则。

（二）可持续发展相关理论

可持续发展的定义有100多种，但被广泛接受、影响最大的仍是世界环境与发展委员会在《我们共同的未来》中的定义。该报告中，可持续发展被定义为："能满足当代人的需要，又不对后代人满足其需要的能力构成危害的发展。它包括两个重要概念：需要的概念，尤其是世界各国人们的基本需要，应将此放在特别优先的地位来考虑；限制的概念，技术状况和社会组织对环境满足眼前和将来需要的能力施加的限制。"由于研究者所站的角度不同及可持续发展围绕自然、政治等多方面的因素展开，各方侧重点也不同。自然角度的可持续发展定义为：以保护大自然的生态系统为前提，在人类的发展过程中，提高系统的更新能力，但不超越其自身特性。社会角度的可持续发展定义为：以提高人类生活质量为目的，但不得破坏生态系统的承受能力。科技角度的可持续发展定义为：可持续发展主要集中于工艺方法及相关排放、密封技术的改进，要求发展方向更环保、绿色、清洁，减少自然资源的消耗及对环境的破坏。综上所述，可持续发展的基础是社会、经济、资源、人口及环境的相互协调和作用，维持多方面的平衡，其核心是满足当代人的需求时不能对后代人发展造成危害。

(三) ESG 相关理论

ESG 相关理论涉及 ESG 理念、ESG 投资、ESG 评级和 ESG 披露。ESG 理念包括环境、社会、公司治理三个维度，具体实践中包括投资指引、评估评级和信息披露三个方面，是社会责任投资（SRI）的基础，是绿色金融体系的重要组成部分。ESG 投资是在基础的投资分析和决策制定中充分考虑环境、社会、公司治理等因素的一种投资理念。ESG 评级是指对目标企业自身、债务工具或发行人面临的 ESG 风险和发展机会进行评估，它是 ESG 建设的关键环节，是衡量企业 ESG 绩效的工具。ESG 信息披露是在环境、社会和公司治理三个方面对企业一段时间内取得的成绩或面临的困难通过单独报告或者纳入综合报告的形式，将相关信息报送给使用者的过程。

三 ESG 理念下 PPP 项目可持续发展现状分析

(一) ESG 理念下 PPP 项目实施现状

当前在 PPP 项目实施中，已经认识到 ESG 理念与 PPP 项目融合的重要性，但在具体实施中，还存在以下问题。

1. PPP 项目参与方对 ESG 的认识还有待提高

政府层面已经深刻认识到 ESG 理念对 PPP 项目的重要性。财金〔2020〕13 号文中就引入 ESG 等先进理念，要求 PPP 项目绩效目标编制应指向明确，体现 ESG 理念。但 PPP 项目基层管理和项目公司对 ESG 理念的认识还有待提高，也缺乏明确的政策指导。

从 PPP 项目基层管理来看，项目实施机构、行业主管部门、财政部门等主要从相关政府文件中了解 ESG 理念。由于工作特点，PPP 项目基层管理层面对 ESG 理念的理解不够深入，在推动 ESG 理念应用于 PPP 项目上就显得力不从心。

从PPP项目公司来看，由于社会资本方实力存在差距，一些上市公司参与的PPP项目中，项目公司管理人员对ESG理念有一定的了解，也按照出资主体的有关要求在项目公司中贯彻ESG理念，但其多从企业角度考虑。在将ESG理念与PPP项目所属的行业、PPP项目自身的特点结合方面，还存在不足。而非上市公司参与的PPP项目，对ESG理念的理解和应用就更不清晰了。

2. 在PPP项目的选取中对ESG理念的应用不够具体

PPP项目的选取涉及项目立项决策的可行性研究及其批复、物有所值评价和财政承受能力评价。

在PPP项目立项决策中，目前的可行性研究报告主要应用传统的财务评价指标，如净现值、内部收益率等指标进行项目可行性的分析。虽然在项目经济评价中考虑了社会评价、外部影响等因素，但多是浮于表面的定性分析，没有体现ESG理念的要求，也缺乏相应的评价指标。同时，项目的批复主要考虑项目投资方向和投资额，缺乏基于ESG理念的明确的评价要素要求。

目前物有所值评价较多关注的是全生命周期整合程度、风险识别与分配、绩效导向与鼓励创新、潜在竞争程度、政府机构能力、可融资性等六项基本评价指标，以及项目规模大小、预期使用寿命长短、主要固定资产种类、全生命周期成本测算准确性、运营收入增长潜力、行业示范性等补充性指标，对于ESG理念中环境、社会、公司治理的体现不具体。

与物有所值评价类似，财政承受能力评价同样存在对ESG理念中的环境、社会、公司治理的体现不具体的问题。

从PPP项目实践来看，有的"黑天鹅"事件是由PPP项目在实施过程中，忽略环境保护、社会责任及公司治理不完善导致的，这反映了在PPP项目中应用ESG理念的必要性。

3. 尚没有统一的PPP项目ESG评价标准

ESG评价体系是ESG投资应用的基础。我国ESG目前发展较为缓慢，主要依靠政府引导，体系建设不完善，因此对相关政策、信息披露框架构建的标准化要提上日程。从PPP项目来看，虽然已经将ESG理念体系引入PPP项目绩效管理，并在具体指标中考虑了相关的环境、社会和公司治理要素，但没有形成反映PPP项目行业特色的ESG评价标准。目前尚缺乏关于PPP项目的ESG评价体系，同时PPP项目的采购沿用传统的评价方法，缺乏ESG理念下的PPP项目采购标准及合同要求。ESG理念在PPP项目全生命周期中的应用还不全面，也缺乏成熟的PPP项目ESG评价指标体系。

4. PPP项目ESG信息披露机制不够完善

ESG底层信息的披露是ESG投资的前提条件。从企业ESG信息披露要求来看，我国目前尚未颁布整合的ESG相关法律文件，主要从环境保护和社会责任两个方面出台相关法规。此外，证监会、沪深交易所对公司ESG信息披露的监管仍处于以自愿披露为主的阶段，并没有对格式规范、指标体系、操作步骤等具体内容做详细、可参考的披露标准说明，造成企业披露形式多样，缺少量化、信息结构化难度大，ESG关键议题的数据可靠性低，整体可比性差。

从PPP项目信息披露的要求来看，管理部门高度重视PPP项目的信息公开，如财政部全国PPP综合信息平台要求按阶段根据项目实施情况及时上传相关信息。但是具体的公开信息仅是项目实施的进展情况，没有类似针对上市公司的专门的ESG信息披露时间和内容等方面的要求，相关利益者难以从公开信息中快速找到PPP项目ESG的相关信息。

四 ESG理念下PPP项目可持续发展的实现

（一）ESG理念下PPP项目可持续发展实现路径

ESG理念下PPP项目可持续发展的实现路径见图1。ESG理念下PPP项目可持续发展实现的路线遵循"意识先行""人才支持""标准指引"原则。首先强化ESG理念应用意识和人才培养，其次从PPP项目投资、绩效

评估、信息披露等方面建立 PPP 项目 ESG 标准体系，并将其应用于 PPP 项目全生命周期的各个阶段。

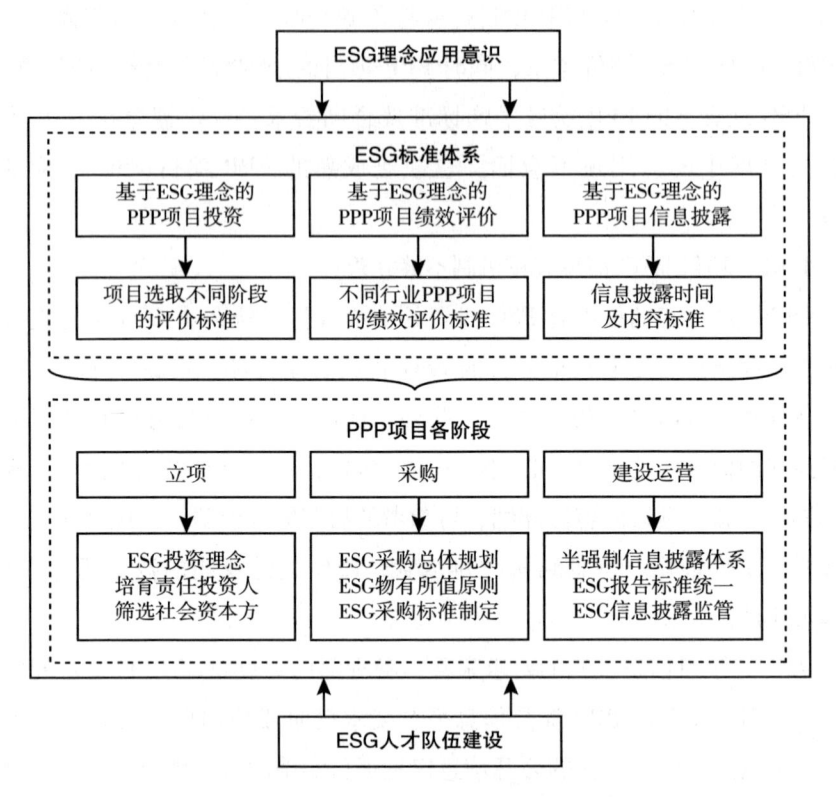

图 1　ESG 理念下 PPP 项目可持续发展实现路径

（二）ESG 理念下 PPP 项目可持续发展实现思路

1. 增强 ESG 理念在 PPP 项目中的应用意识

增强 ESG 理念的应用意识，是提升 PPP 项目公益性、生态性与社会性的首要条件。在 PPP 模式中持续深入增强 ESG 理念的应用意识，推动 ESG 治理更好的应用，努力在国际环境中展示我国具有 ESG 理念的社会责任企业优势，不仅可以增强 PPP 市场活力，还可以提升 PPP 项目社会、经济、生态等综合效益。

首先，将ESG理念应用于PPP项目实施方案、采购、合同制定、项目管理、绩效评价各环节。以行业ESG标准及个案项目为依据，鼓励PPP项目参与方更加关注ESG理念在项目中的应用，参与方之间相互包容与配合，从而增强行业活力及促进可持续发展。其次，PPP项目各参与方需协调目标、互相监督，共同增强ESG理念应用意识。要更全面地聚焦PPP项目各参与主体的运行及其自身与项目、社会、环境之间的关系。各参与方协调目标，提高对可持续发展重要性及ESG应用的认识，互相监督。PPP项目参与方在自身经营管理中，要强化员工的低碳意识，制定节能、节水和绿色采购政策，加快推进低碳化运营。

2. 加强ESG人才队伍的引进与培养

实现PPP项目可持续发展，必须注重ESG方面的人才培育和储备。专业的人才队伍是PPP项目可持续发展的核心竞争力，可考虑通过加强符合我国国情的有关ESG方面的专业资格认证、建立行业协会、PPP项目公司间的交流，为ESG专业人士的交流提供平台，培养具有较高专业素养、ESG理念的人才队伍，支持ESG理念下的PPP项目规范、可持续地发展。

在项目公司内部，要大力开展在职培训，提高员工对ESG理念、低碳等方面的认识。PPP项目参与方中的企业需要积极将可持续发展纳入企业文化，注重ESG理念的践行，促进人性文化管理工作的有效落实，增强员工的认同感，真正将可持续发展渗透到公司内部，在未来发展中体现专业性，在环境应对中体现科学性。

3. 构建规范的PPP项目ESG标准体系

PPP项目的ESG标准体系，主要从PPP项目投资、绩效评价、信息披露三方面构建。

（1）PPP项目投资方面

应用ESG理念，加强对PPP项目全生命周期内的融资管理，对投融资决策、融资谈判、融资结构和融资执行等环节进行动态控制。ESG理念强调正向引导与激励，PPP项目通过加强ESG管理，改善参与方形象，可获得更多的价值投资。政府还可以积极探索多种项目打包捆绑形式，防止高收

益PPP项目炙手可热，而低收益、高投资的绿色PPP项目无人问津。PPP项目投资可以通过绿色债券、社会债券和可持续债券创造在二级市场的投资机会。将ESG投资应用于PPP项目投资过程中，并以此为支撑点，探索国内外ESG评价指标体系的构建与融合发展方式。将环境、社会和公司治理因素纳入投资的实践过程，促进我国的可持续发展、碳中和碳达峰目标的实现。考虑平衡PPP项目参与主体的利益，出台相关政策。这些监管框架将为PPP项目投资创造有利环境，完善可持续投资政策框架，为PPP项目投资管理实践提供有效工具。引导金融机构依据PPP项目评价结果为投资项目提供融资支持。银行及其他相关金融机构应积极推广ESG投资理念，以ESG投资助力PPP项目实质性可持续发展指标的识别与构建，以此引导PPP项目参与方提升ESG管理水平。基于ESG理念的PPP项目投资与促进产业和经济发展的资本功能相适应，也与投资者的长期利益密切相关。应制定更多的相关制度，促进金融可持续发展，同时提升PPP项目投资的透明度。

（2）PPP项目绩效评价方面

强化ESG理念在PPP项目全生命周期绩效目标体系中的比重，立足中国"双碳"目标，强调以社会福利和环境效益为核心，对PPP项目从立项、采购、建设运营等全生命周期阶段实施相应的ESG标准考核。应用ESG理念对项目公司治理进行评估，优化公司内部关系，强调协调PPP项目参与主体的平衡，加强PPP项目可持续发展。ESG理念倡导PPP项目关注非财务性因素，难以准确定量计算，指标设定应在定性基础上追求客观、透明、高可信度，充分考虑各方与PPP项目之间的关系及PPP项目对社会和环境的影响。PPP项目绩效评价指标的建立还可以参考国外先进的ESG指标，推进"以人为本""以碳为本"的新PPP模式。

（3）PPP项目信息披露方面

采取一定的强制性措施帮助PPP项目参与方进行信息披露。披露标准的制定一方面可以对企业的经济行为产生约束力，规范PPP项目参与方的行为，营造健康良好的可持续发展的市场环境，另一方面可以为投资者的投资决策提供参考，为 PPP 项目的可持续发展奠定基础。因此应建立既有共性又有个性的信息披露规范，保证信息的可比性，同时各行业及企业的环境、社会责任、运营方式等特性不同，信息披露标准的制定也要考虑这些差异。进一步鼓励、规范 ESG 信息的公开披露，鼓励参与方积极开展年度 PPP 项目的可持续报告、社会责任报告等的披露工作，形成常态化 ESG 数据管理机制。借鉴全球权威标准制定机构的信息披露框架制定信息披露准则，使上市公司披露的信息更有针对性，更好地满足企业自身及其他 PPP 项目参与主体的需求。

（三）ESG 理念下 PPP 项目可持续发展实现路径

1. PPP 项目立项论证阶段的实现路径

在 PPP 项目的立项论证阶段引入 ESG 理念，鼓励公司勇于承担社会责任，同时以绿色发展为导向，呼吁对环境的保护，以提升公司治理水平。

（1）培育 ESG 投资理念和责任投资人

"十四五"期间，中国 ESG 投资发展将更强大、更有活力。建议政策部门一方面对 ESG 和责任投资予以鼓励，对公益性、政策性等投资中的 ESG 或责任投资最低比例提出要求，以培育责任投资人；另一方面，在项目可行性研究报告、物有所值评价报告、财政承受能力评价报告中加入 ESG 理念及相关评价指标。

（2）加强对社会资本投资方的要求

政府作为社会的管理者和公共项目的提出方，可对引入的社会资本投资方提出相应标准。一是将负责任投资因素纳入基金选择、基金条款和基金监督流程，在投资前识别并确认可能影响投资回报的重大 ESG 变量，纳入团队的投资研究。二是社会资本方投资公司管理设定规范，将 ESG 融入公司政策。在管理层面共同建立对 ESG 重大风险和机遇的认知及管理流程。通过对投资各参与主体提出相应标准，在一定程度上实现 PPP 项目的可持续发展。

2. PPP 项目采购阶段的实现路径

PPP 的物有所值评价要充分体现 ESG 要求，要在 PPP 项目采购阶段落实具体的措施。

（1）制定ESG理念下采购的总体规划

确定合理的ESG理念下的采购流程，在PPP项目的全生命周期中融入ESG理念，在供应链的推动中，全方位考虑采购的成本、运营、维护等费用，协调经济、社会及环境的发展，促进我国的PPP项目采购可持续发展。

（2）确立ESG理念下物有所值原则

传统的物有所值原则引入环境、社会及公司治理概念，即ESG理念下的物有所值原则，以参与全生命周期采购为前提，考虑在采购合同制定中融入ESG理念，使采购更具潜力，也可更加系统、科学地评价采购过程。原有的物有所值原则与ESG理念相互影响，既能促进物有所值原则在全生命周期内的发展，又能使可持续发展的理念融入采购中，形成良好的社会、经济和环境效应。

（3）制定ESG理念下的采购标准

ESG理念下的采购标准可参考欧盟绿色采购标准，但ESG理念下的采购标准不完全等同于绿色采购标准。基于ESG理念的采购标准，在制定过程中，充分融入环境、社会及公司治理三要素，同时协调全生命周期成本，综合考虑供应商是否符合可持续发展的标准，对其提供的产品及生产过程是否绿色、低碳等方面进行综合考量。包括运输成本、工作条件、劳工权益、残疾人就业等经济可持续指标及环境管理体系的标准等内容。

3. PPP项目建设运营阶段的实现路径

在项目建设和运营过程中，要针对ESG理念建立PPP项目的信息披露体系、规范相关制度，明确参与方ESG信息披露的相关责任。

（1）半强制的ESG信息披露体系

半强制的ESG信息披露体系主要从两个方面展开。主体层面，不同领域的PPP项目与ESG信息披露匹配性有所差异，因此可对部分使用ESG信息披露的PPP项目进行强制要求；对于未被强制要求披露、ESG表现优秀的PPP项目公司，可以给予一定的符合当地制度的优惠。内容层面，一是针对违反制度的情况，PPP项目公司应及时发布公告进行情况说明；二是对于 ESG 信息披露中的具体内容,可经 PPP 项目公司决策者根据相关标准进行评估后再决定。

(2) 统一的 ESG 报告的编制依据和评价标准

建立统一的 ESG 报告的编制依据和评价标准确有必要。建议 PPP 项目公司首先根据公司标准确认报告基础、披露信息以及管理办法,其后根据特定主体标准所包含的如经济议题的 9 项指标、环境议题的 70 项指标编制报告。PPP 项目公司应选取适合中国实情的披露标准,我国上市企业的 ESG 报告有编制依据,PPP 项目公司可以此为参照,同时考虑 PPP 项目自身特性,吸取国外经验,以保障 PPP 项目 ESG 报告编制与评价标准的系统性。

(3) 构建 ESG 信息披露监管制度以及明确并落实 ESG 信息披露责任

监管制度的统一应用标准在 ESG 信息披露的体系构建过程中起着至关重要的作用。一是建立的 ESG 信息披露监管的框架应符合 PPP 项目公司的特征,应考虑到 ESG 理念对公司造成的压力;二是针对 ESG 监管运行的效果,实行奖罚分明的措施,对严重不符合标准的举措,进行一定的行政处罚;三是要注重监管效率,将新科技纳入监管工具中,保证监管顺利进行;四是对表现优异的 PPP 项目公司,在提出表彰的同时要予以鼓励,在之后的 ESG 信息披露过程中继续严格监管。

参考文献

[1] 段钢:《ESG 投资与可持续发展》,《中国商界》2021 年第 12 期。

[2] 徐雪高、王志斌:《境外企业 ESG 信息披露的主要做法及启示》,《宏观经济管理》2022 年第 2 期。

[3]《ESG 投资专题报告:基于 ESG 理念的北交所投资实践》,未来智库网,2022 年 4 月 26 日,https://www.vzkoo.com/read/202204263fb2967f2793a166164f0f9c.html。

[4]《2021 中国 ESG 发展白皮书》。

[5] 钱玉东:《双碳背景下有色冶金行业绿色发展路径:浅议 ESG 体系对有色冶金

行业绿色可持续发展的推动作用》,《中国有色冶金》2021 年第 6 期。

[6] 张为国等:《国际可持续发展准则理事会发展前景的谨慎估计》,《财会月刊》2022 年第 6 期。

[7] 杨新兰:《以 ESG 投资策略推动资管业转型》,《中国金融》2020 年第 23 期。

[8] 齐岳等:《基于责任投资的 ESG 理念 QDⅡ基金的构建及绩效检测研究》,《投资研究》2020 年第 4 期。

[9] 詹晓宁、欧阳永福:《〈G20 全球投资政策指导原则〉与全球投资治理——从"中国方案"到"中国范式"》,《世界经济研究》2017 年第 4 期。

[10] Maha Faisal Alsayegh, Rashidah Abdul Rahman, Saeid Homayoun, "Corporate Economic, Environmental, and Social Sustainability Performance Transformation through ESG Disclosure," *Sustainability* 9 (2020): 1-20.

Abstract

Under the direct supervision of the China Public Private Partnerships Center (CPPPC), *China's PPP Industry Development Report* is compiled by the academy for governmental credit at CUFE. Focusing on the research of China's PPP various industries application, discussion on the PPP critical issues and innovation practice exchange, this book is the practical exploration in the China's PPP field at present.

China's PPP Industry Development Report (2022) consists of three parts, which are the general reports, application development reports and special research reports.

The general reports review the macro operating environment for China's PPP industry development in 2021, systematically sort out and summarize the policies, regulations, investment and financing development of the PPP industry, and then analyze the overall operation, distribution and implementation of PPP projects in 2021 from the perspective of market environment. The reports also state their important role in promoting national economic and social development, as well as their deficiencies in the legislative system, innovative applications and performance management. On this basis, the reports look forward to the new opportunities and challenges of China's PPP sector in 2022.

The application development reports contain nine reports. The reports focus on in-depth research on the innovative application of PPP model in promoting the national rural revitalization strategy, the construction of new infrastructure, new urbanization and major projects strategy, the healthy China strategy, the scientific and technological innovation strategy and the "carbon peaking and carbon neutrality" strategy, the integration application of the "ROD + PPP" model in new infrastructure construction, the integration application of "EOD + PPP" model in the field of ecological environment, the integration application of "TOD+PPP" model in urban renewal, which highlight the positive role of PPP model in serving the national major strategy and promoting high-quality economic and social development.

The special research reports contain seven reports. The reports study some special issues, such as accelerate China's PPP legislation, PPP project dispute resolution mechanism, the optimization path of PPP project tax supporting policy, focus on the assets and franchise rights transfer of stock PPP project, the REITs innovation path in infrastructure field, the path mechanism for the deep integration of PPP project performance management and financial budget performance management, and the sustainable development path of PPP projects under the ESG concept. And the reports also propose the theoretical, forward-looking, pragmatic and operable solutions.

The data sources of this book mainly include the national PPP comprehensive information platform of the Ministry of Finance, the PPP monitoring service platform of the National Development and Reform Commission, the China Public Private Partnerships Center (CPPPC), Beijing Mingshu Data Technology Co., Ltd., and other domestic authoritative departments and local platform databases. It is the most authoritative collection of data and cases in the PPP field.

Keywords: PPP Model; PPP Legislation; Performance Management; Innovation Integration; Sustainable Development

Contents

I General Reports

B.1 China's PPP Industry Develepment Report-Pattern and

Challenges　　　*Academy for Governmental Credit*, BRIDATA / 001

Abstract: This report discusses the macro situation of China's PPP industry development in 2021. As an important tool to drive economic growth, infrastructure investment continues to play a role in stabilizing the economy and preventing risks. The report analyzes the overall operation, distribution and landing of PPP projects in 2021 from the perspective of market environment, and explains its important role in implementing major national strategies such as " new infrastructure, new urbanization initiatives and major projects" and rural revitalization, etc. The PPP industry achieved high-quality development in 2021, but there are still shortcomings in the legislative system, innovative application, performance. In 2022, the PPP industry will face new investment opportunities and challenges. Exploring the innovative and integrated vitality of PPP and REITs , establishing a more perfect credit system will further bring into play the important role of the PPP industry in transforming government functions, promoting the reform of the investment and financing system, stimulating the vitality of social capital, and promoting the rapid development of China's construction field.

Keywords: PPP; Macro Market Environment; Project Entry and Operation

B.2 Interpretation of Important PPP Policies in China in 2021

Wang Zheng / 042

Abstract: At present, economic development is facing the triple pressure of demand contraction, supply shock and expected weakening. Central economic work meeting was held by Central Committee in December 2021. The meeting points out that economic work should be stable and strive for progress in the midst of stability in 2022. The 11th meeting of the Central Financial and Economic Committee was held on April 26th, 2022 to study the issue of strengthening infrastructure construction in an all-round way. It is necessary to coordinate development and security, basing on long-term, moderately advanced, scientific planning, multi-wheel drive and efficiency. On May 25th, 2022, the State Council held a national teleconference on stabilizing the overall economic market. The overall goal of economic work is to protect the main body of the market, which ensures employment and livelihood of the people. The government will perfect the subsequent policies with 33 policies to stabilize the economy in six areas. In terms of finance, the government will increase efforts to activate existing funds, accelerate the issuance and use of special bonds of local governments, expand the scope of support. The government will also give priority to new infrastructure, new energy projects, etc. The above series of positive policies not only send positive signals, but also stabilize market confidence and boost confidence in economic growth. The government will strengthen infrastructure and public services in an all-round way and provide opportunities for social capital to participate in the construction of new infrastructure. PPP can tap potential opportunities in water conservancy construction, rural revitalization, ecological environment, nursing homes daycare, transportation and logistics and other sectors. Making good use of infrastructure REITs will help solve the financing problems of PPP projects, and infrastructure REITs also put forward higher requirements for the operation management, exit mechanism and other links of PPP, thus forcing the standardization and marketization of PPP.

Keywords: PPP; Urbanization Construction; Rural Revitalization; The Area of "Agriculture"; Carbon Peak and Carbon Neutralization

Contents

B.3 Investment and Financing Development Report of China's
PPP Industry in 2021
Fu Qingyang, Zhang Xiaobin and Zhang Zhuchao / 056

Abstract: This report addresses the issues of the difficulties in project investment and financing, the failures to fully uncover the potential of private capital, the shortcomings of the financing environment and the lacks of business model innovation in the PPP industry in 2021. It proposes a set of comprehensive measures, such as optimizing the PPP financing functions, enhancing the ability to match the PPP development financial service, improving the influences and contributions of the private enterprises, implementing transparency standards in the PPP operation macro-environment, integrating EOD, TOD, SOD and the model of "collaborative innovation PPP financing and the whole process engineering consulting", to strongly promote the PPP full and high quality development.

Keywords: Public-Private Partnership; Investment and Financing; High-quality Development

II Application Development Reports

B.4 Innovative PPP Model Application in Promoting Rural
Revitalization Strategy *Zhao Shikun, Yi Jie* / 066

Abstract: Since proposed at the 19th CPC National Congress, the rural revitalization strategy has been highly valued by the general public of society. As the poverty alleviation has been achieved, the rural revitalization becomes the next key step in the work of agriculture, rural areas and farmers. PPP model remarkably promotes the infrastructure construction in the field of public services and complementary to the rural revitalization strategy. By introducing social capital to participate in rural infrastructure construction, the advantage of social capital operation and management can be effectively applied, in addition PPP model conducive to improving the supply quality and efficiency of rural infrastructure construction. However, it's still exists some problems in the application of PPP model in the rural revitalization strategy. The particularity of social capital cause issues such as inadequate supplies of rural construction land, strong public welfare nature, highly dependence on local governmental finance and difficulty in subsequent supervision, which limits the further extensive application of PPP model in the promotion of rural revitalization strategy. This report analyzes the existing PPP project in China Public Private Partnerships Center Database and proposes solutions to strengthen the preliminary planning of projects, innovate the method of combination rural land and projects. which could effectively strengthen the government's decision-making, supervision capabilities, improve the attractiveness of rural revitalization projects to social capital parties, and address the obstacle of PPP model in the application of rural revitalization strategy.

Keywords: PPP Model; Rural Revitalization; Rural Infrastructure Construction

B.5 Research on Innovation and Application of PPP Mode in New Infrastructure Construction Field

Li Yan, Wang Chongrun / 080

Abstract: The construction of new-type infrastructure is of great significance in stabilizing growth, stabilizing employment, adjusting structure, promoting innovation and benefiting people's livelihood. It will inject stronger impetus into China's economic transformation. Adopting PPP mode can make social capital participate in the construction of new infrastructure effectively, which is beneficial to improve the modernization of the government governance system and the governance capacity, and to improve the overall operating efficiency of new infrastructure projects. At the same time, it can ease the financial pressure on new infrastructure. This report first introduces the current financing situation of the new infrastructure industry. Then it points out the problems of PPP financing mode selection, risk consideration in PPP investment and financing process, and tax arrangement in the application of PPP in new infrastructure. On this basis, the report points out that there are some problems in new infrastructure PPP projects, such as "unclear orientation of government function", "imperfect exit mechanism of PPP model" and "commercial closed loop has not yet formed in new infrastructure investment". Finally, the report puts forward the countermeasures and suggestions of applying PPP mode in the new-type infrastructure construction field.

Keywords: New Infrastructure; PPP; New Smart City

B.6 Research on the Innovative Application of PPP Model to Major Engineering Construction

Zhu Hongmei, Zeng Lu, Zhu Ling and Jiao Shuchun / 099

Abstract: This report explains the connotation of PPP projects for major engineering construction, and summarises the application of PPP in new infrastructure and new urbanization initiatives and major projects. Combined with the 14th Five-Year Plan, the report interprets the latest policies and development trends in the fields of transportation, municipal engineering and water conservancy construction, and uses the National Speed Skating Oval, Hangzhou-Taizhou High-speed Railway, and Bishan-Tongliang Suburban Railway (PPP + TOD project) as case studies to illustrate the financing structure and demonstration role of the major projects. Our research concludes that: the application of PPP model in major engineering construction has achieved remarkable theoretical and practical outcomes; the whole life cycle construction and operation of major PPP projects includes the feasibility and suitability demonstration and scheme comparison of the PPP model, the selection of social capital parties, the whole life cycle risk identification and sharing framework, safety emergency and supervision performance management, mid-term evaluation and renegotiation, project Key and difficult issues such as handover and post-evaluation; Strengthen the philosophy of "centennial plan" and "whole life cycle" of PPP projects, undertake advance planning, pool resources and reserve long-term development conditions in major engineering construction fields such as transportation and water conservancy construction, and study and practice the integrated development of "PPP+XOD".

Keywords: PPP; Major Projects; Full-life Cycle; Construction Operations; Risk Management

B.7 Research on the Innovation and Application of PPP Model in the Construction of Healthy China

Zhou Chaoxuan, Wang Juan, Ma Junying and Liu Baoquan / 116

Abstract: The construction of Healthy China is a national strategy of China. Its connotation is extremely rich and its coverage is wide, covering not only the medical and health care industry, the health care industry, but also sports, education, cultural tourism, ecological and environmental protection, new rural construction, urban and rural infrastructure construction and other fields. By sorting out the support of national macro policies to the construction of Healthy China and PPP, this paper analyzes the situation, return mechanism, operation mode, investment scale and regional distribution of PPP projects related to the construction of Healthy China in the project management database of National PPP Comprehensive Information Platform of the Ministry of Finance, and points out the existing problems of PPP in the construction of healthy China. Some suggestions on the application of healthy China PPP model in the fields of medical and health care, healthy old-age care, rural construction, public service system and ecological environment construction are put forward.

Keywords: Healthy China; PPP; Health Care

B.8 Application Research of PPP Model in Promoting Science and Technology Innovation Strategy *Ren Bing / 137*

Abstract: Science and technology is always the first productive force, and science and technology innovation is the strategic support to improve social productivity and comprehensive national power. In recent years, the ZTE、Meng Wanzhou and the other related events happened, which all indicate the importance of core science and technology. " Backward will be beaten " is still exists in the 21st century, especially in the field of science and technology. At present, although China's independent innovation capability is increasing day by day, but it should be noted that the overall innovation effectiveness of China is not high, and the innovation power of enterprises is insufficient, so it is not realistic to rely solely on the government to support the development of national science and innovation. The PPP model provides a new path to promote China's innovation-driven development, and has becoming an important means to develop science and technology in China. In the article, by studying the national science and technology PPP projects with special focus on three cases of science and technology PPP projects, we analyze the experiences and practices, summarize the highlights, and finally put forward the problems and suggestions in the PPP model to promote science and technology innovation strategy.

Keywords: Science and Technology Innovation; PPP Model; Smart City

B.9 Research on PPP Model Innovation under Carbon Peak and Carbon Neutrality Goals *Sun Piwei / 154*

Abstract: After the carbon peak and carbon neutrality goals are proposed, the development and reform of PPP model will also comply with the requirements of the carbon peak and carbon neutrality goals, and find a better implementation mode that fits the goals. Based on the process of PPP project identification and decision-making, scheme formulation and project implementation, combined with the experience of previous PPP project implementation and practical project cases, this report analyzes the innovative ideas that will occur in PPP mode under the carbon peak and carbon neutrality goals, and focuses on the green output, green financing, green implementation methods and other issues of PPP projects. Some suggestions are put forward, such as incorporating carbon peak and carbon neutrality goals into project planning as early as possible, paying more attention to ESG targets in the performance evaluation of PPP projects, and balancing the benefits of PPP projects through environmental rights transactions.

Keywords: Carbon Peak; Carbon Neutrality; PPP Model Innovation

B.10 The Research of "ROD+PPP" Model Fusion Application in New Infrastructure　　*Song Yingzhong* / 167

Abstract: The resource is the basic element of human's survival and development. It is an important project for the new infrastructure to figure out how to make use of new information, the Internet, big data, 5G, artificial intelligence and other new technologies to protect good resources, arrange scientific and reasonable configuration resources, realize the harmonious coexistence between human and nature and promote the sustainable development in high quality. From the aspects of economics and investment, this paper proposes "resource-oriented area development" (ROD) to study the differences and connections between this model and other development and operation models such as TOD and EOD, which aim is to explore the top-level design, integration and application of "ROD+PPP" model in new infrastructure, the combination of resource-oriented and industrial integration, construction of investment and the cooperation model between government and social capital, under the current background. The goal of this research is to promote the efficiency of "ROD+PPP" model so as to make it play a role in the future development in finance construction.

Keywords: New Infrastructure; Area Development; ROD+PPP; Fusion Application

B.11 Application Research on the Integration of "EOD+PPP" Model in the Field of Ecological Environment Protection

Liang Jian, He Pengpeng, Gui Songlin
Li Le and Sun Jiaxin / 188

Abstract: At present, projects in the field of ecological and environmental protection are the top priority of local governments, and what model to adopt to break the situation is a headache for local governments. This paper firstly summarizes the difficulties of financing, payment, and coordination of all elements in the implementation of PPP projects in the field of ecological environmental protection by sorting out the PPP model policy in the field of ecological environmental protection and the basic situation of the implementation of PPP projects across the country. The situation of the project, summed up the difficulties of integrated development in the current implementation of the EOD model, the difficulty of feeding back the industrial income, and the difficulty of feeding back the incremental fiscal revenue. PPP project financing cash flow "blessing", the overall implementation of the PPP model of the EOD project package to increase financial income compliance, and the PPP model to subsidize the neutron sub-projects of the EOD project, the policy outlook and related thinking of platform companies to become stronger.

Keywords: Ecological Environment; EOD+PPP; Fusion Applications

B.12 Research on the Application of "TOD+PPP"
Mode Integration in Urban Renewal *Lian Guodong* / 199

Abstract: This report introduces the current situation of urban renewal in 2021, analyzes the modes adopted by urban renewal, and analyzes the application of PPP mode and TOD mode in urban renewal. On this basis, the report puts forward suggestions on the problems in the application of TOD and urban renewal industry models, as well as the integration of TOD and urban renewal models.

Keywords: Urban Renewal; TOD ; PPP Model Application

Ⅲ Special Research Reports

B.13 Accelerate Legislative Research on PPP
Xue Qitang, Feng Lisong / 217

Abstract: At present, the lack of PPP legislation has become an important factor restricting the standardized and orderly development of PPP. This paper firstly makes a legal analysis on the current PPP policy environment, situation of PPP system and development tendency. The law on PPP should first adhere to the general principle of good faith, equal consultation, fairness and openness. About the essence of legal relation regulated by the law on PPP, this paper advocates "Dichotomy" to solve disputes. While opening the door for social capital to participate in PPP projects, we should pay attention to improving its exit mechanism, so as to solve the "worries" of social capital.

Keywords: PPP; Legislative Principle of Law on PPP; Exit Mechanism

B.14 Research on the Dispute Resolution Mechanism
of PPP Projects

Fu Xiao, Zhou Yan, Wang Xiaoqing and Shi Shiying / 230

Abstract: Public private partnerships (PPP) have been widely used in infrastructure and public services, but cooperation conflicts and project disputes were caused by the frequent cooperation conflicts, lawsuits, shutdown negotiations, contract suspension and other phenomena in practice. By Sorting out the contract attributes and practice of PPP projects in China, the findings show that the interval between signing the main contract and supplementary agreement is mainly between 12 months and 36 months in PPP project; and it is also found that the litigation of PPP project is mainly civil cause of action, and civil legal relationship is the main attribute of PPP project contract. On this basis, it is suggested to build a high-level PPP project law, set up a high-level PPP project coordination department, build a PPP project dispute resolution guide, and strengthen the government's governance capacity and innovative governance mechanism as soon as possible.

Keywords: PPP Model; Dispute Resolution Mechanism; Law on PPP Projects

B.15 The Research on the Optimization Path of Supporting
Tax Policies for PPP Projects

Ying Wenjie, Geng Weixin and Ma Yuan / 243

Abstract: First of all, in this dissertation, development of western tax principles and the transition of tax principles from the founding of China to the Third Plenary Session of the 18th CPC Central Committee was studied based on the tax principle. Next, the necessity and feasibility of applying tax principles in the design of PPP tax optimization path by the theory of tax principles was analyzed according to the characteristics and complexity of each stage of the whole life cycle of PPP project. In addition, a lot of problems, including the "inconvenience" of tax revenue due to the lack of special tax policy provisions, the blank of tax collection and management, repeated taxation, and the failure of tax policy to play a regulatory role in response to the unique risks of PPP projects, was pointed out according to the principle of "unified tax system, fair tax burden and promotion of fair competition". Finally, four optimization suggestions have been put forward for tax policies of PPP projects, including elimination of tax "inconvenience", realization of tax certainty, avoidance of double taxation, prudent preference and optimization of resource allocation by applying tax principles.

Keywords: PPP Project; Tax Policy; Tax Principles

B.16 A Study on Asset Transfer and Franchise Transfer of Stock PPP Projects　　*Li Guixiu, An Xiumei and Wang Gengchao* / 267

Abstract: This report defines stock PPP projects and analyzes the relationship between asset transfer and franchise transfer of stock PPP projects, with different research methods. To address the problems in transferring stock PPP assets, it proposes that the application of asset transfer for stock PPP projects, in nature, is a transformation of asset form and which should abide the laws of conservation of value and of market value. Artificially raising the transfer price in violation of the market laws causes inflated governmental revenues and hidden debts, while artificially lowering the transfer price leads to the loss of state-owned assets. Asset transfer of stock PPP projects is to innovate public services, and the operation of public services requires franchise and suggestions in this regard.

Keywords: Stock PPP; Asset Transfer; Franchise

B.17 Research on the Development Status and Innovation Path

of Infrastructure REITs   *Wang Minglei* / 278

Abstract: Chinese infrastructure REITs are in the pilot ahead of the steady expansion of the development period, with the pace of new urbanization in our country is accelerating, the demand for infrastructure investment also increases, the PPP as the main form of infrastructure in recent years has also developed rapidly. This paper reviews the concept, basic information, development history and current situation of REITs, policies and regulations, access standards and regulatory requirements of REITs in the field of infrastructure. On this basis, it studies the innovation path of PPP-REITS, analyzes the existing problems from different dimensions such as feasibility and necessity, selection of basic assets, transaction structure and practical cases, and then puts forward relevant suggestions such as optimizing transaction procedures, perfecting tax policies, perfecting pricing mechanism and doing a good job in information disclosure, which has important practical significance.

Keywords: REITs; Real Estate; Infrastructure; PPP Project

B.18 Research on the Integration Path and Mechanism of

PPP Project Performance Management and Financial

Budget Performance Management   *Man Li, Zhu Yiming* / 293

Abstract: According to the PPP Unit of the Ministry of Finance, from April 2014 to April 2022, there were 10304 PPP warehousing projects, with an investment of 16.4 trillion yuan. PPP has reached a new level, but how to develop from a large-scale project to a high-quality PPP project and how to give full play to its potential economic and social benefits is extremely urgent. The core of high-quality development of PPP is effective performance management. To achieve the integration of PPP project performance management and financial budget performance management is of great significance in comprehensively deepening the implementation of financial budget management, improving quality and efficiency of public services, and strengthening management throughout the project whole-of-life cycle. In order to explore a feasible path and mechanism to solve the deep integration of the two, this paper starts from the development history of PPP project performance management and financial budget performance management, expounds the necessity of integration of the two, deeply analyzes the difficulties and pain points such as inconsistency in connection and integration, and puts forward feasible paths and mechanisms such as zero-based budgeting reform, building a full-chain budget performance management closed-loop system, using budgeting methods to optimize the evaluation of financial affordability of PPP projects, and refining PPP contract terms, so as to achieve the standardized and high-quality development of PPP projects.

Keywords: PPP Projects; Performance Management; Financial Budget; Performance Supervision

B.19 Research on Sustainable Development Path of PPP Project under ESG Concept　　*Li Shizong* / 308

Abstract: There is a common link between ESG and the sustainable development of PPP projects, ESG and sustainable development both aim to promote economic, environmental and social sustainable development, and the PPP model is also in a new stage of achieving economic, social and environmental sustainable development. However, the current PPP model faces many problems in the application process, such as the adaptability of PPP projects to regional economic development, and the sustainable development of PPP projects themselves. Although experts and scholars have conducted certain studies on ESG concepts and the sustainable development of PPP projects, the path to achieve sustainable development of PPP projects under the concept of ESG is still unclear, so this report studies the path of sustainable development of PPP projects under the concept of ESG. Through this research, it is not only conducive to enhance the vitality of the PPP market, but also conducive to improving the social, economic and ecological comprehensive benefits of PPP projects, better meeting the growing needs of the people for a better life, and making positive contributions to promoting high-quality development.

Keywords: ESG; PPP Project; Sustainable Development

社会科学文献出版社

皮 书
智库成果出版与传播平台

❖ 皮书定义 ❖

皮书是对中国与世界发展状况和热点问题进行年度监测，以专业的角度、专家的视野和实证研究方法，针对某一领域或区域现状与发展态势展开分析和预测，具备前沿性、原创性、实证性、连续性、时效性等特点的公开出版物，由一系列权威研究报告组成。

❖ 皮书作者 ❖

皮书系列报告作者以国内外一流研究机构、知名高校等重点智库的研究人员为主，多为相关领域一流专家学者，他们的观点代表了当下学界对中国与世界的现实和未来最高水平的解读与分析。截至2021年底，皮书研创机构逾千家，报告作者累计超过10万人。

❖ 皮书荣誉 ❖

皮书作为中国社会科学院基础理论研究与应用对策研究融合发展的代表性成果，不仅是哲学社会科学工作者服务中国特色社会主义现代化建设的重要成果，更是助力中国特色新型智库建设、构建中国特色哲学社会科学"三大体系"的重要平台。皮书系列先后被列入"十二五""十三五""十四五"时期国家重点出版物出版专项规划项目；2013~2022年，重点皮书列入中国社会科学院国家哲学社会科学创新工程项目。

权威报告·连续出版·独家资源

皮书数据库
ANNUAL REPORT(YEARBOOK) DATABASE

分析解读当下中国发展变迁的高端智库平台

所获荣誉
- 2020年，入选全国新闻出版深度融合发展创新案例
- 2019年，入选国家新闻出版署数字出版精品遴选推荐计划
- 2016年，入选"十三五"国家重点电子出版物出版规划骨干工程
- 2013年，荣获"中国出版政府奖·网络出版物奖"提名奖
- 连续多年荣获中国数字出版博览会"数字出版·优秀品牌"奖

皮书数据库　　"社科数托邦"微信公众号

成为会员

登录网址www.pishu.com.cn访问皮书数据库网站或下载皮书数据库APP，通过手机号码验证或邮箱验证即可成为皮书数据库会员。

会员福利
- 已注册用户购书后可免费获赠100元皮书数据库充值卡。刮开充值卡涂层获取充值密码，登录并进入"会员中心"—"在线充值"—"充值卡充值"，充值成功即可购买和查看数据库内容。
- 会员福利最终解释权归社会科学文献出版社所有。

数据库服务热线：400-008-6695
数据库服务QQ：2475522410
数据库服务邮箱：database@ssap.cn
图书销售热线：010-59367070/7028
图书服务QQ：1265056568
图书服务邮箱：duzhe@ssap.cn

卡号：854852684786
密码：

S 基本子库
SUB DATABASE

中国社会发展数据库（下设 12 个专题子库）

紧扣人口、政治、外交、法律、教育、医疗卫生、资源环境等 12 个社会发展领域的前沿和热点，全面整合专业著作、智库报告、学术资讯、调研数据等类型资源，帮助用户追踪中国社会发展动态、研究社会发展战略与政策、了解社会热点问题、分析社会发展趋势。

中国经济发展数据库（下设 12 专题子库）

内容涵盖宏观经济、产业经济、工业经济、农业经济、财政金融、房地产经济、城市经济、商业贸易等 12 个重点经济领域，为把握经济运行态势、洞察经济发展规律、研判经济发展趋势、进行经济调控决策提供参考和依据。

中国行业发展数据库（下设 17 个专题子库）

以中国国民经济行业分类为依据，覆盖金融业、旅游业、交通运输业、能源矿产业、制造业等 100 多个行业，跟踪分析国民经济相关行业市场运行状况和政策导向，汇集行业发展前沿资讯，为投资、从业及各种经济决策提供理论支撑和实践指导。

中国区域发展数据库（下设 4 个专题子库）

对中国特定区域内的经济、社会、文化等领域现状与发展情况进行深度分析和预测，涉及省级行政区、城市群、城市、农村等不同维度，研究层级至县及县以下行政区，为学者研究地方经济社会宏观态势、经验模式、发展案例提供支撑，为地方政府决策提供参考。

中国文化传媒数据库（下设 18 个专题子库）

内容覆盖文化产业、新闻传播、电影娱乐、文学艺术、群众文化、图书情报等 18 个重点研究领域，聚焦文化传媒领域发展前沿、热点话题、行业实践，服务用户的教学科研、文化投资、企业规划等需要。

世界经济与国际关系数据库（下设 6 个专题子库）

整合世界经济、国际政治、世界文化与科技、全球性问题、国际组织与国际法、区域研究 6 大领域研究成果，对世界经济形势、国际形势进行连续性深度分析，对年度热点问题进行专题解读，为研判全球发展趋势提供事实和数据支持。

法律声明

"皮书系列"（含蓝皮书、绿皮书、黄皮书）之品牌由社会科学文献出版社最早使用并持续至今，现已被中国图书行业所熟知。"皮书系列"的相关商标已在国家商标管理部门商标局注册，包括但不限于LOGO（ ）、皮书、Pishu、经济蓝皮书、社会蓝皮书等。"皮书系列"图书的注册商标专用权及封面设计、版式设计的著作权均为社会科学文献出版社所有。未经社会科学文献出版社书面授权许可，任何使用与"皮书系列"图书注册商标、封面设计、版式设计相同或者近似的文字、图形或其组合的行为均系侵权行为。

经作者授权，本书的专有出版权及信息网络传播权等为社会科学文献出版社享有。未经社会科学文献出版社书面授权许可，任何就本书内容的复制、发行或以数字形式进行网络传播的行为均系侵权行为。

社会科学文献出版社将通过法律途径追究上述侵权行为的法律责任，维护自身合法权益。

欢迎社会各界人士对侵犯社会科学文献出版社上述权利的侵权行为进行举报。电话：010-59367121，电子邮箱：fawubu@ssap.cn。

社会科学文献出版社